国家社会科学基金一般项目"海南国际旅游岛建设纵深推进的品牌化模式研究"（16BGL119）
海南大学2019年度人文社会科学高水平学术著作出版资助项目（19SKCBZZ08）

——— 研究成果 ———

海南国际旅游岛建设品牌化模式研究

曲 颖◎著

中国科学技术大学出版社

内容简介

本书聚焦海南国际旅游岛品牌建设,分析了海南国际旅游岛建设的政策和实践背景、目标市场选择与培育、"供给侧"品牌设计、全域旅游等问题,并结合相关旅游品牌建设案例对海南国际旅游岛品牌建设提出了一系列建议,针对海南国际旅游岛旅游目的地生命周期变迁、游客质量下降、相关配套扶持政策效应不显著等问题提出相关建议,从而为提升海南国际旅游岛品牌建设水平做出贡献。

图书在版编目(CIP)数据

海南国际旅游岛建设品牌化模式研究/曲颖著. ——合肥:中国科学技术大学出版社,2020.10

ISBN 978-7-312-04889-0

Ⅰ. 海… Ⅱ. 曲… Ⅲ. 岛—地方旅游业—旅游业发展—研究—海南 Ⅳ. F592.766

中国版本图书馆 CIP 数据核字(2020)第 033631 号

海南国际旅游岛建设品牌化模式研究
HAINAN GUOJI LÜYOU DAO JIANSHE PINPAIHUA MOSHI YANJIU

出版	中国科学技术大学出版社 安徽省合肥市金寨路 96 号,230026 http://press.ustc.edu.cn https://zgkxjsdxcbs.tmall.com
印刷	合肥市宏基印刷有限公司
发行	中国科学技术大学出版社
经销	全国新华书店
开本	710 mm×1000 mm 1/16
印张	19.25
字数	335 千
版次	2020 年 10 月第 1 版
印次	2020 年 10 月第 1 次印刷
定价	118.00 元

序

  曲颖本科、硕士及博士都就读于南开大学旅游学系(现为旅游与服务学院),而且都是因为成绩优异由学校保送攻读的,并于读博期间获得国家高水平大学建设公派联合培养资格赴美交流学习一年,是我系较少的在读书期间就获此宝贵交流学习机会的优秀学生之一。本科期间,她给我留下的印象并不是很深刻,因为她总是实际行动多于言语,上课时习惯静静地在座位上思考、做笔记,较少发言。硕士阶段,她选择我做导师,最初让我对她印象深刻的是她交的一份课堂作业——《旅游研究学术水平提升刍议》。当时她所确定的这个选题和行文文风之稳健让我为之一惊,刚刚踏上学术之路的人就敢于挑战这样的评议性题目吗?不会是抄袭的吧?仔细阅读下来才确定这确是出自一个刚读研半年的研一学生之手。后来得知,她将这篇文章投到了《旅游学刊》的笔谈栏目,虽然一些见解因对旅游学界了解不足略显稚嫩而未被录用,却使我看到了她的学术潜力和胆魄。

  她是攻读硕士学位期间班上最早确定要继续攻读博士学位和最先发表文章的学生。她动作快,并敢于尝试,硕士第一学期结束后一篇课堂论文就在《北京第二外国语学院学报(旅游版)》上成功发表。为继续读博做准备,她早早地就尝试阅读英文文献,并习惯于把想到的问题和思路记录下来,集中时间来向我请教。我当时曾将博士生授课内容中的目的地品牌化知识在硕士课堂上做了简要介绍。因对英文相关文献的较早接触,她对这些问题能形成比较精准和深入的理解,并对当时学界少有研究的目的地品牌设计(口号)问题形成了独特见解并撰写成文。这篇文章在国内旅游学权威刊物《旅游学刊》上发表并被人大复印资料《旅游管理》全文转载,以此为主要内容的硕士学位论文获得了"南开大学优秀硕士论文"的称号。博士学习期间,她继续沿着目的地品牌化的研究方向,不断扩大研究范畴、深化研究内容,对目的地定位、目的地品牌资产、目的地竞争力、游客目的地忠诚等问题都有所涉猎。在美联合培养一年,进一步开拓了她的学术视野,使其掌握了许多先进的研究方法,尤其是阅读、理解和驾驭外文文献的能力得到了进一步提升。攻读硕士学位、博士学位期间她已在国内旅游学重要刊物上发表了一系列与目的地营销相关的文章,其中的一些重要思想、理念为国内首次提出,并被其他学者广泛借鉴和引用。

参加工作以后,尤其是调入海南大学旅游学院以来,她的学术能力有了进一步施展的空间。时年 34 岁的她目前已在国外 SSCI 刊物(《Current Issues in Tourism, International Journal of Tourism Research》)和国内 CSSCI 刊物(《旅游学刊》《人文地理》《旅游科学》《外国经济与管理》《经济管理》等)上以第一作者或通讯作者身份发表文章 30 余篇;主持国家社科基金项目 1 项、原国家旅游局规划基金重点项目 1 项、教育部人文社科基金项目 1 项、海南省自然科学基金面上项目 1 项、海南省教育厅重点项目 1 项,并以主要参与人身份参与国家级、省部级重要项目近 10 项。她日益表现出体系鲜明、思路连贯、风格一致、厚积薄发的学术特点,得到同事和学界的一致认可和赞许。欣然获知她今后在学术发文上要主攻国际 SSCI 刊物,希望她能在这条路上走得更远,为国际学术界贡献更多的中国目的地营销思路和智慧。

她的这本专著旨在以目的地营销的个人研究专长解决海南国际旅游岛建设面临的"瓶颈",为其发展的纵深推进谋划升级版路径。海南国际旅游岛建设正步入攻坚阶段,必须有效解决生命周期变迁、游客质量下降、相关配套扶持政策效应不显著等问题才能获得最终成功,其升级发展的关键就在于以往未得到充分重视的"营销软实力"的培育上。从最佳目标市场的瞄准和培育到品牌本体展示要素的设计开发,该书为海南如何通过奠定品牌基础而实现"涅槃"提供了精细的策略和指导。同时,该书还对"全域旅游"在海南国际旅游岛建设中的"助推器"作用进行了拓展性探讨,以便海南省政府部门能够有效把握"全域旅游"与海南国际旅游岛建设间的紧密联系,进一步探索使两者协同发展、相得益彰的有效途径。

序

  从"国际旅游岛"到"全域旅游示范省",再到"自由贸易港",党中央近几年来在海南所做的重大任务部署彼此都是紧密相关、同进同荣的。目的地"品牌化"营销原理犹如一条无形的纽带,能为以上各项重大任务的整体联动及做大的战略谋划提供支撑,并通过细致挖掘其内在关联点将其彼此链接,形成总体发展格局。希望曲颖以及其他旅游目的地营销学者在海南能够学有所用、大展宏图!

李天元

2020 年 1 月于天津

目　　录

序 …………………………………………………………………（ⅰ）

第一章　研究背景和总体框架…………………………………（ 1 ）
　　第一节　海南国际旅游岛建设的政策和实践背景 ……………（ 2 ）
　　第二节　海南国际旅游岛"品牌化"相关文献 ………………（22）
　　第三节　海南国际旅游岛纵深发展的总体思路框架 …………（34）

第二章　海南国际旅游岛纵深发展的目标市场选择与培育……（46）
　　第一节　旅游目的地细分市场选择和培育的原则 ……………（47）
　　第二节　精准杠杆性国际旅游目标市场识别：以美国为例 …（49）
　　第三节　"三亚-厦门"文化旅游投射品牌个性对比分析 ……（65）
　　第四节　大众旅游价值导向调节下地方依恋的"亲环境"驱动效应 ……（77）
　　第五节　海南大众游客的地方依恋心理归因及其形成机理 …（92）

第三章　海南国际旅游岛纵深发展的"供给侧"品牌设计 …（128）
　　第一节　目的地"供给侧"品牌设计核心载体：口号 ………（130）
　　第二节　我国优秀旅游目的地口号设计的核心模式与地域尺度差异 …（143）
　　第三节　旅游口号设计的内源性-外源性模式构建 …………（157）
　　第四节　基于"衰减器"模型的旅游口号设计框架构建 ……（166）
　　第五节　海滨目的地口号的"记忆"和"说服"综合有效性研究 …………（181）

第四章　海南国际旅游岛纵深发展的助推器：全域旅游 (209)
第一节　全域旅游助推海南国际旅游岛建设的四大抓手 (211)
第二节　基于加权 TOPSIS 法的海南内部旅游资源竞争力比较 (214)
第三节　游客对"乡村民宿"的在线信誉评价指标关注度研究 (225)

第五章　海南全域旅游联合营销案例分析 (241)
第一节　案例地选择：三亚与琼海 (242)
第二节　"三亚-琼海"强、弱品牌联合营销：内在动因、必要性、挑战与策略 (249)

第六章　海南国际旅游岛建设品牌化对策建议及展望 (258)
第一节　实证研究情况总结 (259)
第二节　基于实证研究结果的品牌化对策建议 (263)
第三节　海南国际旅游岛建设展望 (268)

附录 (271)
附录 A　省域目的地旅游口号汇总表 (271)

附录 B　中国优秀旅游城市旅游口号汇总表 (274)

附录 C　中国 5A 级旅游景区旅游口号汇总表 (288)

后记 (295)

第一章　研究背景和总体框架

　　海南国际旅游岛建设的计划已完成大半,虽然在资源和设施提供水平上有了大的改善,但仍遭遇了发展瓶颈:入境游客数量经历了持续下跌后虽低位回升,但占比始终未超过游客总接待量的3%;国内游客虽然持续增长,但客源结构逐渐从高收入的黄金市场人群转向大众人群。这些状况都与国际旅游岛建设的初衷和形象定位有所偏差。它清晰地标志着海南的目的地生命周期正在逐渐从"成长期"向"成熟期"转变。多年来,海南旅游在全国一直处于"旗舰"地位,如何在生命周期和游客特征变迁的新形势下确保这一品牌资产持续"升值"而非"贬值"是海南国际旅游岛建设纵深推进面临的头等大事。一流的旅游设施却未能带来与其相称的游客数量和质量,这显然是营销"软实力"的匮乏所导致的。面对新发展形势,目的地"品牌化模式"的改进与更新应是解决这一弱项问题的有力切入点。

　　本章主要起到描述问题、梳理脉络、构建思路和界定研究问题的作用,为后续章节的具体研究奠定理论和逻辑基础。首先,引入海南国际旅游岛建设的政策和实践背景,剖析其纵深发展面临的主要问题和挑战;其次,回顾当前学术界对海南国际旅游岛建设和目的地"品牌化"的研究思考,识别理论指导和实践操作衔接上的缺陷;再次,基于前述问题和不足进行有针对性的思考,构建海南国际旅游岛纵深发展在目的地"品牌化模式"改进与更新上的总体思路框架;最后,基于上述所有分析和阐释,提出本书研究的整体性问题和涉及实证研究的若干小命题。

第一节 海南国际旅游岛建设的政策和实践背景

要将海南建设成为国际旅游岛的这一战略要求,最早源自2001年年底中国(海南)政策发展研究院提出的《建设海南国际旅游岛框架建议》。2009年12月,《国务院关于推进海南国际旅游岛建设发展的若干意见》(以下简称《意见》)正式印发。海南省委、省政府根据该《意见》制定了《海南国际旅游岛建设发展规划纲要(2010—2020)》。至此,海南国际旅游岛的建设正式步入战略化、体制化、目标化的轨道。

一、海南国际旅游岛建设的政策和规划背景

(一)国家政策

《国务院关于推进海南国际旅游岛建设发展的若干意见》开篇便明确指出要在海南建设国际旅游岛的政策出发点:"海南是我国最大的经济特区和唯一的热带岛屿省份。建省办经济特区20多年来,经济社会发展取得显著成就。但由于发展起步晚、基础差,目前海南经济社会发展整体水平仍然较低,保护生态环境、调整经济结构、推动科学发展的任务十分艰巨。充分发挥海南的区位和资源优势,建设海南国际旅游岛,打造有国际竞争力的旅游胜地,是海南加快发展现代服务业、实现经济社会又好又快发展的重大举措,对全国调整优化经济结构和转变发展方式具有重要的示范作用。"

海南国际旅游岛建设的"总体要求"强调以下发展思路:

(1) 进一步解放思想,深化改革,扩大开放,构建更具活力的体制机制,走生产发展、生活富裕、生态良好的科学发展之路。

(2) 积极发展服务型经济、开放型经济、生态型经济,形成以旅游业为龙头、以现代服务业为主导的特色经济结构。

(3) 着力提高旅游业发展质量,打造具有海南特色、达到国际先进水平的旅游产业体系。

(4) 注重保障和改善民生,大力发展社会事业,加快推进城乡和区域协调发展。总体方向是要将海南建设成为生态环境优美、文化魅力独特、社会文明祥和的开放之岛、绿色之岛、文明之岛、和谐之岛。

海南国际旅游岛建设的"战略定位"被界定在6个方面:

(1) 我国旅游业改革创新的试验区。充分发挥海南的经济特区优势,积极探索,先行试验,发挥市场配置资源的基础性作用,加快体制机制创新,推动海南旅游业及相关现代服务业在改革开放和科学发展方面走在全国前列。

(2) 世界一流的海岛休闲度假旅游目的地。充分发挥海南的区位和资源优势,按照国际通行的旅游服务标准,推进旅游要素转型升级,进一步完善旅游基础设施和服务设施,开发特色旅游产品,规范旅游市场秩序,全面提升海南旅游管理和服务水平。

(3) 全国生态文明建设示范区。坚持生态立省、环境优先,在保护中发展,在发展中保护,推进资源节约型和环境友好型社会建设,探索人与自然和谐相处的文明发展之路,使海南成为全国人民的四季花园。

(4) 国际经济合作和文化交流的重要平台。发挥海南对外开放排头兵的作用,依托博鳌亚洲论坛的品牌优势,全方位开展区域性、国际性经贸文化交流活动以及高层次的外交外事活动,使海南成为我国立足亚洲、面向世界的重要国际交往平台。

(5) 南海资源开发和服务基地。加大南海油气、旅游、渔业等资源的开发力度,加强海洋科研、科普和服务保障体系建设,使海南成为我国南海资源开发的物资供应、综合利用和产品运销基地。

(6) 国家热带现代农业基地。充分发挥海南热带农业资源优势,大力发展热带现代农业,使海南成为全国冬季菜篮子基地、热带水果基地、南繁育制种基地、渔业出口基地和天然橡胶基地。

海南国际旅游岛建设的"战略目标"分为两个阶段:

(1) 到 2015 年,旅游管理、营销、服务和产品开发的市场化、国际化水平显著提升。旅游业增加值占地区生产总值的比重达到 8% 以上,第三产业增加值占地区生产总值的比重达到 47% 以上,第三产业从业人数的比重达到 45% 以上,力争全省人均生产总值、城乡居民收入达到全国中上等水平,教育、卫生、文化、社会保障等社会事业发展水平明显提高,综合生态环境质量保持全国领先水平。

(2) 到 2020 年,旅游服务设施、经营管理和服务水平与国际通行的旅游服务标准全面接轨,初步建成世界一流的海岛休闲度假旅游胜地。旅游业增加值占地区生产总值的比重达到 12% 以上,第三产业增加值占地区生产总值的比重达到 60%,第三产业从业人数占比达到 60%,力争全省人均生产总值、城乡居民收入和生活质量达到国内先进水平,综合生态环境质量继续保持全国领先水平,可持续发展能力进一步增强。

综上,国家推进海南国际旅游岛建设的总体构想是基于海南独特的区位和资源优势,以科学的旅游发展道路实现全岛旅游业的转型升级,进而使其成果惠及海南经济、社会、民生的各个方面,并充当全国调整优化经济结构和转变发展方式的一个鲜活"样板"。

其中,"全面惠及海南经济、社会、民生发展"和"充当全国经济转型样板"是海南国际旅游岛建设要实现的终极目标和效果;全岛旅游业的升级版发展是实现其终极效果的必由之路;而科学的旅游业发展道路和模式是能否实现这些"升级"和"惠及"效应的重要调节变量。其发展方针和模式的科学性及其执行程度影响着上述各相关关系的链条弥合情况(图 1.1),也影响着海南国际旅游岛建设的目标实现情况。

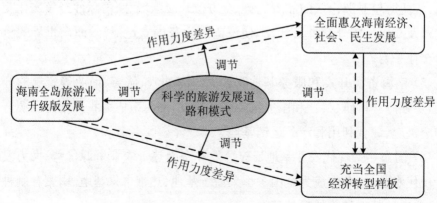

图 1.1　海南国际旅游岛建设国家政策内在思路逻辑

（二）海南国际旅游岛建设规划

为全面贯彻落实《国务院关于推进海南国际旅游岛建设发展的若干意见》的精神，海南省委、省政府组织编制了《海南国际旅游岛建设发展规划纲要（2010—2020）》。该《规划纲要》按照上述《意见》明确的指导思想、战略定位、发展目标和重点任务，在全面分析海南国际旅游岛建设发展的内外部条件的基础上，从空间布局、基础建设、产业发展、保障措施、近期行动计划等方面提出了具体工作安排。下面简要引述海南在"全岛旅游业升级版发展"及"科学发展模式"方面的重要规划发展举措。

1. 旅游业发展目标

海南省分三个发展阶段将国家规划的海南国际旅游岛建设的两个阶段目标在旅游业层面做了具体扩展和诠释：

（1）到 2012 年，接待国内外游客达到 3 160 万人天次，旅游总收入达到 314 亿元，旅游业增加值占地区生产总值的比重达到 7.5%。

（2）到 2015 年，接待国内外游客达到 4 760 万人天次，旅游总收入达到 540 亿元，旅游业增加值占地区生产总值的比重达到 9% 以上。

（3）到 2020 年，接待国内外游客达到 7 680 万人天次，旅游总收入达到 1 240 亿元，旅游业增加值占地区生产总值的比重达到 12% 以上。

2. 旅游景区和度假区开发建设

遵循"统筹规划、政府引导、环境协调、差异化发展、开发强度控制"的原则，海南省规划了以下重点旅游景区和度假区的开发建设目标：① 海口国家地质公园；② 海口国家湿地公园；③ 文昌航天科技主题公园；④ 文昌木兰头国际体育休闲园；⑤ 定安南丽湖/白玉蟾风景区；⑥ 琼海博鳌国际会展及文化产业园；⑦ 万宁石梅湾/神州半岛休闲度假区；⑧ 万宁兴隆旅游度假区；⑨ 陵水黎安港旅游区；⑩ 三亚海棠湾"国家海岸"休闲度假区；⑪ 三亚亚龙湾国家旅游度假区；⑫ 乐东莺歌海度假旅游区；⑬ 昌江棋子湾度假养生区；⑭ 昌江霸王岭旅游区；⑮ 儋州东坡文化园；⑯ 五指山民族风情园；⑰ 保亭七仙岭温泉旅游度假区。

3. 旅游产品开发

根据市场需求，海南省拟在推进旅游景区和度假区建设的同时，着力培育十大旅游产品,推出六条精品旅游线路,分别如表1.1、表1.2所示。

表1.1 海南"十大旅游产品"培育目标

序号	旅游产品	具体内容
1	度假旅游产品	高起点规划,高水平建设,着力打造一批以滨海、温泉、森林等为主题的特色鲜明的度假基地
2	海洋旅游产品	重点发展滨海观光、环海南岛游、海岛探奇、海上运动、潜水、垂钓、休闲渔业、海底观光、远洋旅游等产品
3	运动休闲产品	规范高尔夫球场建设,创新开展市场营销,引进国内外重大赛事,开发高尔夫运动相关产品
4	疗养休闲产品	发展温泉疗养、中医保健、医疗旅游、康体养生、整形美容等产品,打造一批特色康体养生基地
5	商务会展旅游产品	建设、完善会展和商务设施,培育一批国际会议和展览品牌
6	民族风情和文化旅游产品	挖掘、提升本土文化节庆活动,打造黎族及苗族文化、历史文化、海洋文化、侨乡文化等系列产品
7	红色旅游产品	弘扬琼崖纵队和红色娘子军的革命传统,打造红色旅游经典景区
8	休闲农业与乡村旅游产品	建设一批旅游小镇和休闲农业示范点,发展农家乐、渔家乐、农业生活体验等旅游产品
9	热带森林等特色旅游公园产品	加强自然保护区和森林公园建设,在保护生物多样性的同时适度开展生态旅游;逐步规划建设航天公园、海洋公园、野生动物园、影视动漫基地、火山地质公园、湿地公园等
10	自助旅游产品	规划建设一批房车、自驾车、自行车及徒步探险等示范项目,完善服务体系

表 1.2　海南"六条精品旅游线路"规划目标

序号	旅游路线	具体内容
1	环海南岛热带滨海观光体验游	依托沿海陆地和海上交通网络,将城镇、度假区、景区等连点成线,开发观光游、自驾游、自助游等
2	海南岛东线滨海度假休闲游	完善度假设施和配套服务,突出滨海度假、运动休闲、康体养生、商务会展、航天科普等优势产品
3	海南岛中线民俗风情文化体验游	以民族村寨、旅游小镇、民族文化博物馆等为载体,突出民族风情、民俗体验,开展民族民俗游
4	海南岛西线特色探奇体验游	以西部特有的自然风光、历史遗迹、溶洞、库湖、矿山等资源为依托,开展观光游、自助游,增强游客的体验性
5	热带原始雨林生态游	打造以热带雨林为特征的国家森林公园和国家级自然保护区,发展热带雨林科学考察、热带动植物研究、生态观光、雨林科普教育旅游
6	海洋探奇休闲游	打造海洋国家公园品牌,开展海岛观光、海上休闲运动、邮轮游艇游等旅游活动

4. 文化节庆、会议展览和体育类活动规划

为了丰富旅游文化内涵,普及休闲体育运动,大力发展康体保健产业,将海南打造成为中外游客向往的文化娱乐、运动健身和休闲疗养胜地,海南省重点规划的活动如表1.3所示。

5. 旅游法制环境建设

海南省旨在加快制定旅游市场监管、资源保护、行业规范等专项法规,及时将国家赋予海南的优惠政策、配套政策和有关规章制度通过立法的形式上升为地方性法规,建立健全旅游法规体系。海南省重点旅游法规建设情况如表1.4所示。

表 1.3 海南"文化节庆、会议展览和体育类活动"重点规划

序号	活动名称	活动内容
1	文化节庆活动	(1) 中国海南岛欢乐节。办成海南国际旅游岛标志性的旅游节庆。 (2) 传统文化类。围绕当地非物质文化遗产项目,如黎族苗族"三月三"、琼剧、黎族苗族歌舞、儋州调声、临高人偶戏等,策划相关活动。 (3) 地方特色文化类。办好海口换花节、冼夫人文化节等节庆活动。 (4) 时尚文化类。办好新丝路模特大赛总决赛、三亚天涯海角国际婚庆节等,策划国际性选美赛、音乐节、艺术节、电影节以及绘画、摄影比赛等。 (5) 地方产品展示类。围绕海南地方特色水果、花卉、水产等,策划专项展销活动等
2	会议展览活动	(1) 博鳌亚洲论坛。 (2) 博鳌国际旅游论坛。 (3) 中国(海南)国际热带农产品交易会。 (4) 国际旅游商品博览会。 (5) 国际会议类。积极招徕各类国际性、区域性会议、论坛等。 (6) 商务会议类。吸引国内外大型企业、行业组织来海南召开年会、营销大会、专题会议等。 (7) 定时、定址类展览。创造条件,逐步打造一批固定时间、固定地点、有影响力的博览会和展销会,包括游艇展、旅游商品博览会等。 (8) 临时性展览。积极招徕国内外各类展览
3	体育赛事品牌	(1) 高尔夫赛事。将海南"金椰子"业余高尔夫球公开赛打造成国内有影响力的高尔夫赛事;引进国内外大型高尔夫职业赛、业余赛。 (2) 自行车赛事。将环海南岛国际公路自行车赛办成亚洲顶级、世界著名的公路自行车赛,策划举办公路自行车、山地自行车、极限自行车等赛事。 (3) 沙滩运动赛事。引进国内和亚洲顶级的沙滩排球赛事。 (4) 水上运动赛事。策划帆船、帆板、垂钓、滑水等赛事。 (5) 智力运动赛事。策划棋牌类、航模等赛事

表1.4 海南"旅游专项法规"立项计划

序号	法规名称	序号	法规名称
1	《海南国际旅游岛建设发展条例》	7	《海南省旅行社管理实施细则》
2	《海南省导游管理实施细则》	8	《海南省旅游资源开发管理办法》
3	《海南省旅游景区(点)管理办法》	9	《海南省旅游饭店管理办法》
4	《海南省旅游客运交通管理办法》	10	《海南省旅游行业协会管理办法》
5	《海南省彩票管理实施细则》	11	《海南省潜水管理办法》
6	《海南省游艇管理办法》		

6. 生态建设和环境保护

海南省坚持生态立省、环境优先,积极探索人与自然和谐共处的绿色发展之路,努力把海南省建设成为全国生态文明建设示范区和全国人民的四季花园。海南省拟开展的生态保护和建设工程如表1.5所示。

表1.5 海南"生态保护和建设"工程计划

序号	工程名称	具体内容
1	天然林保护工程	实施热带天然林的封山护林和封山育林工程,使海南省天然林覆盖率稳定在19%
2	重点生态区域绿化工程	对沙化土地、水土流失地、西部荒漠化土地、25°以上的山坡地等重点生态区域实施造林绿化和还林
3	沿海防护林建设和保护工程	加大科技攻关力度,深化对海防林体系建设的研究,对海防林尽快展开功能分区、树种选育、抚育间伐、生态效益、更新方式的研究,增加海防林营造、养护的科技含量,提升沿海防护林的质量和生态功能
4	"三边"防护林工程	加快建设兼具防护、景观、绿化和经济作物功能的水边林、路边林、城边林建设
5	自然保护区和森林公园建设	在建设好已有各类自然保护区、森林公园的基础上,新建一批自然保护区、森林公园,实施湿地恢复示范工程,加大湿地自然保护区、湿地公园建设和管理
6	生物多样性保护工程	建立生物多样性信息和监测网络,建设珍稀濒危物种和种质资源迁地保存与繁衍基地。加强对国家重点保护动植物生存环境的保育与恢复

二、海南国际旅游岛建设的实践背景

（一）旅游基础设施、上层设施不断完善与市场号召力不强的现实

海南被国家确定为"国际旅游岛"后，紧锣密鼓地进行了旅游基础设施和上层设施的开发、建设，其目的是使海南旅游业向世界一流水平看齐。如今已经过了11个年头，在这方面取得了显著的成就。规划中预期开发、完善的各种项目大多得以实现。

截至2016年年底，海南全省旅游饭店总数为876家，较未进行国际旅游岛建设的2009年的数据（459家）增长了近一倍。客房总数由2009年的67 391间增加到2016年的129 916间。其中，五星级饭店的数量从2009年的20家增至2016年的26家。虽然全省52家旅游景区的总数虽未发生变化，但其中5A级景区从2009年的2家增加到2016年的6家，4A级景区从2009年的10家增加到2016年的15家，而3A级景区数量的增加最显著，由2009年的15家增加到26家。其他A级及以下景区数量明显减少，这说明这期间海南旅游吸引物的档次与水平有了质的飞跃。

与此同时，海南在旅游基础设施建设方面发展也很快：新增高铁345千米，环岛高铁全线贯通；新增公路通车里程5 932千米，其中高速公路114千米，加快构建"田字形"高速公路主骨架，建成清澜大桥、洋浦大桥、定海大桥；博鳌机场建成并运营，推进美兰、凤凰两大机场改扩建。2016年，海南新增约30条境外航线，全省新增境外航线超过50条，覆盖俄罗斯、韩国、泰国、马来西亚、新加坡、德国等国家及地区。这些举措大大缓解了制约海南旅游发展的交通"瓶颈"，提高了旅游可进入性。此外，海南还在各地兴建了各类大型配套设施，包括城市综合体、公园、博物馆等，在乡村旅游、特色小镇、文创产业等方面也颇有建树。近年来正在或计划投入兴建的项目还包括：海花岛旅游综合体、三亚亚特兰蒂斯项目、富力海洋欢乐世界、海口如意岛、海口南海明珠、三亚海棠湾水稻国家公园、国家南海博物馆、格莱美博物馆、三亚千亿海上机场、美兰机场二期扩建项目、博鳌机场二期扩建项目、儋州机场等。

然而，一流的旅游基础设施和上层设施却未能带来同等程度的市场响应。就国际入境旅游市场而言，海南接待入境外国人人次数在2009—2011年保持惯性增长后，自2011年至2015年（国际旅游岛建设前半个进程中）一直持续下跌，如图1.2所示。直至2016年这一态势才有所回头，出现了逆转性增长，但仍未达到2011年的"制高点"水平。国际旅游收入方面也经历了相同的变化历程，但变化的整体幅度没有入境外国人人次数明显。这说明海南当前的入境游客类型上基本未发生变化（仍主要为收入高、活动量大[①]、消费高的高端旅游人群），这从他们在海南的旅游消费状况中可见一斑。也就是说，当前海南作为一个异域旅游目的地对主要海外客源市场的目的地生命周期（流行度）未发生改变。

图1.2 海南国际旅游岛建设期间(2009—2016年)国际入境旅游情况

这期间入境外国人人次数的减少可能基于以下两方面原因：① 海南国际旅游岛一流吸引物和设施建设的市场效应滞后；② 海南国际旅游岛建设的营销"软实力"薄弱。事实上，这两点是紧密相关的，正因为缺乏科学、精准的目的地营销实践活动（即目的地品牌投射），才使得海南旅游资源和设施的巨大变化不为海外客源市场所及时获知，抑或未形成供给侧预期的"形象"感知，弱化了海南的目的地竞争力。海南国际旅游岛建设国际市场效应滞后的现象在邓涛涛等的一项研究中得到了直接检验。为衡量海南国际旅游岛建设、离岛免税、离境退税等一批优惠政策对海南旅游业的国际化影响，他们采用双重差分方法，以2009—2014年中国12个主要海滨旅游城市的面板数据对这些政策的效应进行了对比性评估。结果发现：① 从入境游客人次指标来看，促进海南旅游

---

① 指在目的地参与旅游相关活动或项目多。

业发展的优惠政策并未显著提高海南旅游客源市场的国际化水平;② 从外汇收入指标来看,国际旅游岛战略实施5年来并未显著提高海南旅游经济的国际化水平。

海南国际旅游市场的状况也受到这期间其在平衡国内外旅游市场发展方面的影响。从图1.3可知,2009—2016年,海南的国内入境游客人数和旅游收入均保持了持续增长。尤其是2013年以后,国内游客人数的增长率显著提高。相比之下,国内旅游收入的增长则相对平稳,并有趋于饱和的态势。

图1.3 海南国际旅游岛建设期间(2009—2016年)国内入境旅游情况

事实上,这8年期间适逢我国国内旅游进入"井喷式"增长的一个新发展阶段。广大居民有了更多的"可自由支配收入",提高了对外出旅游度假的热情,纷纷参与到境内旅游活动中,使得国内旅游形式一片大好。海南在国内旅游中一直属于"旗舰性"地位,是绝大多数民众欣然向往也是必游的国内唯一热带滨海目的地。如图1.4所示,因海南的知名度较高和所具有的资源独特性,其在这一阶段中每年的国内游客增长率基本上都高于全国的平均水平(除2012年以外)。海南希望能在国内旅游兴盛的大潮中分一杯羹,必然要在各方面做好有效服务于国内大众游客的准备工作。从供给系统到营销传播,国内大众游客的需求偏好主宰着海南的旅游开发建设,也使得其与国际化"味道"和"成色"有所偏离。毕竟海南近年来的入境外国游客人数占海南接待游客总数不到3%,海南无法为了这约3%而忽视约97%的大众市场份额,顾此失彼的现象难免发生。

事实上,海南的国内旅游市场发展也存在一定的"危机"。尽管游客年均增长率略高于全国水平,但中国地域辽阔,各地区的旅游业发展更是良莠不齐,全国水平受到发展落后地域的严重影响。根据《2015—2016 中国区域旅游发展报告》,海南的国内游客增长率在中国内地 32 个省市区中仅排在第 22 位。增长率领先者却是旅游设施欠发达的西藏、甘肃和新疆,这给予我们三亚已不再受"冒险类游客"青睐的直观启示。再看 2009 年到 2016 年的海南与全国国内旅游收入增长率对比图(图 1.5),海南的数据与全国平均数据交相叠错,不像国内游客人数增长率对比图(图 1.4)那样表现出明显的优势。除 2011 年、2012 年和 2014 年之外,海南在其他年份的国内旅游收入增长率均同于或低于全国水平。"在目的地消费水平"是衡量游客质量和属性的一个重要指标,这也昭示着海南的国内游客质量正在逐步退化。

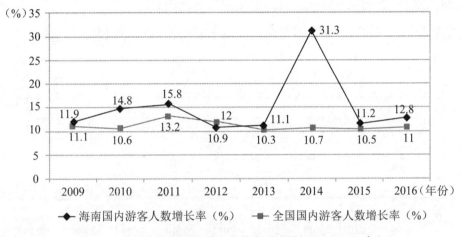

图 1.4　海南与全国国内游客增长率对比图(2009—2016 年)

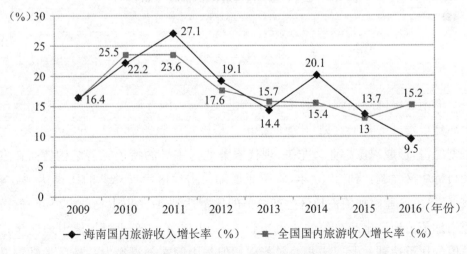

图 1.5　海南与全国国内旅游收入增长率对比图(2009—2016 年)

当前海南旅游最知名的目的地,如三亚、海口已明显表现出生命周期转变为"成熟期"的迹象。如图1.6所示,三亚市的国内游客人数增长率从2011年起(除2013年有略微提升外)就持续下跌,表现出游客增长趋于平稳和饱和、以大众旅游人群为主导客源的"成熟型目的地"的典型特征。另外,陈钢华对三亚旅游渗透度(含"游客接待强度""旅游收入渗透度"和"接待设施密度"3个指标)的研究发现三亚当前属于较大游客造访量,却只带来有限经济收入,而生态环境受损却属于中等水平的目的地。这正好印证了被誉为"目的地博士"的美国知名学者斯坦利·帕洛格(Stanley Plog)对成熟型目的地特征的描述。而在海南的其他旅游地,目的地生命周期应还处于从"成长期"向"成熟期"过渡、"成长期"、"初创期"等不同阶段,具体情况因目的地而异。

图1.6　三亚市国内游客增长率(2009—2017年)

（二）旅游业发展水平不断提高与支柱性产业的地位还需强化的现实

海南建设国际旅游岛,核心在于产业支撑。《国务院关于推进海南国际旅游岛建设发展的若干意见》开篇便指出:"积极发展服务型经济、开放型经济、生态型经济,形成以旅游业为龙头、现代服务业为主导的特色经济结构。"而在发展目标中又强调:"到2015年,旅游业增加值占地区生产总值的比重达到8%以上,第三产业附加值占地区生产总值的比重达到47%以上;到2020年,旅游业增加值占地区生产总值的比重达到12%以上,第三产业附加值占地区生产总值的比重达到60%。"莫振鑫等指出:"但与中国东部沿海发达地区的转型升级相比不同的是,海南建设国际旅游岛的实质,是希望将一个工业、农业、第三产业都处于初级阶段……的巨大区域,通过第三产业(特别是旅游业)的带动,实现现代化。"这是一次在国内外都绝无仅有的产业转型试验。

近年来,尤其是建设国际旅游岛以来(2009—2017年),海南旅游业发展主要指标(接待旅游过夜人数和旅游总收入)连年大幅提升,如表1.6所示。旅游业已成为海南省最具特色、最具潜力和最具竞争力的主导产业。海南省旅游发展委员会称,2018年2月,海南省实现旅游收入108.27亿元,同比增长44.7%。相比于2008年刚提出建设国际旅游岛的旺季月度收入26.29亿元(2008年12月)增长明显。在政策指引下,海南旅游行业发展路径不断明晰。《海南省总体规划(2015—2030)》指出,在今后一段时间内,旅游产业将重点发展关联带动性强的海洋旅游、医疗旅游、购物旅游、会展旅游、文体赛事旅游、乡村旅游、森林旅游、房车露营旅游和特色城镇旅游。特色小镇、景区建设成为打造海南旅游生态圈的重要手段,而海洋旅游、会展业将成为旅游国际化的重要方向。这些联动将大大增加海南旅游业的附加值。在旅游业的带动下,海南三次产业的结构不断优化。2010年,海南三次产业的比重分别为26.1∶27.7∶46.2,2015年为23.1∶23.6∶53.3,2016年为24.0∶22.3∶53.7。2015年,第三产业的生产总值占比已超过《国务院关于推进海南国际旅游岛建设发展的若干意见》设定的目标(47%)。到2017年,海南第三产业占比达55.71%。而海南的第一产业占比从1978年的53%下降至2017年的21.95%。第三产业从1978年的25%逐年上升至2017年的55.71%。2020年,预计可达到甚至超过《国务院关于推进海南国际旅游岛建设发展的若干意见》设定的第三产业生产总值占比(60%)。

表1.6 海南近年来旅游业发展主要统计数据(2009—2017年)

年份	接待旅游过夜人数(万人次)	增长幅度	旅游总收入(亿元)	增长幅度
2009	2 250.33	9.2%↑	211.72	10.1%↑
2010	2 587.34	15.0%↑	257.63	21.7%↑
2011	3 001.34	16.0%↑	324.04	25.8%↑
2012	3 320.37	10.6%↑	379.12	17.0%↑
2013	3 672.51	10.6%↑	428.56	13.0%↑
2014	4 060.20	10.6%↑	506.50	13.2%↑

续表

年份	接待旅游过夜人数(万人次)	增长幅度	旅游总收入(亿元)	增长幅度
2015	4 492.09	10.6%↑	572.49	13.0%↑
2016	4 977.28	10.8%↑	672.10	17.4%↑
2017	6 745.01	12.0%↑	811.99	20.8%↑

虽然海南旅游业发展水平不断提高,但因产业基础薄弱,且将其作为支柱型产业的时日尚短,最大限度的关联带动功效未能完全发挥。世界旅游组织曾统计,旅游业每收入1元,可带动相关产业收入增加4.3元,但海南曾经出现过旅游收入与游客数量不匹配的局面。2015年3月,国家发改委国际合作中心在博鳌举行了《海南国际旅游岛建设发展综合评估报告》发布会,披露了海南国际旅游岛建设中旅游业发展存在的几大主要问题:管理水平不高、发展模式同质化、产业附加值较低、岛内区域发展不平衡、旅游产品供给结构欠合理、旅游开发与强民富岛政策结合不够紧密等。

导致当前海南旅游业关联带动效应差的"薄弱点"主要来自两个方面:第一,旅游发展自身客源结构单一,国际影响力差。《21世纪经济报道》记者梳理各地旅游局所发布的数据发现,中国游客已成为东南亚各国海岛游的重要客源。相较之下,目前海南岛的主要客源仍然以国内大众游客及俄罗斯游客(缺乏其他欧洲游客)为主。2017年中国游客出行人数最多的十大人气海岛包括:普吉岛、巴厘岛、芽庄、长滩岛、沙巴、冲绳、马尔代夫、甲米、苏梅岛、塞班岛。这些国际知名旅游岛的市场开发建设已经比较成熟,而且没有衰退迹象,海南岛作为后来者很难在短时间内撼动这些老牌海岛的地位。第二,旅游业对服务业的关联带动效应目前主要涉及餐饮、购物、房地产等传统服务业,与现代服务业、生产性服务业的关联处于起步阶段。因此,王微和陈昭指出:"以科技、知识、信息、高素质人才等为动力,以现代国际旅游休闲产业体系为龙头,以健康医疗、教育培训、会展服务为支撑,以现代物流、文化创意、IT服务外包为新增长点的现代服务业发展新格局尚未形成。"

(三)旅游企业、投资主体多元化与同质化发展严重的现实

近年来海南国际旅游岛建设得到一系列政策扶持(如离岛免税、离境退税、入境免签),海南旅游业发展被业界普遍看好,很多领域都已形成投资热门。旅

游企业的兴建与经营也不例外，投资主体日益多元化。早在2003年国家开展第二次基本单位普查时，海南省就拥有旅游企业1 040家，占第三产业的4.1%和社会服务业的28.6%。其中按经济类型分：国有企业307家，占全部旅游企业的29.5%；私营企业256家，占24.6%；外国和中国港澳台企业151家，占14.5%；有限责任公司129家，集团企业90家，股份合作企业、联营企业和股份有限公司分别有28家、22家和51家。时隔十多年，海南的旅游企业早已形成多种经济成分并存的局面，国有企业、私营企业和外资企业齐头并进，实力同步增强。

尤其值得一提的是，2018年7月13日，海南省旅游发展委员会与总部位于英国的全球知名旅游企业托马斯库克集团在伦敦正式签署合作备忘录，宣布结成战略合作伙伴关系。根据双方签署的合作协议，托马斯库克集团将与合作伙伴中国复星集团联合在海南三亚设立中外合资旅行社，共同促进海南入境旅游和国际化水平的提升。这是中央宣布海南建设自由贸易区后，海南与境外知名旅游集团合作建立的第一家新公司。两者的战略合作将给海南旅游带来多项利好：① 提高海南省特别是三亚市在欧洲主要出境游市场作为旅游目的地的知名度；② 为欧洲游客开发、推广和销售创新型旅游产品；③ 发展和改善海南当地旅游服务水平以达到国际标准。

然而，海南的旅游企业大部分存在如下先天缺陷：规模偏小、经济基础薄弱、资金主要集中在酒店建筑业等实体形式上、企业负债重、流动资金缺乏、抵挡风险能力弱。再加上海南岛各类旅游从业主体，从研发、生产到销售整个"产业链"的组成成分较为松散，各自为政，导致无法打造统一的国际化平台，旅游资源整合程度低。同时，海南岛的旅游从业人员大多缺乏专业培训，综合素质较低，缺乏服务意识，在游客心目中的印象较差。尤其是作为海南旅游核心吸引力的景点"管理（营销管理）意识"淡薄，同质化经营现象严重。由于海南国际旅游岛建设规划缺乏对目标市场瞄准和吸引方针的可操作性指导，旅游景点在营销上大多属于以下两种类型：

（1）基本不思考目标市场选择和吸引的问题，不进行营销宣传。秉承"酒香不怕巷子深"的传统理念，依靠海南在国内独有的热带滨海旅游景观，由游客慕名前来或组团旅行社提供客源，不会根据游客需求和喜好提升景点建设和服务水平，给游客留下单纯的"靠海吃海"的印象。

（2）不分地域、国籍和游客类型的盲目营销。景点普遍认识到营销宣传的重要性，但因缺乏深层知识，制定的营销方案生搬硬套、脱离市场、主观臆测、方法单一等。一种成熟的营销做法往往被施用于各类市场，并受到其他景点的抄袭、模仿，毫无新意，导致很多景点在营销手段、景点风格方面存在较强的相似性，很难满足消费者多样化的需求。事实上，在新媒体时代，传统营销推广模式信息传递渠道单一、沟通效率低下等缺点日益明显，而以微博、微信、马蜂窝、携程和去哪儿等为代表的社交媒体、垂直媒体和OTA服务发展迅速，且具有庞大的用户基数。这些平台可以吸引游客阅读其信息并进行反馈，再吸引潜在游客阅读这些反馈信息，从而形成行业内的循环反馈机制。在海南旅游景点中应加大应用新营销手段力度，以提高对游客的吸引力，增强服务的精准性、定制化水平。

（四）旅游可持续发展主流理念清晰与生态环境仍遭破坏的现实

海南省是我国唯一处在热带的省份，为岛屿省。1999年，海南建设中国第一个生态省份，自然环境一流、旅游度假资源得天独厚，被国内外旅游者誉为健康岛、生态岛、安全岛、度假岛等。海南是集热带海岛热带森林、自然风光、文化古迹、珍稀动植物、地热温泉和少数民族风情等于一体的生态旅游资源富集地。所以，海南要好好利用这一优势，更好地对生态旅游地进行建设，坚持可持续发展的道路。自海南国际旅游岛建设以来，海南省坚持"绿水青山就是金山银山"的发展理念，加快、加大了生态文明建设的步伐，建设了国际旅游岛建设规划中的重要"环护"工程、项目。同时，通过密集出台一系列的生态领域法律法规并不断完善，不断健全制度措施，将海南生态保护纳入了制度化、规范化、科学化的轨道。环保工作取得了显著成果：据国家环保部门的统计数据，2016年海南全省城市（镇）环境空气质量优良天数比例为99.4%，同比提高1.5个百分点，海口市环境空气质量在全国74个考核城市中持续排名第一。

首先，自国家"1+6"生态文明建设系列文件出台后，海南省委、省政府打出生态环境保护顶层设计组合拳：根据国家"水、气、土十条"出台了切合海南省实际的"水、气、土十条"，扎实推进水、大气、土壤污染防治；陆续开展了六大环境专项整治工作，分别针对违法建筑、城乡环境、城镇内河内湖、大气污染、土壤污染、林区生态修复和湿地保护提出具体整治意见等。具体的生态环境保护立法和政策法规出台情况如下：

(1) 建立环境保护督察制度。根据国家《关于加快推进生态文明建设的意见》，配套出台省级督察文件，切实落实各级党委和政府生态环境保护主体责任。

(2) 建立生态环境损害责任追究制度。制定出台《海南省党政领导干部生态环境损害责任追究实施细则(试行)》，2016年5月印发实施。

(3) 推动生态环境监测管理体制改革。制定出台《海南省生态环境监测网络建设与改革方案》，2016年10月印发。

(4) 推进生态保护红线"4+1"制度改革。作为环境保护部确定的生态保护红线制度改革试点省份，海南省积极开展生态保护红线立法保护、管理目录、绩效考核、生态补偿和监管平台"4+1"制度创新。

(5) 建立企业排污许可制度。海南省2016年启动了石油化工、火电和造纸行业排污许可证管理制度试点工作。目前已制定《海南省排污许可证管理制度试点工作方案》《排污许可证申领技术路线》《海南省排污许可管理暂行办法》，改革思路和初步成果获环境保护部肯定。

(6) 推进三个试点园区环评审批制度改革。落实海南省政府"多规合一"审批制度改革，以规划环评为抓手，以生态环境影响程度为重点，以推进企业承诺制的模式，组织开展三个试点园区行政审批改革。

2016年9月1日正式实施的《海南省生态保护红线管理规定》，划定的陆域生态保护红线总面积达11 535平方千米，占海南陆域面积的33.5%；划定的近岸海域生态保护红线总面积达8 316.6平方千米，占海南岛近岸海域总面积的35.1%。《海南省生态保护红线管理规定》将以下重点生态功能区、生态环境敏感区和脆弱区划入生态保护红线区：

(1) 自然保护区等重要生物多样性保护区、饮用水水源保护区等重要水源保护和涵养区、重要水土保持区、重要防洪调蓄区。

(2) 森林公园、湿地公园、地质公园等旅游功能保护区。

(3) 海岸带自然岸线及邻近海域。

(4) 海洋特别保护区，重要入海河口、红树林、珊瑚礁和海草床集中分布区，潟湖等。

(5) 其他具有重要生态功能或者生态环境敏感、脆弱的区域，包括公益林、天然林、水产种质资源保护区、重要渔业水域等。

生态保护红线是生态环境保护的高压线，受到严格管控。生态保护红线划定后,守得住是关键,要用最严厉的监管措施、最严格的责任制,为生态立省把好关。实现全省生态空间与生产空间、生活空间的合理布局。

尽管海南的生态环境保护和旅游可持续发展主流理念清晰,但由于以下一系列原因,海南当前的生态环境仍遭到一定程度的破坏:

(1) 由于四面环海,与外界隔离,海南生态系统的抗干扰能力比较脆弱,容易受台风等一系列自然灾害的破坏,一旦被破坏就难以恢复。

(2) 一些游客忽略了自己在欣赏大自然美丽风光时应承担的责任,在不知不觉间就破坏了景区环境,使景区蒙受不必要的损失。

(3) 景区对生态环保理念的宣传不到位或缺乏对游客"亲环境行为"的培育举措和"环境破坏行为"的防御、处罚措施,致使游客的旅游环境行为无法受到塑造或约束。

(4) 景区在开发生态旅游的建设中,过于追求经济发展的效益而缺少相应的环境保护配套措施或采取传统模式开发生态旅游资源等。

(五) 旅游法制环境不断健全与行业经营乱象不止的现实

作为中国旅游业发展的风向标,海南一直把旅游立法作为做好旅游市场监管的治本之策。1995年,海南省人大常委会出台了全国第一部旅游管理地方法规——《旅游管理条例》,并于2001年修订,将该法规改为《海南省旅游条例》。由于该条例明确市场开放和公平竞争原则,因此又被旅游界誉为我国首部与国际市场全面接轨的地方性旅游法规。

国际旅游岛建设正式上升为国家战略后,海南进一步加快和加强了旅游立法工作。2011年集中出台了《海南国际旅游岛建设发展条例》《海南经济特区旅行社管理规定》《海南经济特区导游人员管理规定》《海南经济特区旅游景区景点管理规定》和《海南经济特区旅游价格管理规定》等5部旅游法规。这些法规分别对合理开发和利用旅游资源、遏制旅游景区重复建设、加强旅游服务设施配套、规范旅游商品经营管理、提升旅游服务质量等做了较为全面和详细的规定。2012年又通过了《海南经济特区旅馆业管理规定》《海南经济特区旅游客运管理若干规定》两项涉及旅游住、行等关键环节的旅游法规,在全国率先将旅馆业、旅游客运管理等纳入法规管理轨道。2014年,修订了《海南省旅游条例》。2015年,修订了《海南经济特区旅行社管理规定》《海南经济特区导游人员管理规定》和《海南经济特区道路旅游客运管理若干规定》。2016年,修订了《海南经济特区旅游价格管理规定》和《海南省旅游景区管理规定》(修订后更名)。如今,海南涵盖旅游主要素的法规构架初步形成。这些法规共同为促进海南旅游业的健康发展提供了法规支撑和保障。

海南的旅游立法和修订过程具有鲜明的特色:紧扣本省实际,通过制度创新公允地协调各个部门的分歧,有效地解决了实际问题,还特别重视对旅游者、旅游经营者及其从业人员以及行政相对人的权益保障。具体来看,遵循了一系列原则及标准:

(1) 及时先立先修。
(2) 始终把能否有效地解决问题作为工作的出发点和衡量标准。
(3) 本着"立得住、行得通、真管用"的原则,在相关旅游法规中增加了许多操作性很强的条款。
(4) 注重运用特区立法权的变通、创制功能从海南实际出发创新体制机制和管理方式,规范旅游从业行为和监管行为。
(5) 考虑了新时期新技术的作用。
(6) 在其他方面的立法中注重处理好其与旅游的关系,使各方面的发展与旅游升级发展相协调。

如上所述,尽管海南当前的旅游法制环境不断健全,但旅游市场仍缺乏规范性,行业经营乱象不止。在管理模式不规范的背景下,旅游市场不同程度地存在着低价格竞争、服务质量差、从业人员素质低等问题。更有甚者,"黑社""黑车""黑导"屡禁不止,欺客、宰客现象屡见不鲜。非法、不正规的旅行社、导游大行其道,他们与景点或商场联合,形成某种利益链,如有的导游解说内容低俗,擅自改变和增减旅游项目,降低服务质量和服务标准,以各种不正当、损人利己的手段坑害游客,强迫游客消费,辱骂游客甚至进行人身攻击等。旅客切身利益受到侵犯,旅游监管部门也频频遭到旅客投诉。然而,有些旅游投诉处理执法人员不站在游客的立场上替游客解决问题,执法不力、玩忽职守,敷衍游客或置之不理。游客投诉的问题得不到满意的解决,直接向政府部门投诉又耗时耗力。这些行业乱象的背后突显出海南旅游发展中环境与经济的割裂、就业与经济状况的冲突,严重阻碍了海南国际旅游岛的纵深发展和海南旅游品牌资产的保值、增值。

第二节　海南国际旅游岛"品牌化"相关文献

本节将介绍海南国际旅游岛建设及目的地品牌化这一本书核心支撑理论的国内外现有研究成果,从学术积累的视角进一步回应、验证上一节中所介绍的海南国际旅游岛纵深发展中的薄弱点。同时,为下一节构建解决问题的总体思路框架奠定理论基础。

一、海南国际旅游岛建设文献梳理

（一）文献检索概况

国外研究较少受到中国相关政策的引导,故不存在直接以海南国际旅游岛建设为焦点的文献群。相关启示渗透在其对海南旅游发展客观问题的探究中,但因过于分散且很大程度上缺乏统一主题和"可梳理性",这里便不对其进行介绍了。国内研究方面,从2009年12月国务院颁布《关于推进海南国际旅游岛建设发展的若干意见》后,海南国际旅游岛建设便成为国内学术界的热点话题,文献数目颇丰。

作者于2018年9月22日以篇名中包含"海南国际旅游岛"的保守统计方法在中国知网进行文献检索,共获得2009—2018年间发表的直接相关成果1 740篇,文献的年度分布趋势如图1.7所示。海南国际旅游岛建设的文献数量总体上呈逐渐递减的趋势。2010年的发表数量是一个顶峰,反映出海南国际旅游岛成为国家发展战略之后学界对其日益高涨的研究热情,但同时也存在诸多疑惑和需探讨的问题。这一研究热情延续到2012年,从2013年起文献数量保持在一个相对稳定的中等水平(年均100篇左右)。但是,到2018年,文献数量急剧减少,这可能源于两个方面原因:一方面,海南国际旅游岛建设进入规划期的最后3年,开发和管理方案都已成型,逐步迈入成果验收阶段;另一方面,对前些年海南国际旅游岛建设中出现的关键缺失或瓶颈问题,如何在最后阶段解决这些问题以实现最终目标,学界普遍感到迷茫,研究无从入手。

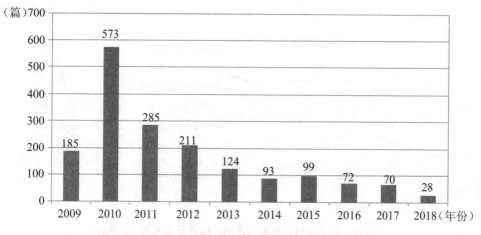

图1.7 2009—2018年海南国际旅游岛文献数量变化图

对上述文献研究内容进行分类审视,可显示出与海南国际旅游岛发展建设阶段相适应的4大类研究内容:① 战略构思和宏观环境扫描(主要集中在初期);② 开发建设的方案和建议(主要集中在中期);③ 政策优化与效应检验(主要集中在后期);④ 进一步发展畅想(主要集中在后期)。令人可喜的是,一些关于海南国际旅游岛建设中至关重要的前沿性问题的探究几乎贯穿在初期之后的每个发展阶段中,包括生态环境保护、国际旅游岛建设的影响、旅游业人才培养、语言服务提升、营销与市场开发。研究内容方面的层次关系如图1.8所示。

(二)基于文献结构层次的内容述评

1. 战略构思和宏观环境扫描(阶段1—2)

这类文献主要集中出现在海南国际旅游岛建设规划通过国家审批后,大规模相关行动即将开展的前期。像海南这样希望通过旅游业发展全面提升地区经济转型升级、实现现代化的发展构思亘古未有,没有模板可供参照。因此,学界需要通过集思广益、碰撞思维火花来明确发展的基本思路。这类成果的研究主题主要围绕何为国际化、如何实现海南旅游岛的国际化,海南国际旅游岛建设须解决的初步问题思考,海南国际旅游岛的发展路径构思,海南国际旅游岛建设的竞争力(或 SWOT)分析,海南国际旅游岛建设的跨国借鉴等。

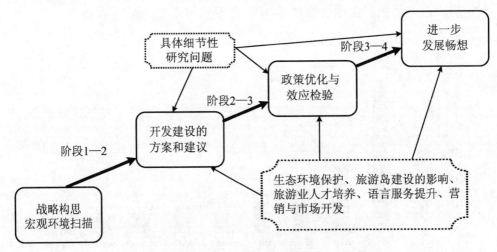

图 1.8　基于研究内容的海南国际旅游岛文献逻辑层次图

2. 开发建设的方案和建议(阶段 2—3)

在对发展建设的初步构思进行广泛探讨的同时,海南国际旅游岛建设业已展开。学界的研究视野随之迅速投向了国际旅游岛建设中的旅游基础设施和上层设施开发、旅游产品策划、旅游关联带动产业发展等实操性问题。该部分内容涉及的文献数量最多,话题主要涵盖旅游特色小镇建设中的技术应用、民族文化与旅游开发的互动和应用、旅游吸引物和服务设施开发建设、基于旅游关联带动效应的新产品开发等。

3. 政策优化与效应检验(阶段 3—4)

随着海南国际旅游岛建设的深入,政府不断推出一些促进旅游业发展的政策措施(典型措施如离岛免税)。一些学者以敏锐的视野洞悉到需要对这些便利政策的微观和宏观效应进行监测和评估,以识别偏差,确立科学的政策。刘家诚等采用问卷调查法分析了海南旅客对离岛免税政策及配套服务的满意度,并根据与日本冲绳岛、韩国济州岛、中国台湾金马澎群岛离岛免税政策实施情况的对比,提出了系统的政策优化措施。政策的效应检验文献关注的视角比较宽泛,涉及旅游效率演化、旅游业发展质量水平、公众的媒介使用与政策认同的互动效应、海南旅游业国际化水平提升效果、旅游经济效益、城乡一体化发展水平、国际旅游岛政策增长效应漏损等。张侨和黄伟展采用数据包络分析法,对海南城市旅游经济效益进行评价,发现:① 海南城市旅游经济综合效益、技术效益和规模效益较高,但均有下降趋势;② 综合效益和规模效益区域差异较大,且均有扩大趋势;③ 技术效益区域差异不明显,但也有扩大趋势。

4. 进一步发展畅想(阶段4至今)

通过对政策和旅游业绩效果的检验,学者们发现海南国际旅游岛的建设状况并非尽善尽美,很多方面都与预期设想形成偏差。为顺利实现这一国家战略目标,需要在规划阶段仅剩的几年中(亦从长远发展来看)寻求突破瓶颈的新的发展途径。在这方面做出大胆预测、勾画和畅想的文献还相当有限,主要的分析视角包括提升海南国际旅游岛建设的新思路、海南打造全域旅游发展的"升级版"、海南旅游的"产业支撑优化升级"战略、海南"国际旅游岛"的新思考、构建海南休闲旅游服务内容的新思路、新常态下的海南国际旅游岛发展路径转型等。温颖然提出海南提升国际影响力还需先练内功,在未来的转型升级过程中,要注重以产业联动为突破口,不断增加旅游产业的附加值。

5. 贯穿于各阶段的重要学术话题

如前所述,一些重要的前沿性探索和审视几乎贯穿在每一个研究阶段中,主要包含以下几个方面:

(1) 生态环境保护。这些文献基于生态环境质量对海南旅游业发展所具有的关键意义这一前提性认识,从多角度阐释并呼应海南国际旅游岛建设的生态文明目标。研究内容涉及海南国际旅游岛生态文明建设的主体培育、海南国际旅游岛建设生态文明发展之路的思考、海南生态环境发展现状及问题、生态文明视角下的国际旅游岛建设定位与深度开发等。

(2) 国际旅游岛建设的影响。这些成果主要基于旅游发展是把"双刃剑"的思维认识,探讨国际旅游岛建设及其资源开发对海南居民经济、社会、文化、心理等方面产生的积极和消极影响,属于"旅游影响"这一旅游学的具体研究范畴。主要的研究切入点包括国际旅游岛建设对海南居民社会福利或保障的影响、民生幸福指数影响、居民收入或消费结构的影响、居民心理健康的影响、传统文化的传承与维护、社会舆情及矛盾、失地农民的补偿安置及就业。杨秀侃以"黑龙江厅官三亚游泳衣物被扣"为例,梳理其引发的舆情演变过程,探讨这一事件背后折射出的海南国际旅游岛建设中候鸟移民面临的文化适应和社会认同窘境。

(3) 旅游业人才培养。这部分研究主要着眼于海南国际旅游岛建设对专业化、高层次人才的短缺现状，探讨相关的培育或引进机制。主要文献涉及对海南当前人才问题的一般性描述和探讨，人才引进和培养的创新模式，对各种具体类别人才培养的呼吁和方案，如特色服务礼仪人才、金融人才、酒店管理人才、会计人才等。

(4) 语言服务提升。国际化水平的提升是海南国际旅游岛建设效果的一个关键衡量尺度，这催生了对跨国交际、解说、翻译等语言服务的要求。这部分文献在一定程度上也可归于人才培养问题，但因数量偏多便进行单独探讨。主要研究内容涉及英语导游口语提升、酒店涉外人员的语言水平提升、自由贸易对外语口译人才的需求、民俗等文化吸引物的外语翻译问题等。

(5) 营销与市场开发。这类文献在数量上少于其他类别，但清晰地呈现为一个独特的研究切入点，即着眼于海南国际旅游岛的形象塑造策略和游客状况分析。形象塑造的文献主要涉及基于多方影响因素(互联网、舆情、竞争力对比等)的海南旅游目的地形象提升策略；游客状态分析，涵盖重要游客群体(如"候鸟一族"、俄罗斯游客)对海南国际旅游岛建设的影响；游客细分市场差异化分析(如重复游玩的游客和初次游玩的游客比较、团队客和散客比较)、游客的访问意愿激发策略。

6. 评论

这些文献很好地满足了海南国际旅游岛在各个发展阶段对于理论指导的需求，同时超出一般的描述性阐释，展现出批判视角，聚焦发展中面临的关键难题和不足。这为学界和业界提供了了解海南国际旅游岛建设现状、不足和趋势的一个基础平台。从整体上看，获得最多研究的领域还是开发建设的方案和建议，说明海南在方案批准后的8年内开展了大量脚踏实地的建设工作，值得赞许。然而，如"政策效应检验"研究领域所示，这些实践工作或多或少都出现了偏差，与预期效果不符，难以有效地继续推进。在紧随这一研究阶段之后的"进一步发展畅想"领域中，几乎没有学者专门针对这些偏差提出有针对性的改进方案。对于所面临的问题，学者们仅采用"新""升级版""转型""涅槃"等之类的字样来强调需要进行"创新"和"变革"，但海南国际旅游岛建设纵深推进的系统性解决方案未有揭示。

今后，海南要实现国际旅游岛建设的终极目标(成为中国最优秀的度假目的地,并实现对世界一流海岛目的地的比肩和超越),需要在发展路径上开展统筹"升级"策划。从"目标瞄准"到"科学投射",再到"调节性助推","品牌资产营造"战略应在这一过程中发挥整体谋划和把控作用。然而,当前有限的有关营销视角的文献只是对既定的客源市场进行比较和评价,没有为纵深发展进行营销导向上的"转型升级",未能使营销工作发挥其战略性价值。

二、旅游目的地"品牌化"文献梳理

随着旅游业竞争的加剧、旅游信息的增多以及旅游者经验的丰富,未来旅游目的地的竞争将主要基于旅游者的心理和情感。中外旅游学者因此开始关注目的地品牌化这一课题,对其进行了大量研究。这一研究起源于西方,故其学术积累丰厚,文献已逾百篇。作者通过在 Science Direct、Sage Publications、EBSCO 和 Wiley Interscience 等外文数据库输入"destination branding"这一检索标准,截至 2018 年 9 月底共获得国外直接相关论文 132 篇。其内容可归结为对品牌化实践"是什么、为什么、做什么、怎么做、结果如何"等一系列问题的回答。类似地,在 CNKI 中直接以"目的地品牌化"为检索主题,搜索到直接相关文献 98 篇,因为国内相关研究起步晚(始于 2003 年),主要仿效国外的研究路径而开展。作者对这些文献进行了梳理和阐述。

(一) 基础内容研究

这部分内容涵盖目的地品牌化"是什么、为什么、做什么"等该领域基础研究理论,成为后续所研究的更具体问题的概念、范畴、框架和逻辑依托,主要涉及目的地品牌化的概念、意义和概念模型等主体内容。

1. 国外代表性成果梳理

旅游目的地品牌化至今尚无公认的定义,主要有 3 种定义方式:

(1) 把品牌化作为品牌本体的构建内容。概念强调品牌元素在品牌化中的作用,即目的地品牌化是一系列一致的要素组合。

(2) 作为传播沟通战略。强调目的地品牌化是一种持续、集中的沟通战略,可被定义为传递与特定目的地相联系的令人满意的独特旅游经历的预期。

（3）作为关系集合。强调目的地品牌化是人们持有的旅游目的地形象以及与目的地之间的关系。

Blain、Cai、Morrson、Anderson、Tasci、Kozak 等诸多学者多对目的地品牌化的概念和内涵进行过界定。到目前为止,学界认可度较高和引用较多的是Blain等所给出的概念:"旅游目的地品牌化是一系列市场营销活动:① 支持创造旨在确立旅游目的地的'身份'并能够使其差异化的名称、符号、标志、文字或图形标志等品牌元素;② 一致地向游客传达仅与本旅游目的地相关并且值得记忆的旅游体验的期望;③ 巩固和强化旅游者和旅游目的地之间的情感联系;④ 降低消费者的搜寻成本和感知风险。这些活动共同作用于创造一个能够对旅游消费者的旅游目的地选择行为产生积极影响的旅游目的地形象。"

正如 Morgan 等指出,目的地品牌化是"当代目的地营销者的最有利的营销武器,因为品牌化增加了生产力、差异性和竞争力",其意义和价值得到了高度认可和阐释。其中成型的理论阐述包括 Clarke 的"六功能说"、Gnoth 的"三功能说"和 Ooi 的"四功能说"。Gnoth 的成果被引用的次数最多,且与目的地营销的整体研究形成了较好的衔接。他把旅游目的地品牌的作用划分为功能上的(functional)、象征性的(symbolic)和体验上的(experiential)三种类别。品牌的功能价值由目的地具备的能满足旅游者特定需求的综合实体属性所体现。品牌的象征性价值主要反映在"品牌个性"上,对旅游者而言,所有成功的目的地品牌都具有反映自身社会、情感和身份的独特个性。品牌的体验功能反映在可以引导旅游者兴趣并塑造旅游体验。目的地品牌可以从形象和吸引物两个方面统领产品的开发和营销,在旅游者访问之前形成一个定式,这一定式会塑造并完善最终的旅游体验。

概念性模型的建构不局限于对目的地品牌化概念内涵的界定,而是以其内涵为核心对所涉及的问题进行相对系统的诠释,能提供更多关于概念的信息。这方面的成果主要有 Cai 的"本体-要素-形象"模型及 Hsu 和 Cai 的"知识-忠诚"模型。其中 Cai 的模型更具完整性和认知度,它在心理学扩展激活理论的基础上,借助于目的地形象形成过程及品牌化经典研究成果,建构了一个反映"目的地品牌化"整体思路和过程的综合模型。这一模型将目的地品牌化看作一个围绕由品牌要素组合、品牌识别、品牌形象塑造构成的主轴递归过程,其中心是通过扩展激活来形成目的地品牌识别。根据 Cai 的观点,目的地品牌化工作应分为3个步骤:第一,当前形象调查。了解目标市场所具有的旅游目的地形象的总体情况。第二,确定品牌本体。勾画期望市场对目的地的理想形象。第三,选择合适的品牌要素组合反映品牌本体,将之与目标市场进行沟通,并对沟通过程与结果进行管理。图1.9展示了该模型。

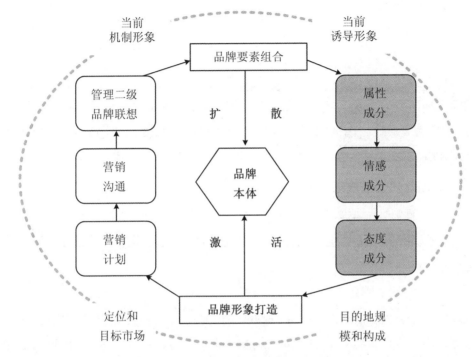

图1.9 Cai提出的目的地品牌化模型

2. 国内的跟随性研究

对于上述西方目的地品牌化基础研究涉及的话题,国内学者并非逐一地跟进探讨,而是采取将其整合、统一引论的方式,旨在向国人引荐目的地品牌化这一新学术探索领域。相关成果集中反映为两种形式:① 与目的地品牌化概念相关的综合阐释模型;② 对国外目的地品牌化成果的综述。高静和章勇刚、曲颖和李天元是第一类形式成果的典型代表。如高静和章勇刚在其概念模型中指出目的地品牌与品牌化的区别,剖析了目的地品牌化与目的地定位、目的地形象之间的关系:目的地定位是基础,在此基础上开展目的地品牌化工作(包括目的地品牌设计和品牌传播),来塑造目的地形象。

不少国内学者都在目的地品牌化研究盛行后对国外相关成果进行了综述,如邓衡、盖玉妍、王鉴忠、李阳、闻虹、郭永锐、黄洁、图登克珠、张文敏、刘丽娟、李天元、张维亮、朱孔山等。刘丽娟和李天元通过文献回顾指出,国外对目的地品牌化研究的框架已初步形成,并朝着体系化的方向发展,但仍有待于进一步深入和完善;后续研究应主要着眼于目的地塑造品牌伞的战略、利益相关者对旅游目的地品牌化过程的参与、对不同目标市场实施不同的品牌定位战略。

(二)目的地品牌化的运行过程

这部分研究内容集中关注目的地品牌化应该"怎么做"的问题。国外对于该内容的研究较为深入、细致,整体上可划分为"目的地品牌构建"和"目的地品牌传播"两大板块。国内则主要结合目的地案例对品牌化的必要性、思路和涉及工作进行阐述。

1. 国外代表性成果梳理

(1)目的地品牌构建。西方学者主要从目的地品牌定位、品牌个性和品牌设计3个环节来探讨在目的地品牌化建设之初应如何构建一个"品牌本体"的过程:

① 目的地品牌定位。绝大多数学者在对目的地品牌定位概念的理解上都直接借鉴了Kotler等的"三步骤"观点,即一是找出潜在的定位竞争优势;二是选择正确的竞争优势;三是对精心挑选的目标市场进行有效沟通,传播所选定的定位信息。Crompton、Baloglu、Brinberg、Usyal、Pike、Kim、Agrusa、Faullant、Morrison、Li等学者基于形象等感知指标对多个竞争目的地的差异化定位进行了比较研究。

② 目的地品牌个性。品牌个性是品牌建设活动要集中传达的目的地精神与灵魂,是目的地的品牌象征,直接影响到游客的目的地选择。国外关于此方面内容的研究文献主要通过测量目的地的实际品牌个性来剖析其形成和影响机理。Usakli和Baloglu基于拉斯维加斯品牌个性,测量并检验了"自我概念一致"(self-congruity)在旅游目的地品牌个性和旅游者行为意图之间的中介效应,结果发现品牌个性如果与旅游者的自我个性一致,会通过旅游者的自我认知进而对旅游者的重游和口碑传播意愿产生积极的影响。同时,拉斯维加斯的品牌个性被分为5个维度,即有活力、复杂、现代、真诚、有能力。

③ 目的地品牌设计。品牌设计指对品牌名称、主题口号、标志和商标等进

行设计来反映目的地品牌本体,品牌力量源自于这些元素传递信息的一致性。但由于目的地名称本身并不具备足够的区分性,且受地理名称的限制等缺陷,品牌设计的研究主要针对"目的地口号"和"目的地标志"展开,其中尤以目的地口号设计的文献居多。Richardson、Cohen、Lee、Cai、O'Leary 将广告研究中的"独特卖点"(USP)概念应用于对目的地口号设计质量进行评价。Zhang、Gursoy 和 Xu 通过检测一个包含"比喻口号特点"、说服测度及以"认知需要"和"目的地熟悉"为调节变量的模型明确了"比喻性口号"发挥说服效应的情境和具体机理。

(2)目的地品牌传播。要使品牌信息到达旅游者并对旅游者的行为产生影响,品牌传播发挥着重要作用。关于目的地品牌传播的文献主要探讨某种或某几种品牌传播手段在目的地品牌化中的运用价值与方式,主要包括:① 赞助营销传播。Benjamin 指出赞助营销不仅有助于建立品牌知名度,提升品牌形象,调动品牌建设组织的积极性,而且还可以利用这一机会展示新产品和新技术,为旅游消费者提供难得的活动体验。② 网络营销传播。Duong 通过采访和调查得到数据,采用定性和定量分析相结合的方法对目的地品牌及网络营销效果之间的关系进行了实证研究,进而发现两者之间呈现一种正相关的关系。③ 事件营销传播。Carlson 等以 424 名有过大型事件活动经验的游客数据来检验一个整合性模型,结果发现"消费者价值感知"是驱动集体参与大型事件的最重要因素,态度和持续的事件参与性的影响次之。

2. 国内相关成果梳理

国内研究没有对目的地品牌化的工作分步骤单独进行剖析(尤其是品牌化基础性工作),而主要是在案例目的地的背景下进行统一论述。吕海燕以龙门为案例地,提出了一个塑造目的地品牌的方案,包括品牌定位、品牌形象识别、品牌管理、品牌推广运营 4 个部分。刘丽君和郝彦革探讨了秦皇岛开展目的地品牌化的必要性及若干思路,包括突出特色景区,实行政府主导、社会参与的运作方式,宣传品牌形象,管理和维护旅游目的地品牌等。张奇以上海的旅游非优区为品牌化案例地,指出其品牌化包括 4 个板块(旅游地域品牌化、旅游产业和企业品牌化、旅游产品与服务品牌化、旅游吸引物品牌化)和 5 个实施环节(战略定位、战略规划、战略执行、战略评估、战略优化)。

（三）目的地品牌化效果检测

旅游目的地品牌绩效测量是目的地品牌化建设过程中的最后一环，可以监测品牌变化，发现品牌化过程中存在的问题。它关注的是目的地品牌化"结果如何"的问题。

1. 国外代表性成果梳理

当前国外文献中主要存在 4 种目的地品牌化效果的检测方法。

第一种方法是对比目的地品牌化工作开展前后来访旅游者数量的变化。如果在开展目的地品牌化工作之后，到访的游客量上升，则表明目的地品牌化工作取得了积极的效果。印度、新西兰、西澳大利亚州等目的地的品牌化绩效评价即采取了这一方法。

第二种方法是对比旅游目的地品牌化工作开展前后旅游目的地品牌在消费者心目中排名的变化。Hudson 和 Ritchie 认为这种方法更有效，并以拉斯维加斯为例说明了其具体的应用方法。2005 年拉斯维加斯旅游目的地品牌在美国消费者心目中排第五位，通过实施旅游目的地品牌化策略，2007 年上升至第二位。这一变化表明拉斯维加斯的营销机构在这两年期间所开展的品牌化工作取得了成功。

第三种方法是 Garcia 等开发的一个被称为"三角钻石成功指数"（success index of triple-diamonds，SITD）的测评工具。这种工具可以揭示不同的利益相关者如当地居民、企业人士和旅游者关于旅游目的地品牌化绩效的不同评价，有助于营销方了解各利益相关者的态度，进一步改善旅游目的地品牌化工作，以使更多的利益相关者满意。

第四种方法是公认的可通过"品牌资产"（brand equity）来测定目的地品牌绩效。学者们从消费者角度对目的地品牌资产的评估进行了探索研究，通过理论回顾建立由不同评价维度构成的模型，然后通过实证对模型及各构成维度之间的关系进行验证。一般来说，基于消费者的品牌资产由以下维度构成：品牌忠诚、感知质量、品牌形象、品牌显著性、品牌联想、品牌感知和品牌价值。不同维度对品牌资产的影响程度不同，彼此之间的关系也不同。

2. 国内相关成果梳理

国内学者对目的地品牌绩效的评价主要是基于"目的地品牌资产"模型的

构建与检验来实现的。现有研究涉及的具体内容取向包括：目的地品牌资产的感知测量、目的地品牌资产感知的影响因素和具体类型目的地的品牌资产模型构建。杨思宇认为旅游目的地品牌价值评估是其实现长期有效管理与运营的关键。他修正了品牌资产模型，并提出了提高旅游目的地品牌价值的对策。

（四）文献评论

国外关于目的地品牌化的研究文献围绕目的地品牌化相关要素和开展流程形成了较为完善的研究框架体系，后续研究主要在这个框架内填补具体内容，使其更加丰满即可。相关研究对前述目的地品牌化"是什么、为什么、做什么、怎么做、结果如何"五大主要研究分支都进行了细致勾勒，尤其重视对理论基础和目的地品牌化运行开端环节（即品牌构建）的深化研究，因此对后续各环节内容的探讨显得思路清晰和有的放矢。其缺点主要是案例应用较少，现有的实例阐释性成果都仅仅聚焦于品牌化某具体环节的工作（如定位、口号设计、品牌传播），缺乏为解决特定目的地品牌化问题对其中两项或多项工作统合应用的研究范例。

国内关于目的地品牌化研究起步较晚，其产生主要源于国外学界的启发和解决传统目的地营销遭遇的"瓶颈"，所以国内研究大多都是针对某一具体目的地进行品牌化发展的实例阐释。这些应用性研究将目的地品牌化的所有环节工作笼统而论，主要起到倡导实行品牌化策略并提供基本路径的作用。关于目的地品牌化"是什么""为什么""做什么"的基础理论成果极为贫乏，少数研究仅引述国外既有成果，在研究步伐上明显滞后于理论前沿。研究基础不够扎实使得相关研究者对各具体品牌化环节工作的探究也无法挖掘得更深入、透彻。所以"目的地品牌化运行过程"研究是国内相关研究中的一个薄弱环节，尤其是"品牌构建"这一开端环节，相关研究存在逻辑不清、相互矛盾或阐释错误等问题。目标市场选择、品牌定位或本体开发以及品牌展示元素设计，这些工作的科学性和创造性应用是解决多样化目的地品牌构建难题的不变根基。中国丰富的旅游资源和庞大的旅游消费市场已使其成为世界上目的地发展问题的集中呈现地。相应地，国内目的地营销学者须利用好"品牌化"这把利剑，在目的地品牌化深化、拓展和创新方面贡献出中国智慧和力量。

第三节　海南国际旅游岛纵深发展的总体思路框架

海南国际旅游岛规划方案的实施进程已近9年,这期间海南省社会各界为了这个宏伟目标做出了不懈努力,超前完成了《海南国际旅游岛建设发展规划纲要(2010—2020)》中的若干建设项目。翻阅《海南日报》《海南特区报》等报刊,可发现海南几乎每日、每周都有重要的涉及旅游岛建设的事情发生,新基础设施的动工抑或新政策法规的出台的确可喜可贺,然而关于国际旅游岛评价的实际检验数据在一定程度上给这些努力泼了"冷水",许多建设目标的完成情况都差强人意。这说明目前所采取的发展策略与海南的现状不匹配或相应的"助推力"不足。在接下来的建设中必须调整或革新发展思路,才能获得成功。本节将在汇总当前海南发展面临问题的基础上,识别发展思路的误区,构建其纵深发展的新思路框架。

一、海南国际旅游岛建设面临的问题

海南国际旅游岛建设面临的问题如下:国家相关政策扶持的效应不显著,设施的规格、档次与客流数量、质量不相符,市场乱象进一步侵蚀游客的造访意愿,旅游对环境的负面影响日益突出。这些问题背后的关键点是海南目的地生命周期的变迁——已从成长期转变为成熟期。当前海南积极发展建设旅游业没有取得预期的成果以及遭遇种种"瓶颈",皆是因为所采取的发展思路与这一自然生命周期不相吻合,出现了偏差。虽然这主要是针对海南国内游客市场的情况而言的,但"国际-国内"呈联动发展态势,彼此息息相关,相互影响。

海南国际旅游岛是朝着国际一流海岛目的地的标准进行开发建设的,但国外游客的总数在到访人群中只占到近3%,且以热带海滨度假为目标的造访者主要以俄罗斯游客为主。事实上"阳光-沙滩"目的地主要吸引的是短途度假者,所以欧洲游客如若度假,则会选择更临近的西班牙、希腊或法国的顶级海滨;美洲人主要会选择加勒比海、墨西哥或夏威夷。这些国家的游客都不大可能长途跋涉到海南来休闲度假,能吸引他们造访海南的情况只能是在他们缘于中国的文化吸引力选择了中国之旅之后,将海南这一独特"文化亚域"作为其中国之旅的有机组成部分。海南国际旅游市场一直增长缓慢甚至倒退的根本原因就在于此。所以海南要想吸引这些国际游客,应考虑的是如何在国家层面的旅游整体宣传中植入并凸显海南地域文化的独特魅力。海南需要的是大力挖掘和开发能对国际市场产生吸引力的文化产品。像现在这样仅基于国内游客的审美观开展低层次的作为海滨旅游附属物的乡村游、民俗游,是完全反向的发展方式。

  海南的国内旅游市场也出现了反向发展。如前所述,海南的国内旅游从2011年起游客增长率就逐渐趋于平稳和饱和,且在全国旅游市场"井喷式"发展形势下仅处于中等偏下的地位。收入高、消费多、活动量大、具有环境敏感性的冒险型和近冒险型游客已逐渐远离海南,去寻找他们心目中更具资源本真性的目的地(如新疆、西藏)。如今的造访游客以"看海、玩海"为目的的大众游客为主体,他们在家庭收入、消费水平、活动量和"亲环境"行为等方面都不是最佳的目标游客。根据 Plog 基于游客"心理类型"的生命周期分类法,处于"成熟期"的目的地如若开展环境保护、控制规划、培育游客的目的地忠诚度、寻找对"冒险类游客"新的吸引点(以延长目的地处于"成熟期"的时间或逆转生命周期),目的地将很快走向衰退。

  超过生命周期曲线中点的目的地来访游客的数量越来越少,将面临"游客量递减、旅游收入递减、为维持客源目的地进一步加大开发投入、冒险类游客继续逃离……"的恶性循环。海南当前就有走入这种发展"怪圈"的危险:国内大众游客无力支付为国际游客开发的高端旅游设施和项目、旅游消费较少、旅游业发展不景气、旅游业员工工作热情不高、游客满意度下滑、旅游市场不规范、导游大肆敛财、旅游投诉增加、目的地美誉度受损……事实上从宏观发展环境的变化即可窥见海南旅游已不再如日中天这一事实。比如在3—5年之前,北方候鸟人群"猫冬"的首选目的地就是海南,而如今这部分人群正在逐年减少,很多人因为海南过高的物价和房价转而选择了广西和云南。对于国内旅游市场来说,海南的发展误区在于不够"亲民"和"接地气"。海南当前需要做的是加强环境保护、保住这部分客源、提高游客满意度和忠诚度,通过积极的口碑效应促进更多高质量游客的重访,开启目的地生命周期逆转的新局面。

二、当前海南目的地"品牌化"缺陷

传统上,当一个旅游目的地的发展运行与预期不符或是经历生命周期变迁时,都需要回到其发展战略的源头进行审视,以寻找解决问题和突破困境的思路。进入"品牌化"时代,这项工作相应地转变为仔细核对打造目的地品牌的每一个步骤。尽管先前对于海南旅游的研究很少基于"品牌化"视角展开,但打造国际旅游岛的事实毫无疑问地已将其置身于国际和国内的滨海目的地"品牌竞争"中。关于目的地品牌化的运行步骤,国际知名学者的研究有"三步骤""四步骤""五步骤"的划分。如 Grillot 认为目的地品牌化包括识别旅游目的地身份、选择其最主要的身份、制定最合适的沟通策略3个步骤。Morgan 等提出了市场调查,开发品牌本体,品牌运营和推介,品牌执行,品牌运营、评价、反思的品牌化五部曲。Knapp 和 Sherwin 提出了评估当前目的地品牌的现状、发展目的地品牌本体和品牌承诺、传递品牌承诺、检测品牌塑造活动的效果四部曲。这些观点大同小异,但视角上有"初建品牌"和"品牌调整"之分。将两种视角相整合并精简步骤,可认为目的地品牌化主要经历如图1.10所示的4个阶段。其中,"市场调研"和"品牌构建"是奠定品牌根基的基础性工作。任何目的地的品牌化都不可逾越这两个关键步骤,品牌化的科学性及水平主要就反映在这两个步骤工作的质量上。跳跃这两个步骤或在这两个步骤上出现偏差将使得整个品牌化失去方向、无章可循。而一旦品牌化出现偏差,需要首先检查的就是这两个基础阶段的工作。

由此可以发现,当前海南目的地"品牌化"进程中存在明显的缺陷:在海南出台的《国际旅游岛建设发展规划纲要(2010—2020)》中,涉及营销谋划的内容非常有限,而且将"形象定位"置于"市场定位"之前,主要策划了近期关于"形象打造"所要开展的系列工作。海南没有通过周密的市场调研分析和选择就拟定了"品牌本体"内容,进而直接关注品牌传播工作,出现了品牌化工作的位次顺序颠倒和基础工作不扎实的缺陷。尤其是"品牌构建"相当重要,能为接下来的品牌传播提供直接素材的"品牌设计"环节被直接省略了。海南省在尚未明确意欲吸引的客源市场的情况下主观构思品牌主题,在没有精细化设定如何展示品牌主题的情况下就已开始广泛传播旅游品牌了。海南的目的地"品牌化"工作总体上主观性大于科学性。即便是意欲对海南营销工作加以指导的相关学术研究也存在类似的"品牌化"误解。很多研究在以游客分析为切入点开发品牌化战略时,仅注重对海南既有游客的详细分类解读,殊不知吸引目标的失当本身就可能产生品牌化问题,应根据目的地所遇到的实际问题寻找最佳的市场吸引目标。图1.11简要勾勒了当前海南的目的地"品牌化"所存在的缺陷。

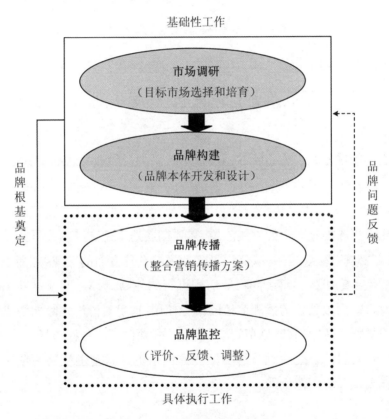

图1.10 目的地品牌化的流程

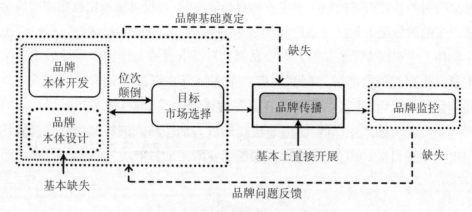

图 1.11　当前海南目的地品牌化缺陷

三、海南国际旅游岛纵深发展"品牌基础奠定"思路

缺乏品牌基础奠定或品牌基础奠定不扎实的目的地"品牌化"就相当于"无根之水、无缘之木",这便是海南省当前旅游品牌化建设的核心缺陷。如前所述,海南当前正面临生命周期变迁、传统发展模式不匹配、旅游品牌根基薄弱、旅游岛建设纵深推进乏术的发展困境,需要彻底地审视和革新发展思路。这必须回溯到"品牌基础奠定"的战略谋划之初来填补这方面的空缺,并能根据实际发展需要做出最明智、最有价值、最切实可行的战略选择。鉴于这项工作的重大意义及其对后续品牌传播和监控的指导作用,这里对海南国际旅游岛纵深发展的战略规划仅从"品牌基础奠定"环节来展开探讨,即"目标市场选择和培育"和"品牌本体设计"。之后章节的实证研究成果也是紧密围绕这两项工作来诠释其操作要领和应用范例的。

(一) 关于目标市场的纵深发展战略思考

国内大众游客是当前海南旅游及各行业经济增长的主要依托,国际游客只占到近3‰的市场份额。顶着"国际旅游岛"头衔的海南必须有效平衡两者的发展。在主要精力都投身于接待国内大众市场而分身乏术的情况下,对国际市场的维护和开拓的最明智战略就是找到一个"杠杆性人群"。如前所述,通过对

"文化旅游吸引物"的挖掘、开发和营销来招揽国外文化旅游人群恰恰可起到这种战略效果。同时,对国内大众游客这一主流市场也要进行有效维护和培育。这对延长海南旅游成熟期生命阶段,保护生态环境,防止目的地步入衰退期,以待发展转型至关重要。这一理念其实就是"留得青山在,不愁没柴烧"。提高环保理念并实施"亲环境"行为是对国内大众游客培育的核心目标。对此,"地方依恋"已被证实可作为一个重要的"中介性"培育目标,应仔细探究其作用方式和生成机理。

(二)关于品牌本体设计的纵深发展战略思考

目的地品牌本体开发先于品牌本体设计,但这一开发过程受到目的地"品牌化政治"的深刻影响,往往是各方利益相关实体权利博弈的结果,变数太大。而"品牌本体设计"则是对博弈后多方达成一致意见的"目的地本体"进行科学设计的过程,较为"有章可循"。海南的品牌化方案直接"忽略"了这一重要环节,故本书集中阐释进行本体设计的科学战略思考。"口号"是被学界和业界公认的对目的地供给侧"品牌投射"可操作性最强的载体元素。国内绝大多数目的地(包括海南)的口号设计如今都流行"网上征集"。但普通受众不了解当前竞争性目的地口号设计的主流范式、可资采纳的有效口号特点以及口号发挥科学效应的内在机理,在很大程度上提供的是"误导"性的设计方案。

(三)关于"助推力"的纵深发展战略思考

在海南遵循品牌化发展路径正常地进行市场谋划和本体设计时,不能忽视它的另一个重要角色:国家全域旅游示范省。这是海南在"大众旅游新时代"背景下的重要机遇和挑战。它强调"3个全域"的理念:空间上打破独立景点的"全城",参与上打破景区工作人员的"全域",产业上打破旅游单一发展的"全域"。这一概念所欲实现的目标与国际旅游岛建设借助旅游业的强大关联带动效应实现海南社会经济发展全面"升级"的最高目标是相吻合的。而且,其实际牵涉的工作(如乡村文化产品开发、环境治理维护、"美丽海南百千工程"等),能起到同时助力于海南对国际和国内旅游市场的维护和拓展作用。如乡村特色文化旅游资源的开发既迎合了国际游客的旅游偏好,又为延伸国内旅游品牌内涵、延长国内游客停留时间提供了有效的"抓手"。因此,"全域旅游"的加速发展完全可成为国际旅游岛建设的一个重要"助推力"。然而,当前海南关于如何促成两者的"联动",使其相得益彰的战略思考还很有限。对于乡村旅游设施如何与国际接轨,城市和乡村强势、弱势品牌联合营销等重要相关问题须进行深入探究。图1.12勾勒了海南国际旅游岛纵深发展的总体思路框架及对当前海南目的地品牌化缺陷的更正思考。

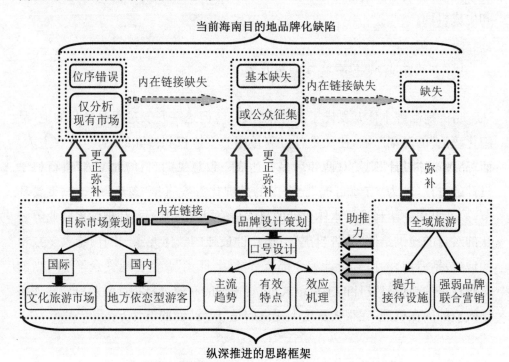

图1.12 海南国际旅游岛纵深发展的总体思路框架

四、本书研究问题界定

本书旨在为海南国际旅游岛建设纵深发展目标的实现提供品牌化战略及其具体路径转型方面的指导。这里的国际旅游岛纵深发展的目标实现包含以下4层内涵:

(1)完成指定时间节点(至2020年)的国家战略规定和海南承诺的国际旅游岛建设任务,各方面数据(旅游业增加值占比、第三产业增加值占比、第三产业从业人数比重等)达标。

(2) 更改当前海南国际旅游岛的品牌化发展模式,通过强化品牌基础奠定工作(即"目标市场选择与培育"+"供给侧品牌设计")消除现存的品牌化缺陷或误区。

(3) 通过新的品牌化战略及其路径弱化或消除以往错误模式带来的不利影响,即解决当前海南旅游发展中的五大瓶颈问题(市场号召力不强、旅游业支柱性产业的地位不稳固、旅游企业发展同质化严重、生态环境仍遭破坏、行业经营仍乱象不止)。

(4) 拓展现行发展思路,借势于国家相关宏观规划方针(如"全域旅游"),与其形成统筹协同发展,实现国际旅游岛建设的深远影响和意义。

对以上4大研究问题的回答将转化为对分配在3个内容篇章中的11个具体研究问题的解答,即:

(1) 篇章一——目标市场选择与培育篇:① 精准杠杆性国际旅游目标市场识别;② "三亚-厦门"文化旅游投射品牌个性对比分析;③ 大众旅游价值导向调节下地方依恋的"亲环境"驱动效应;④ 海南大众游客的地方依恋心理归因及其形成机理。

(2) 篇章二——"供给侧"品牌设计(口号)篇:① 我国优秀旅游目的地口号设计的核心模式与尺度差异;② 旅游口号设计的内源性-外源性模式构建;③ 基于"衰减器"模型的旅游口号设计框架构建;④ 海滨目的地口号的"记忆"和"说服"综合有效性研究。

(3) 篇章三——作为助推器的全域旅游篇:① 基于加权TOPSIS法的海南内部旅游资源竞争力比较;② 游客对"乡村民宿"的在线信誉评价指标关注度研究;③ "三亚-琼海"强、弱品牌联合营销。

参 考 文 献

[1] 迟福林.海南国际旅游岛走向[J].新东方,2011(6):1-5.
[2] 陈钢华.海岛型目的地的旅游渗透度:海南案例及其国际比较[J].旅游学刊,2012,27(11):72-80.

［3］陈海波,莫莉萍.滨海旅游地游客重游意愿的分异研究:以海南国际旅游岛为例[J].哈尔滨商业大学学报(社会科学版),2011(5):110-114.

［4］陈海波,莫莉萍.初游者与重游者差异的系统比较:以海南国际旅游岛为例[J].旅游论坛,2012,5(2):12-17.

［5］陈海波,汤腊梅,许春晓.海岛度假旅游地重游者动机及其市场细分研究:以海南国际旅游岛为例[J].旅游科学,2015,29(6):68-80.

［6］代国夫.打造海南国际旅游岛的国际内涵[C].海口:第十四届全国区域旅游开发学术研讨会暨第二届海南国际旅游岛大论坛,2009:2.

［7］戴丽霞.乡村旅游发展的法律监管机制研究:立足于海南特色乡村游建设[J].农业经济,2014(9):56-58.

［8］邓涛涛,邹光勇,马木兰.国际旅游岛战略提升了海南旅游业国际化水平吗?:基于双重差分方法的政策效果评估[J].经济管理,2016,38(7):147-155.

［9］杜明娥.关于海南国际旅游岛建设与可持续发展的思考[J].生态经济,2010(9):138-140.

［10］龚箭,李苗,胡静.海南国际旅游岛发展模式研究[J].中南财经政法大学学报,2012(5):15-20.

［11］郭永锐,陶犁,冯斌.国外旅游目的地品牌研究综述[J].人文地理,2011,26(3):147-153.

［12］李翠玲,秦续忠,赵红.旅游目的地品牌忠诚度与整体印象影响因素研究:以新疆昌吉回族自治州为例[J].管理评论,2017,29(7):82-92.

［13］刘俊.海南居民对国际旅游岛政策影响的感知及态度[J].旅游学刊,2011,26(6):21-28.

［14］李卉妍,王浩,隋姗姗,等.海南国际旅游岛建设中人才综合管理创新路径研究[J].科学管理研究,2016,34(2):74-77.

［15］刘丽娟,李天元.国外旅游目的地品牌化研究现状与分析[J].人文地理,2012,27(2):26-31.

［16］刘丽娟,吕兴洋.基于消费者的旅游目的地品牌资产研究:以呼和浩特市为例[J].干旱区资源与环境,2016,30(10):204-208.

［17］李燕琴,刘莉萍.夏威夷对海南国际旅游岛可持续发展的启示[J].旅游学刊,2011,26(3):16-24.

[18] 潘乾,黎治潭.预防化解农村社会矛盾的"红线"思想:基于海南国际旅游岛的考察[J].社会科学家,2017(10):94-98.

[19] 曲颖,李天元.旅游目的地形象、定位和品牌化:概念辨析和关系阐释[J].旅游科学,2011,25(4):10-19.

[20] 上官健.新农村城镇化建设中PPP模式应用略论:以海南国际旅游岛新农村城镇化为例[J].经济问题,2016(5):85-89.

[21] 沈鹏熠.旅游目的地品牌资产的结构及其形成机理:基于目的地形象视角的实证研究[J].经济经纬,2014,31(1):112-117.

[22] 沈雪瑞,李天元,臧德霞.旅游目的地品牌象征性意义对到访意向的影响研究[J].旅游学刊,2016,31(8):102-113.

[23] 时雨晴,虞虎,陈田,等.城市旅游效率演化阶段、特征及其空间分异效应:以海南国际旅游岛为例[J].经济地理,2015,35(10):202-209.

[24] 图登克珠,张文敏.基于web of science 的旅游目的地品牌研究综述:兼谈对西藏建设重要的世界旅游目的地的启示[J].中国藏学,2012(3):154-164.

[25] 王微.海南现代服务业开放型发展路径及政策研究[N].中国经济时报,2014-10-14(5).

[26] 许春晓,莫莉萍.旅游目的地品牌资产驱动因素模型研究:以凤凰古城为例[J].旅游学刊,2014,29(7):77-87.

[27] 胥兴安,王立磊,杨懿.网络负面口碑对旅游目的地品牌资产稀释效应:熟悉度和易感性的调节作用[J].人文地理,2015,30(5):126-133.

[28] 徐文海,邓颖颖,皮君.基于竞争力评价的旅游目的地形象提升研究:以海南国际旅游岛为例[J].中南财经政法大学学报,2014(3):59-65.

[29] 苑炳慧,辛应康.基于顾客的旅游目的地品牌资产量表开发与验证[J].旅游科学,2016,30(4):46-60.

[30] 杨英姿.生态文明:海南国际旅游岛建设的定向与定位[J].生态经济,2010(5):135-137.

[31] BALOGLU S,BRINBERG D. Affective images of tourism destinations[J]. Journal of Travel Research,1997,35(4):11-15.

[32] BOO S,BUSSER J,BALOGLU S. A model of customer-based brand equity and its application to multipledestinations[J]. Tourism Manage-

ment,2009,30(2):219-231.

[33] BLAIN C,LEVY S E,RITCHIE R B. Destination branding:insights and practices from destination management organizations[J]. Journal of Travel Research,2005,43(4):328-338.

[34] CLARKE J. Tourism brands:an exploratory study of the brands box model.[J]. Journal of Vacation Marketing,2000,6(4):329-345.

[35] CARLSON J,ROSENBERGER P J,RAHMAN M M. Cultivating group-oriented travel behaviour to major events:assessing the importance of customer-perceived value,enduring event involvement and attitude towards the host destination[J]. Journal of Marketing Management,2015,31(9/10):1065-1089.

[36] CAI L A. Cooperative branding for rural destinations[J]. Annals of Tourism Research,2002,29(3):720-742.

[37] GNOTH J. Leveraging export brands through a tourism destination-brand[J]. Journal of Brand Management,2002,9(4):262-280.

[38] GARCÍA J A,GÓMEZ M,MOLINA A. A destination-branding model:an empirical analysis based on stakeholders.[J]. Tourism Management,2012,33(3):646-661.

[39] HUDSON S,RITCHIE R B. Branding a memorable destination experience:the case of "Brand Canada"[J]. International Journal of Tourism Research,2009,11(2):217-228.

[40] KIM S S,AGRUSA J. The positioning of overseas honeymoon destinations[J]. Annals of Tourism Research,2005,32(4):887-904.

[41] KONECNIK M,GARTNER W C. Customer-based brand equity for a destination[J]. Annals of Tourism Research,2007,34(2):400-421.

[42] LEE G,CAI L A,O'LEARY J T. Www branding. states. us:an analysis of brand-building elements in the US state tourism websites[J]. Tourism Management,2006,27(5):815-828.

[43] MORGAN N J,PRITCHARD A,PIGGOTT R. Destination branding and the role of the stakeholders:the case of New Zealand[J]. Journal of Vacation Marketing,2003,9(3):285-299.

[44] PLOG S C. Why destination areas rise and fall in popularity[J]. Cornell Hotel and Restaurant Administration Quarterly,1974,14(4):55-58.

[45] PLOG S C. Why destination areas rise and fall in popularity:an update of a cornell quarterly classic[J]. Cornell Hotel and Restaurant Administration Quarterly,2001,42(3):13-24.

[46] PIKE S,RYAN C. Destination positioning analysis through a comparison of cognitive,affective,and conative perceptions[J]. Journal of Travel Research,2004,42(4):333-342.

[47] PIKE S. Destination brand positions of a competitive set of near-home destinations[J]. Tourism Management,2009,30(6):857-866.

[48] PIKE S. Destination positioning opportunities using personal values: elicited through the repertory test with laddering analysis[J]. Tourism Management,2012,33(1):100-107.

[49] PIKE S. Destination positioning and temporality:tracking relative strengths and weaknesses overtime[J]. Journal of Hospitality and Tourism Management,2017(31):126-133.

[50] RICHARDSON J,COHEN J. State slogans:the case of the missingUSP[J]. Journal of Travel & Tourism Marketing,1994,2(2/3):91-110.

[51] USAKLI A,BALOGLU S. Brand personality of tourist destinations:an application of self-congruity theory[J]. Tourism Management,2011,32(1):114-127.

[52] ZHANG H,GURSOY D,XU H. The effects of associative slogans on tourists' attitudes and travel intention:the moderating effects of need for cognition and familiarity[J]. Journal of Travel Research,2017,56(2):206-220.

第二章 海南国际旅游岛纵深发展的目标市场选择与培育

本章通过实证性研究来实际阐释海南国际旅游岛纵深发展"品牌基础奠定"中"目标市场选择与培育"这一初始战略谋划工作的内容。它是品牌化的重中之重,将为后续所有工作环节"定调子",这一战略思考主要指向对国际市场中的"文化旅游者"和国内市场中的"大众亲环境游客"的选择和培育。

本章第一节介绍营销学中与本章内容相关的基本概念和原理,为后续实证性研究内容奠定理论基础。第二节、第三节关注国际市场中"文化旅游者"作为未来最佳吸引群体的缘由和品牌投射策略。其中,第二节以美国访华游客市场为例,通过聚类分析等定量工具实践阐释将"文化探寻者"这一"近冒险类游客"的子细分市场作为未来海外目标市场核心吸引人群的理论和实践逻辑。明确了最佳杠杆性目标市场后,还要有科学的品牌投射方法。海南以往未重视"文化旅游投射",极有可能造成其文化旅游形象和个性不鲜明、逊于其他国内知名海滨目的地。故第三节对三亚和厦门的文化旅游投射品牌个性进行对比分析,旨在识别海南当前文化品牌的定位和差异化不足。第四节、第五节关注对大众游客进行"亲环境"培育的重要工具及其培育要点。其中,第四节将"地方依恋各维度"与大众游客"亲环境行为"之间建立联系,识别出大众价值导向调节下在驱动"亲环境意愿"方面最有效的地方依恋维度,证实了"大众亲环境游客"的可培育性。第五节通过对海南游客的网络游记进行扎根理论分析,挖掘出游客对海南地方依恋形成的整体心理归因及反映出的三种差异化路径模式,以便对目的地依恋的培育过程提供启发。

第一节　旅游目的地细分市场选择和培育的原则

一、引言

长期以来,市场细分是世界各地的旅游经营者一直都非常重视的一项战略性营销工作。其重要性在于:

(1) 绝大多数旅游目的地由于自身条件或供给能力的限制,都不大可能适应和满足所有旅游消费者的需要。

(2) 对于有些旅游目的地,尽管它们有能力去满足众多不同类型旅游消费者的需要,但出于优化经营的考虑,主观上也无意为所有的旅游消费者人群提供服务。

市场细分是选择目标市场的基础,有助于旅游营销者有效地确定本目的地的产品定位,有针对性地策划和开展促销活动,从而使有限的营销预算得以最大限度地发挥效用。尽管该战略是必不可少的先行者,但它主要服务于之后的目标市场选择和培育,因为这才是目的地营销战略加以贯彻执行的直观体现。在选择和培育目标市场时,能否遵循科学的标准、模式是该项工作能否成功并有效引导后续营销传播的关键所在。

二、需遵循的科学原则

（一）可识别性

可识别性是指所选择或意欲培育的核心消费者人群必须具有某些清晰可辨的共同特点，更为重要的是，该人群中所有成员对某一旅游产品或服务都有其相同的利益追求，即某一人群中的所有成员都对某一旅游产品感兴趣。

（二）可测性

这意味着对于所选择或意欲培育的核心消费者人群，目的地营销者都应能够测量和评估该人群的规模和购买潜力。如果旅游营销者无法测量和评估该细分市场的人群规模和消费潜力，那么这一目标市场的选择和培育计划将毫无意义。

（三）规模性

这是指所选择或意欲培育的核心消费者人群必须具备足够大的规模。然而多大的规模才算足够大？衡量规模是否足够大的真正标准是，本目的地是否值得投入资源针对这一人群开展营销。换言之，这里所称的规模性，其真实含义不一定是指该细分市场的人群规模如何可观，而是指该细分市场必须能够为本目的地带来足够大或令人满意的投资回报。也就是说，在该细分市场上所能实现增加的利润额必须大于自己为争取该细分市场而需投入的资金额。

（四）可影响性

这里所称的可影响性在国内某些市场营销研究中有时也称为可及性、可达性或可接触性。目标市场选择和培育的实质目标在于能够去影响某些特定的消费者人群。因此,这一原则指的是,对于所识别出来的消费者人群,旅游营销者必须能够通过营销传播和销售活动的开展,有效地对该人群施加影响。否则,目的地经营者面向该细分市场的一切营销策划工作都将变得毫无把握。

(五)持久性

有些消费者人群属于短期或中期市场,也就是说这些细分市场的存在期不足五年;有些消费者人群所构成的市场则属于短暂流行的时尚市场,追星族、迪斯科迷、滚轴溜冰迷之类的人群所构成的市场都属于时尚市场;还有一些消费者人群的形成甚至是某些不可重复性事件所带来的结果,因而其所构成的市场属于昙花一现的市场。尽管有些目的地在利用这类时尚市场的机会方面获利不菲,但大部分目的地都难如所愿。因此,谨慎的营销者应确信自己所意欲选择或培育的每一个重要细分市场都具备长期的潜力。

第二节 精准杠杆性国际旅游目标市场识别:以美国为例

一、引言

随着游客消费心理的日趋复杂化和细分化,目的地营销工作对市场细分"精准性"的要求进一步提高。"市场细分"即根据游客的特征将整体市场划分为若干个内部同质、外部异质的细分市场的过程。这意味着需运用创意性的细分基础和方法为目的地寻找到运营上最具"成本-效益"的吸引对象。

当前我国入境旅游就亟待精准化市场细分的指导。近年来,在出境旅游持续升温的映衬下,我国入境旅游显得异常冷清。2010—2015年的年均入境游客增长率仅为0.8%,且有3年连续出现了负增长,造成巨额的旅游服务贸易逆差(2014年已超过1 000亿美元,数据源自国家旅游局官方网站)。入境旅游是我国旅游业融入国家战略的基石和缔造旅游强国的基础性指标。尽管再现游客年均增长率近20%的往日辉煌不太现实,但超越全球国际旅游的平均增长水平(目前为4%)应是我们的奋斗目标。"十二五"期间入境游客量的反复"下降"或"停滞"展现出出入境旅游的衰退走向,入境旅游的振兴势在必行。鉴于当前我国对国内旅游的"井喷式"增长已应接不暇,集中有限资源瞄准一个小的市场切入点应是振兴入境旅游的最佳途径。下面以美国消遣游客市场为例,探寻我国入境旅游市场振兴中的精准目标市场识别问题(图2.1)。

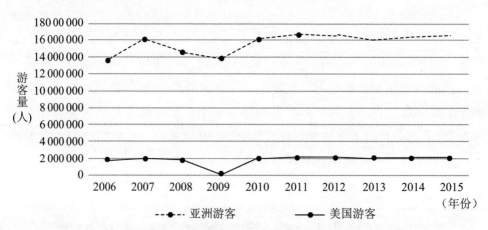

图2.1 访华亚洲游客和访华美国游客的数量变化曲线(2006—2015年)

美国游客被选作案例人群,原因如下:首先,作为经济最发达和出境游历史悠久的国度,美国游客的价值取向和旅游需求对我国主要客源国(如韩国、日本)具有显著示范效应,可为我国整体入境旅游发展提供预测基础。如图2.1所示,近10年来美国访华游客状况与我国旅游市场中的亚洲客源在变化趋势上非常接近。其次,美国本身也是我国的第三大旅游客源国和远程旅游市场开拓的重心。美国访华游客市场的发展瓶颈恰似我国整体入境游客市场的一个微缩写照,如年均访华美国游客增长率同样从早先的10%以上下降到0.8%(2011—2015年,数据源自国家旅游局官方网站)。因此,针对美国游客所思考和开发的营销举措预期将具有全局性指导意义。

二、相关文献综述

（一）最大化访问增长的理论支撑

心理类型不同的游客对目的地而言代表着不同的市场含金量，这一共识已反映在国内外诸多探讨游客心理特征对其行为影响的文献中，然而Plog心理类型理论是唯一能将目的地兴衰变迁与其所吸引游客的特征紧密连接的研究理论。该理论强调，目的地兴衰变迁的奥妙就在于伴随旅游设施开发不断升级，其产品的独特性和冒险价值发生了转变，进而使其吸引人群从冒险型悄然转变为近冒险型、中间冒险型……直至最终转变为依赖型。

该理论的核心在于其强调是否进行系统性的开发规划是决定一个目的地实现多元化可持续发展还是招致不可遏制的衰败的决定因素。Plog公司跨国度、行业进行的大量调查显示，与其他人群相比，冒险类别游客表现出一些对目的地绩效特别有利的消费特征，如出游频率高、在目的地参加活动多、人均花费多。Weaver所开展的一项研究甚至发现，冒险者在情感态度、推荐和重游意愿及支持举动等忠诚维度上都表现出不低于（甚至超过）依赖者的评分结果，打破了对冒险者缺乏忠诚度的传统假设。基于客源基础变化是目的地兴衰的根本原因，Plog明确指出，对于那些游客来源转向依赖型一方的成熟目的地，若要改变其不断衰退的发展格局，实现游客来访量的逆转性增长，其最佳目标市场就是近冒险型游客中的某一核心人群。因为这种定位具有最广泛的吸引面，能涉及曲线中规模最大的一批人群（近40%，即近冒险型至中间冒险型）。因此，借鉴该理论识别和有效接触到这一核心人群便能实现目的地游客访问量增长最大化。然而，尽管Plog模型被广泛引用和传播，其对目的地市场复兴的这种直观规划和营销启示却极少在实证研究中得到应用。本节内容以"冒险倾向"变量为核心细分变量之一来促进对该理论的实操化。

(二)目的地市场细分

当前对目的地市场细分方法的分类主要有两种:第一种是按细分结果的来源划分为"前验法"(a priori approach)和"后验法"(a posterior approach)。前者根据研究者的常识性推断分割市场,其细分结果预先可知;而后者的细分市场信息要通过数据统计分析获取。两者亦可在同一研究中联合使用,以前验法作为更深入的后验法应用的基础。第二种是按使用细分变量的数目及涉及阶段划分为"单阶段""二阶段"和"多阶段"方法,分别对应使用1个、2个和3个以上的细分变量。为获得更为精准、深入的细分效果,本研究的细分设计综合包含了这两种分类方法的元素,即在整体的多阶段细分框架下涵盖对"前验法"和"后验法"的次序性运用,如图2.2所示。

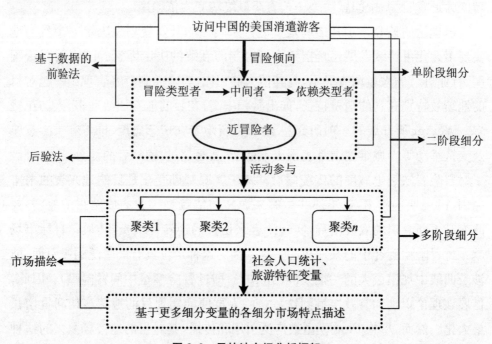

图 2.2 目的地市场分析框架

在细分变量的选择上,旅游学者经历了如下的变更过程:早期主要使用描述性社会人口统计变量(如年龄、职业、收入等),但因这些变量的测量结果混合、多变,被认为缺乏有效性。自此,心理特征(psychographics)或特定行为本身等与行为关联度更高的变量被替代性地选作细分基础。再往后的发展趋势则是在多重目标驱动下对多种细分变量的联合使用。一般是首先以某"高预测力变量"为核心细分基础,再对其细分结果应用若干次级重要变量来辅助勾勒群体特征。本研究也遵循这种前沿的综合性理念,且在细分市场生成上应用"双核心变量"做了一个更精细的二次细分。

心理特征是被评价最高的细分基础之一,而"动机"(或称"寻求利益")则是其中最常被应用的具体变量。但事实上该细分变量有一个显著缺陷,即它对特定人群的划分结果必然要随目的地、决策情境及时尚潮流等因素的改变而改变,缺乏稳定性。在这方面,"冒险倾向"概念,同作为能揭示行为内在动因的心理变量,则具有跨地域、文化和情境应用的推广可信度。因为人的个性极少或仅微妙地发生变化。此外,该变量还具有一个独特功效。因各利益相关者对吸引游客的主张不同,目的地官方在整合各方力量联合营销时始终面临目标市场应如何取舍这一难题。绕开这一固有争议,Plog模型强调吸引有最大化访问增长潜力的冒险类别人群,坚持"把整体蛋糕做大"的思维,将惠及所有利益实体。

然而仅根据Plog理论开展市场细分也存在不足之处。如有学者指出,这种传统的理论推断分类法可提供相关启示,却并非真正调研意义上的市场细分,因为其结果不是数据驱动的。故本研究在其应用上采取Dolnicar的方法,以基于数据的"前验分类"来尽量弥补此缺陷。但仅是如此还不够,因为整体的类别和意愿分化无法帮助探测精细化营销和管理工作的着眼点,需再纳入更具体的行为指示变量作深层细分。"活动参与"(activity participation)就是一个行为导向的细分基础,其效度已在大量情境下得到证实。可开展活动的数目和类别本身就是游客进行目的地选择的重要考虑因素,其细分结果揭示的是抽象动因下的现实行为组合模式,直接与游客的支出特征及由此决定的服务方式和管理导向相链接。此外,因该变量是个体利益相关者偏爱的细分基础,将其纳入也有利于使目的地官方的宏观策略制定最大限度地与利益相关者观点相契合,以打造精诚团结的联合营销机制。因此,"活动参与"变量充当了本研究的第二个核心细分变量。

三、研究方法

(一) 抽样和数据收集

本研究是中国相对亚洲主要旅游竞争国进行针对美国市场定位的更大规模研究的一部分,其具体目标为通过多阶段深入细分识别瞄准未来美国近冒险型消遣游客市场最有价值的细分人群。调研于2015年3月至4月在中国7个海外游客吞吐量最大的国际机场开展,排除访华的18周岁以下、停留2日以下、商务出行及仅过境的美国游客。样本规模由"置信区间法"(confidence interval approach)确定,即总体变异率设为50%,在95%的置信区间和1.96的标准误差下所需样本规模为385人。假设问卷反馈率为75%,不可用率为10%,共需招募593名(385/0.65)游客。因本研究涉及再对近冒险型游客作两次细分,为保障所得细分市场的规模,实际共发放问卷2400份(≈593/0.4,保守估计1/4的样本为近冒险者)。

抽样过程由两阶段构成。首先,为消除游客及资源类别的地域偏差,一个涵盖中国国土分化7大区域(即东北、华北、华东、华中、华南、西北、西南)的全范围"比例分层抽样"(proportionate stratified sampling)被开展。各区域内最重要的一个国际机场继而被选作具体抽样场所。"层次子样本规模"由各区域的美国游客接待量占全国总接待量的比例来确定。接下来是通过"系统性随机抽样"(systematic random sampling)来选择个体样本,采样间隔由飞往美国航班的平均容客量和登机率计算得出。经机场管理层批准后,由受雇的调查人员在候机室对接触到的每5名待返回本土的美国游客进行招募,向其陈述调研目的、方式等信息,发放自填式问卷。首先回答年龄、访华目的和停留时间3个筛选性问题,遇到不符合条件者跳过,从下一名合适游客起继续实施5间隔的随机抽样。对于参与抽样调查的游客,将收到一套关于中国的风景明信片。

（二）问卷

所用问卷包含涉及目的地竞争性定位的诸多问题,其中 3 个部分与本研究具体相关。

1. "冒险倾向"测量

当前有 2 种关于此概念的测量量表:一种是 Plog 推崇的基于个性的抽象陈述;另一种是其他学者使用的旅游情境下的具体冒险行为表征。因后者对目的地营销更具直观指导意义,本研究采用此方法。问卷包含 12 个题项,即 Weaver 开发的 10 题项及作者补充的 2 个分别描述纪念品偏好和支出心态的题项。被访者需在 5 点李克特量表上圈出他们对各题项陈述的同意程度,其中:1 为强烈不同意,5 为强烈同意。

2. "活动参与"测量

要求被访者指出他们在此次访华期间是否参加过以下 28 种消遣活动。活动列表来源于对先前相关文献的回顾和对主营入境游业务旅行社员工的深入访谈。

3. 社会人口统计特征和旅游特征测量

其中的"访问动机"量表包含参阅多项研究提炼的 7 个当前情境最适用的总体推动力因素。为更清晰地展示动机的不同重要性,要求被访者只从中选出他们感觉最为关键的 3 个访华原因。美国游客在华的总体支出费用和停留天数分别由开放式问题引导游客填写。为确保获得真实和足够多的反馈信息,调查人员介绍研究内容时要特别强调对调查数据的保密性和仅用于学术目的,并坦言对这两个问题的回答在研究中具有重要价值。预测试于 2015 年 2 月在 180 名到访上海的美国消遣游客中开展。问卷初稿据此做了微小的措辞和发放程序方面的修改,并证实各量表均具有 Cronbach's alpha(克朗巴哈系数)值超过 0.70 的良好信度。冒险倾向和访问动机的具体问卷题目如表 2.1 所示。

表 2.1　问卷中涉及变量的测量题目

冒险倾向	访问动机
（1）旅游时我愿意看一些感兴趣的东西，即使会给身体带来不便	（1）寻求刺激或自我放纵
（2）我经常旅行到偏远的地方去观察罕见或不寻常的吸引物	（2）身体康健
（3）旅游时我倾向于接受未安排的或即兴的访问项目	（3）接触自然
（4）旅游时我喜欢身体活跃起来	（4）与家人享受时光
（5）尽可能多地了解所访问的地点对我而言是重要的	（5）放松或舒适
（6）旅游时我不希望接受较多的服务	（6）文化学习或开阔视野
（7）我喜欢由自己做出所有的旅行安排	（7）提高自尊心或社会地位
（8）我更喜欢访问自己从未去过的地方	
（9）心灵刺激是我为何旅游的一个重要原因	
（10）旅游时我喜欢体验风险元素	
（11）旅游时我喜欢购买具有当地原真性文化特色的纪念品	
（12）我愿意为喜爱的旅游产品支付较多的金钱，即使结果会大失所望	

（三）数据分析

数据分析通过 4 个步骤完成。

首先，计算被访者对 12 个冒险倾向题目的评分总数，以人为设定数值距离将全部样本划分为 Plog 描述的 5 种心理类型。

其次，根据游客参与活动的相似和差异性将近冒险型群体进一步划分为若干个子细分市场。可采用经典的二阶段聚类法，即首先通过将个体两两合并成单一集群的"层次聚类法"（hierarchical cluster analysis）识别恰当的细分市场数目，再以指定的聚类数实施"快速聚类法"（k-means cluster analysis）重新调整个体的类别归属。

再次，应用一系列 χ^2 检验对各子细分市场的社会人口统计特征和旅游特征进行描绘并比较。

最后，对识别出的每个子细分市场应用 Lee 等的"经济价值组合矩阵"（economic value portfolio matrix）对其可盈利性进行评价，指导目标市场的选择。

四、研究发现

(一) 基于数据的前验细分结果

基于中国作为整体目的地的资源广泛性,可将样本直接划分为前述5种心理类型的效度,而无需采取后验方法。样本中冒险量表的实际取值范围为14—58点,组间距设为8,则14—22点、23—31点、32—40点、41—49点和50—58点分别代表依赖型、近依赖型、中间型、近冒险型和冒险型。实际回收可用问卷1 680份,其中近冒险者为507人,占30.2%,超过预期5%。样本呈现出中国从近冒险型目的地逐渐转变为中间型目的地的偏态分布模式,因为中间型游客的数量最多(34.5%)。这与Plog 2003年对中国作目的地心理类型定位的结果发生了明显改变。从整体上看,本研究关注的近冒险型游客表现出Plog及其他学者界定的此类群体的典型特征,即女性偏多一些(56.8%),多为年龄、学历和收入均偏高的人士(45岁以上者占54%,本科以上学历者占71.2%,60.2%的人年收入超过6万美元),旅行经验丰富(44.4%的人在过去2年内旅行5次以上),更偏好以散客方式自由出行(66.5%),在目的地停留时间较长(平均13.8天)。

(二) 基于活动参与的子细分市场识别

Ward's法被用于分析游客的活动参与数据,集聚系数和树状图显示数目4为最恰当的聚类决策。快速聚类法被用于构建组群,原则是使个体到某组群"重心"(centroid)的距离最小化。据此确定的4个子细分市场如下(表2.2):刺激性户外活动最适合用来界定"聚类1"(63人,12.4%)的活动域,因为其在该市场中的平均参与率明显高于其他市场,如水肺潜水、皮艇等水上冒险活动(73%),攀岩(57.1%),蹦极(52.4%),滑雪(42.9%),溪流下降(39.7%)等。该市场同样对骑马、骑自行车/远足、打高尔夫/网球等普通康体活动有较高参与热情,其最排斥的就是文化类活动,故被命名为"户外刺激体验者"。

"聚类2"(205人,40.5%)是规模最大的市场,他们主要对大众低能量休闲娱乐活动感兴趣,如访问风景地标(100.0%)、观光(93.2%)、购物(91.2%)、访问游乐场/主题公园(89.8%)、乡村度假(85.4%)、品尝当地美食(83.9%)等。文化类活动也拥有一定参与率,但刺激性户外活动则明显与其悠闲轻松的心理诉求不相吻合,故"休闲娱乐追求者"是对他们的贴切诠释。

"聚类3"(143人,28.2%)是显然的"文化探寻者",因为他们对典型的文化活动有极高参与率,如民俗表演(100%)、访问博物馆/画廊(100%)、参加节事活动(98.6%)、游览名胜古迹(97.9%)、古镇/古村落旅游(96.5%)等。其他参与率高的活动也都是对当地文化风俗有较好体现的活动,如品尝当地美食。

"聚类4"(96人,18.9%)除了在访问风景地标上的参与率达到了100%外,其他活动基本上都是中等程度的参与率。他们的平均活动参与数目最多,但不特别热衷也不特别抵触哪一类活动,故"兴趣广泛者"应是对他们的一个恰当界定。

表2.2 各子细分市场活动参与率之百分比

消遣活动题项	户外刺激体验者(n=63,12.4%)	休闲娱乐追求者(n=205,40.5%)	文化探求者(n=143,28.2%)	兴趣广泛者(n=96,18.9%)
攀登	57.1%	6.3%	1.4%	37.5%
水上刺激性活动	73.0%	10.2%	2.1%	41.7%
空中刺激性活动	17.5%	3.4%	0.0	12.5%
滑雪	42.9%	4.4%	0.0	29.2%
蹦极	52.4%	6.3%	0.0	31.3%
溪流下降	39.7%	0.0	0.0	13.5%
洞穴探察	28.6%	0.0	0.0	4.2%
骑马	90.1%	61.5%	11.2%	56.3%
骑自行车/远足	88.9%	72.2%	13.3%	42.7%
水相关低能量活动	73.0%	80.0%	25.2%	63.5%
打高尔夫/网球	82.5%	81.0%	40.6%	68.8%
乡村度假	12.7%	85.4%	36.4%	75.0%
康体温泉	1.6%	53.2%	38.5%	42.7%
观察野生动物	66.7%	82.0%	75.5%	52.1%

续表

消遣活动题项	户外刺激体验者(n=63, 12.4%)	休闲娱乐追求者(n=205, 40.5%)	文化探求者(n=143, 28.2%)	兴趣广泛者(n=96, 18.9%)
访问风景地标	71.4%	100.0%	90.9%	100.0%
观光	68.3%	93.2%	90.2%	82.3%
购物	52.4%	91.2%	83.5%	60.4%
品尝当地美食	30.2%	83.9%	93.0%	50.0%
访问游乐园/主题公园	38.1%	89.8%	9.8%	38.5%
夜间娱乐活动	9.5%	52.7%	15.4%	21.9%
游览名胜古迹	71.4%	74.6%	97.9%	90.6%
文化庆典/宗教/祭祀活动	4.7%	8.8%	92.3%	24.0%
古镇/古村落旅游	6.3%	20.0%	96.5%	40.6%
民俗表演	6.3%	18.5%	100.0%	30.2%
参加节事活动	7.9%	57.1%	98.6%	56.3%
访问博物馆/画廊	1.6%	18.0%	100.0%	34.0%
参观/学习民间工艺品制作	0.0	42.0%	76.2%	16.7%
参观纪念场所	0.0	0.0	81.1%	22.9%

(三) 基于多变量的子细分市场特征描绘

前述的"二阶段细分"确立了本节内容的核心细分结果,但为了实现精细化营销接触,还需使用更多变量以帮助描绘各子细分市场的特征,也即补充的"多阶段细分"过程,建立一系列关于聚类成员与社会人口统计及旅游特征变量的列联表,并使用 χ^2 检验判别横轴与纵轴数据之间无显著关系的零假设是否成立。社会人口统计特征中,年龄、雇佣程度和年收入在各聚类间形成显著差异。超过 85% 的户外刺激体验者年龄都在 44 岁以下,尤其是 24 岁以下者占到近 50%,而文化探寻者则拥有最大份额的 65 岁以上老年游客(50.3%)。兴趣广泛者的称谓最能代表典型的全职、兼职工作者(41.7%),而户外刺激体验者和文化探寻者的构成则分别偏向学生(38.1%)和退休人员(30.1%)。收入与年龄表现出明显的相关性,因为 44.1% 的文化探寻者年收入都超过 80 000 美元,而其他类型游客的收入在60 001—80 000美元。以学生为主体的户外刺激体验者中低收入者的比例偏高(31.7%)。

如表2.3所示,在旅游特征中,除出游模式外各特征都充当了显著的差异化指标。户外刺激体验者和兴趣广泛者中近年内旅游5次以上的频繁出游者比例尤其高(57.1%与54.2%)。除由较多独自出行者构成(39.7%)的户外刺激体验者外,其他子细分市场均首选与关系紧密的亲属、恋人或朋友共同出游。在访华的总体消费支出上,文化探寻者和兴趣广泛者中各有较高比例的个体花费超过7 000美元(18.6%和17.4%)。兴趣广泛者的目的地停留天数(37.5%在21天以上)高于理论预期值,而停留6日以下者则明显较少。

在访问动机方面,除身体康健因子外,各动机在聚类间都形成了显著区分,基本上展现出内在动机与外显行为的良好匹配。几乎所有户外刺激体验者和近1/3的兴趣广泛者在旅行中寻求刺激/自我放纵。休闲娱乐体验者和兴趣广泛者是接触自然及与家人享受时光动机的主要持有者。放松/舒适的心理在除户外刺激体验者之外的其他3个市场中均发挥了重要作用(均超过60%)。文化探寻者中有明显更多比例(35.7%)的游客将旅游看作提升其自尊心/社会地位的资本。审视文化学习/开阔视野动机的数据,文化探寻者对该因子并没有表现出相对于其他市场的绝对性重视(49.7%)。而且,从纵向的动机间比较来看,这也不是他们的核心动机。这种出乎意料的结论引发新的深层次启示。表2.3对各子细分市场的综合特征进行了汇总。

表2.3 子细分市场特征总结

特征	户外刺激体验者	休闲娱乐追求者	文化探寻者	兴趣广泛者
市场份额	12.4%	40.5%	28.2%	18.9%
年龄	绝大多数都为44岁以下的年轻人	以中等年龄者为主	一半以上为超过65岁的老年人	以中等年龄者为主
雇佣状况	学生人数偏多	无显著特征属性	退休人员偏多	全职/兼职工作者偏多
年收入	较低	中等	年收入超过80 000美元者比例偏高	较高,仅次于文化探寻者
出游频率	频繁	无明显规律	无明显规律	频繁

续表

特征	户外刺激体验者	休闲娱乐追求者	文化探寻者	兴趣广泛者
出游模式	多为独立出行	多与关系紧密者同游	多与关系紧密者同游	多与关系紧密者同游
总消费支出	处于中等水平	偏低	近20%的人总支出超过7 000美元	偏高,仅次于文化探寻者
停留天数	相对较短	中等	中等	停留21天以上者数目偏高
旅游动机	以寻求刺激/自我放纵和身体康健为主要动机,其中前者比例显著偏高	多重目标,但持有接触自然、与家人享受时光动机者的比例显著偏高	以放松/舒适、身体康健为主要动机,另外持有提高自尊心/社会地位动机者的比例显著偏高	多重目标,尤其重视放松/舒适和身体康健

(四)目标市场识别

本部分内容基于最大化游客访问增长的目标进行细分变量及其执行方案的选择。但在具体目标市场的确定上,因近冒险者对大众市场杠杆效应的发挥需经历一段时间,必须兼顾所选市场的短期获利性。因此这里主要应用"经济价值组合矩阵"对各子细分市场的吸引力进行分析。它改变了传统对各参考指标或整体支出取均值的市场经济价值评估方法,整合"经济产出"(economic yield)和"获利效率"(the efficiency of generating profit)2个维度,从利润结构的角度揭示各细分市场的真实经济潜力,为营销预算分配和广告设计提供更直观、清晰的指导。"经济产出"即一个市场所能为目的地带来的经济收入总和;"获利效率"则是在参照了一个市场在目的地停留时间因素后衡量该市场的相对获利能力,即停留时间越短、经济产出越高的市场获利效率就越高。

本部分内容根据全部美国游客"每人每天平均支出"和"平均停留天数"数据的交叉点构建包含4个象限的经济价值矩阵,将每位游客归置在1个特定象限之内,为其分配1个"SSI指数"(stay-spend index)。SSI-1代表"首选市场"(priority market),即总体经济产出最大,同时获利效率也相对较高。需要指出的是,因冒险类别游客被确认具有更强的资源保护与管理合作意识,延长其停留时间预期将为目的地带来更高的综合效益,故笔者认为具有如上属性的市场在本情境下应属"首选市场"。SSI-2 代表"有利市场"(favorable market),即总体经济产出较大,同时获利效率最高,表现为在短期内集中消费。SSI-3 代表"低价值市场"(low value market),因为尽管其获利效益较好,但总体经济产出量是四者中最低的。SSI-4 代表"后备市场"(back-ups),其获利效益虽然偏低,但因为停留时间较长,总体经济产出还是可观的。

接下来,各子细分市场的经济潜力由其 SSI 指数的构成决定(表 2.4),但其综合吸引力还需参考各自占整体市场份额的大小来确定。兴趣广泛者的 SSI 组合尤其引人注目,来自首选市场的游客数量超过一半,属于有利市场者亦占到 29.2%。但是该群组的规模较小(仅占 18.9%),预期整体价值并不显著。休闲娱乐追求者规模最大,但该群组中有数量较多的游客被归入低价值市场(24.4%),且其所占首选市场者的比例是最小的。不过它有较多游客(34.1%)属于停留时间相对较长的后备有生力量,可作为未来进一步市场开拓的基础。户外刺激体验者在各 SSI 指数分配上没有显著差别(都在 20%左右),且该群组的规模最小,亦不属于当前具有可塑性的对象。作为目标市场的机遇落在了规模居于第二的文化探寻者身上,它同样拥有非常良好的市场盈利组合,因为属于首选市场和有利市场的游客合计占到 84.7%。尽管其后备市场的比例最小,但以上特点足以支撑它在未来较长时间内带来庞大价值回报。

表 2.4 各子细分市场的经济价值分析

SSI 指数变量	户外刺激体验者 ($n=63,12.4\%$)	休闲娱乐追求者 ($n=205,40.5\%$)	文化探寻者 ($n=143,28.2\%$)	兴趣广泛者 ($n=96,18.9\%$)
首选市场	25.4%	18.1%	37.1%	52.1%
有利市场	22.2%	23.4%	47.6%	29.2%
低价值市场	25.4%	24.4%	6.3%	6.3%
后备市场	27.0%	34.1%	9.0%	12.5%

五、探讨

(一) 管理启示

以上内容基于 Plog 的心理类型理论,为识别美国近冒险型消遣游客市场中对游客访问量增长具有杠杆功效的核心人群提供分析指导。文化探寻者这一子细分市场被发现最适合作为未来精准性营销的目标。需要注意的是,该市场是本研究中唯一一个在参与活动与实际动机上发生错位的,其要求有更加独特和定制化的吸引方案。典型文化游客的动机被认为是丰富知识或基于文化遗产所产生的个人关联性和思乡情结的情感介入。但在本研究中这只是被排在第 3 位的动机,逊于放松/舒适和身体康健,同时提升自尊心/社会地位在其中对它的排名也发挥了较大作用。这是否意味着近冒险型文化游客属于一些学者所界定的"非驱动型"(unmotivated)文化旅游参与者?当前可以肯定的是,这些游客最关注的并非文化活动的质量和深度,而是与此相伴的轻松欢愉和体力锻炼。对他们而言文化或许是一种"软冒险",是其探索多样化世界和异域差异性的有机组成部分。可能主要因为他们年事已高,又具有鲜明的社会动机,才选择了这种内涵较强的替代性冒险活动。从吸引这类群体的角度而言,首先要维护文化遗产的"原真性",因为这就意味着神秘和陌生感,也是促发他们以此作为冒险元素的根由。所以商业性的文化展示方式不适合这类人群。其次,文化景点的常规项目设计必须通过"活动编排"(programming)注入一些新亮点,提供其所需要的趣味性、参与性、能动性和挑战性。另因该市场并非坚定的文化热衷者,嫁接一定知识/社会地位符号的大众休闲康体活动亦可能对其产生吸引力。

(二) 理论启示

本研究对当前目的地市场细分文献有两个方面的理论启示:第一,证实了"冒险倾向"和"活动参与"是两个可被交叉使用的有效市场细分变量组合。长久以来在目的地细分变量的选择上，Kotler 提倡的"综合法"（combination approach），即以多个补充变量验证基于 1 个核心变量的细分结果，被广泛采用。而 Morrison 的"阶段法"却极少被实际应用，尽管普遍的研究逻辑暗示着多核心变量的细分效度会优于前者。在当前研究设计下，2 个核心变量的各自优势都得以发挥。仅着眼于微观营销举措的市场细分无法解释为什么特定目的地能吸引特定类型的游客这一根本问题，故"冒险倾向"被用来通过"游客选择"尽可能人为操控目的地的生命周期演变。"活动参与"是对动机影响的表象反映，进一步厘清了深层需求差异驱动下各子细分市场对产品消费和经济增长的贡献模式。它最利于帮助识别当前产品的市场占有率、需求匹配度、竞争性定位、谱系完善性及未来开发着眼点。对 2 个变量的整合实质上是对需求方消费者内心世界和供给方产品特点的一种有机链接，为"需求-产品"对应关系提供了更细致、清晰的解读。

第二，通过多阶段细分，本研究揭示了对近冒险型游客这一"利基市场"进行深入探究的必要性。以往学界对冒险类别游客的关注都是仅着眼于纯粹意义上的冒险者，即那些热衷于高体能消耗的身体冒险性户外活动、排斥常规旅游项目的游客群体。但这其实是一个非常狭窄的需求层面。规模相对更大、更具吸引价值、与大众市场关系更紧密的近冒险型群体被普遍忽视。与习惯性认识不同（即认为近冒险者会表现出与冒险者相似的行为特点），本研究发现参加"硬冒险活动"的个体在近冒险者中的实际占比却是最小的（12.4%）。绝大多数近冒险者都是在类似大众旅游取向的休闲、游览活动中调节身心、与亲友欢度时光。这支持了 Weber 对冒险旅游与特定情境和风险维度相关性的剔除，即需要更加综合的、多维的冒险旅游概念界定。

近冒险型游客在很多消遣活动的选择上已近似大众市场，但在内在消费动机、所需的活动组合与提供方式上又有其特性，而且其内部又可分化出具体需求指向和活动程度各异的若干子细分市场。这支撑了它成为一个要求独特关注、研究的新需求层面。而且，鉴于近冒险者的较强环境意识及对大众市场访问的杠杆作用，深化对其研究有可能成为目的地有效连接冒险市场与大众市场，实现可持续发展与业务量增加的突破口。这种研究导向也将更加迎合很多目的地双重吸引的现实发展路径，毕竟只吸引冒险游客的做法只适合少数目的地。

(三) 局限和未来研究建议

本研究的第一个局限是在"冒险倾向"测量上主要采用了 Weaver 量表,因为这是当前可接触到的、最全面的非抽象量表。然而,该量表的"心理质量"(psychometrical quality)很大程度上未被检测。故未来学者应致力于基于严谨流程开发更加有效、可信和具有可推广意义的冒险倾向量表。第二个局限是本研究使用的是根据重心距离将个体分配到某一组群的传统聚类方法。一些学者认为这种主观归类掩盖了多重动机和活动偏好的真实消费环境,细分市场间可能并无互斥性。因此,未来研究可将"重合性细分"(overlapped segmentation)方法和本研究的细分变量组合及应用程序相融合,更贴切地描述游客消费图景。第三个局限是本研究的活动细分基于的是当前我国所实际提供的各种活动项目。但事实上,若通过先期定性研究增添一些游客感兴趣但我国尚未开发的新活动项目,将更利于发掘未来市场开拓或竞争制胜的立足点。

第三节 "三亚-厦门"文化旅游投射品牌个性对比分析

一、引言

在当今旅游目的地竞争的形势下,由"目的地旅游官方"牵头开展整体品牌化的做法被认为是最科学、最高效的营销模式。作为"定位"这一品牌化开端工作的技术内核,品牌投射的能力直接影响到消费者心中的目的地形象和消费者对目的地的偏好排位。

随着功能性定位方法的日渐乏力,"品牌个性"(brand personality)概念(即一系列与品牌相联系的人类个性特征)成为目的地定位的一个可行基础。它尤其擅长为资源明显同质化的目的地从"客户-品牌"关系的角度寻找差异点。类似于形象概念,品牌个性也有"投射品牌个性"(projected brand personality)和

"感知品牌个性"(perceived brand personality)之分。前者指目的地通过各种品牌打造活动项目期望树立的品牌个性,后者指旅游者实际感知到的目的地品牌个性。然而,当前国内外研究多关注游客感知品牌个性是否实现了差异化的预期目标,忽视了对投射品牌个性这一创造差异化的源头的分析。

本研究立足于三亚,以三亚旨在繁荣文化旅游发展为背景,基于网络文本素材,对比分析三亚与厦门(地域文化属性上的紧密竞争者)的文化旅游投射品牌个性。

二、相关文献综述

(一)目的地品牌个性对比研究

作为消费者赋予品牌生活期望和情感诉求的产物,"品牌个性"在形象趋同的大背景下被寄托了塑造独有"品牌内核"的厚望。在旅游研究中,西方学者率先检验了此概念对目的地差异化定位的价值。Murphy 等发现游客可从 20 个 Aaker 个性量表条目的感知强度上区分 2 个澳洲昆士兰区域的沿海目的地。我国学者相继探究了品牌个性对本国多类目的地(如海滨城市旅游地、乡村旅游地、江南水乡、古村镇)的差异化定位功效,并进一步推进了此类研究。比如,高静以各目的地网络点评独有词汇及其在共有词汇对应分析图中的位置综合确定杭州西湖、厦门鼓浪屿和上海外滩的差异化个性。

以上研究均属基于旅游者感知视角的目的地个性对比分析,而本研究意在比较三亚与厦门文化旅游品牌个性的官方投射效果与能力。后一类研究当前非常贫乏和不成熟。国外的一个典型成果是 Pitt 等对 10 个非洲国家旅游官网品牌个性投射状况的识别和描述。作者指出了处于个性沟通优、劣地位的各国以及它们各自的个性投射倾向,但缺乏更深入的分析和比较。例如,南非和安哥拉都以鲜明的信息沟通成为多国比较中的"优胜者",但两者强调的同是"能力"这一个性,能算是做到了有效差异化吗?如何对两者进一步比较和区分?国内尚无专门以目的地个性为分析对象的研究。穿插在其他主题下的零散分析主要得到投射个性差异化效果不佳或个性词频单薄等结论,但依靠的分析素材相当有限(如广告资料、口号等)。以上国内外研究缺陷成为本研究对三亚和厦门基于多层面、丰富数据个性投射比较分析的选题基础。

(二)我国目的地品牌个性的本土化测量

设计高效度目的地个性测量量表的挑战来自两个方面:"行业有效性"和"文化适用性"。一方面,目的地主要通过提供有形和无形的集合性产品突出反映享乐和象征性价值,其个性描述词汇自然不同于以功用性价值为主的一般消费品。另一方面,文化也积极影响旅游者的目的地个性描述倾向。受儒家文化和社会主义价值理念的深刻影响,中国人对事物的理解和思考方式被认为与西方人有根本差异。

当前我国目的地个性的本土化测量可分为三类:

(1)以国内外经典品牌个性量表为蓝本,根据实测目的地特点进行词汇增减,如侯历华等对青岛品牌个性的测量。

(2)以黄胜兵、卢泰宏的本土化品牌个性量表作为质性资料(如网络游记、开放式问题回答)提取高频个性条目的分类框架。

(3)形式多样的自行量表开发,如全面参考国内外相关量表、焦点组座谈等。

前两类方法中作为个性条目来源和维度划分框架的量表本身往往无法做到全面兼顾,如 Aaker 量表的"文化适用性"差,黄胜兵和卢泰宏量表不是针对目的地情境开发的。第三类方法最可靠,但其最终个性维度的命名也需自行确定,一般只适合对单一目的地个性的研究。

通过以上梳理可知,就当前研究而言,需要寻找到能同时整合三亚和厦门个性且兼具行业和文化适用性的品牌个性量表。Pan 等立足于我国国内游客对本土目的地的感知和体验视角,综合网络上的游记和先前已有量表,开发并证实了一个可信、有效的新目的地个性量表。该量表共包含由 5 维度(温婉、刺激、胜任、神圣、活力)覆盖的 18 个题项,是当前本土化测量中唯一兼具行业和文化适用性的定制化量表,故被用作本研究内容分析的基础。

三、研究方法

(一) 案例地情况

1. 三亚

(1) 三亚的当前目的地生命周期。尽管当前仍有不俗的旅游业绩,但诸多迹象显示,就国内旅游市场而言,三亚已步入其生命周期的成熟期。自2011年起,三亚的国内游客年增长率逐渐放缓和趋于平稳。这是海南全省的国内游客增长率在《2015—2016中国区域旅游发展报告》中位居第22位(31个内地省份参评)的主要原因。增长率领先者却是旅游设施欠发达的西藏、甘肃和新疆。这给予三亚已不再受冒险型游客青睐的直观启示。陈钢华对三亚旅游渗透度(含"游客接待强度""旅游收入渗透度"和"接待设施密度"3个指标)的研究发现,三亚当前属于有较大游客造访量却只能带来有限经济收入,而生态环境受损属中等水平的目的地。这正好印证了Plog对以大众游客为主流客源的成熟期目的地特征的描述,帮助笔者确认了前述猜想。

(2) 三亚的未来品牌化策略。成熟期目的地惯用的策略是增建迎合大众或依赖型游客的设施,力图通过拓展品牌形象维持客源量。西班牙在20世纪六七十年代为吸引更多目标市场,在沿海地区兴建大量酒店、公寓的前车之鉴已显示这种做法只能加速目的地衰退。三亚从最初以纯粹的阳光、沙滩、海水吸引游客到如今大量开发综合性度假产品,其发展路径似乎也在走西班牙的老路。事实上,根据Plog心理类型理论,成熟期目的地遏制衰退、走向复兴的真正机遇在于挖掘资源、重新吸引"冒险型游客",使目的地返回游客数量不断提升的良性发展轨道上。

冒险型游客偏好新奇、独特、原真性强的吸引物,三亚要重新吸引他们,就必须提供契合于此需求的新资源品类。文化产品在全球旅游发展中一直是备受欢迎的"软冒险"元素。"文化旅游"在学界尽管有广义和狭义的理解之分,就本研究应用而言,作为一种特殊旅游活动类型的狭义界定更为贴切,即以消费文化旅游产品、体验与享受旅游过程中的文化内涵来获得身心愉悦感的一种旅游活动。三亚的地域文化特色鲜明、门类繁多(如涵盖海洋文化、黎苗文化、宗教文化、建筑文化、酒店文化、天涯文化、饮食文化、长寿文化等)。这些要素以往并非三亚旅游宣传的重头戏,游客的知识和理解有限,对于他们而言具有一定神秘感和吸引力。若经充分挖掘、整合,完全可成为冒险型游客重游三亚的强烈动机。由此,繁荣文化旅游应是三亚重新吸引冒险型游客、延长生命周期的重要切入点。

2. 厦门

厦门被选作三亚文化旅游投射品牌个性的比较分析对象基于3个方面考虑:

(1) 厦门是中国大陆范围内在地理位置、气候、资源条件、旅游知名度上与三亚最相近的海滨旅游城市。

(2) 同属南方海滨城市,厦门的文化旅游吸引物在很多方面与三亚存在天然相似性,如共同的海洋文化、妈祖文化,相似的人文风俗、地方物产和饮食习惯等。

(3) 环渤海地区、长江三角洲、珠江三角洲同为厦门和三亚的3个最重要的国内旅游客源地,使两地形成直接竞争关系。

(二) 网络文本内容分析过程

1. 数据来源

获取目的地投射品牌个性的渠道有很多(如宣传册等),但互联网增加了信息流通速度,使得网络文本具有开放性、即时性、量大真实、信息集中的明显优势,故本研究数据来源于网络。目的地官方网站是进行品牌营销信息投射的最主要渠道,故三亚旅游官方网站和厦门旅游官方网站中关于各自文化旅游的介绍信息被优先搜集。此外,携程网也作为一个重要的资料来源,原因在于:

(1) 携程网网站流量的国际排名和国内排名均居首位,访问量、用户数量和用户激活度极高,其介绍的目的地信息预期将对消费者产生较大影响。

(2) 携程网对旅游城市的信息介绍更细致、全面,其指南中的信息分类模块与本研究采用的"文化品牌个性的资源载体分类"不谋而合。

本研究共得到网络文本20 519字。文本数量通过编码饱和度检验(当文中不再出现新范畴时,即认为核心范畴达到"饱和状态",停止文本搜集)加以确定。

2. 文本编码

笔者邀请 2 位学生做研究助手。在对第一位助手进行"内容分析法"培训和预编码后,要求他与笔者分别独立对原始网络文本编码和标签化:① 对文本资料逐字逐句进行语义分析,识别出所有潜在的初始概念;② 以 Pan 等的目的地品牌个性量表维度为分类基础,对性质与内容相近的概念进行"聚拢",形成范畴。每完成一篇文本编码,两人各自检验编码饱和度。编码结束后,经计算编码一致性系数(0.735)和内容分析信度(0.847),发现效果较好,但在沟通中仍有一些不一致的见解。

此时,引入第二位助手(事先也参加过培训,但未介入编码工作),三人不断比较、探讨"概念-范畴"关系模糊、混淆之处,将概念放回原始文本情境进行再斟酌。最终确定了 338 个、分布在五维度量表之内的编码条目。以上始终坚持"三角校正"(triangulation)原则的编码程序本身就确保了其效度。

四、研究发现

(一)"三亚-厦门"文化旅游品牌个性整体投射效果

1. 基于个性维度投射数量的分析

由图 2.3 可知:

(1) 在核心范畴达到饱和时,三亚的文化旅游品牌个性条目总量(149)少于厦门(189),可知三亚在信息投射量上首先存在总体劣势。因为有学者指出,丰富的信息投射本身就易于被受众所喜爱,易于触发积极响应。

(2) 在具体品牌个性维度投射上:三亚的"温婉"和"刺激"两维度投射数量略逊于厦门;"胜任"和"神圣"两维度似乎可成为三亚构筑文化旅游差异性的基础,当前三亚在两者上有略微的投射数量优势;"活力"维度则明显反映出三亚的品牌投射劣势,三亚在此维度上的投射数量与厦门相差悬殊。

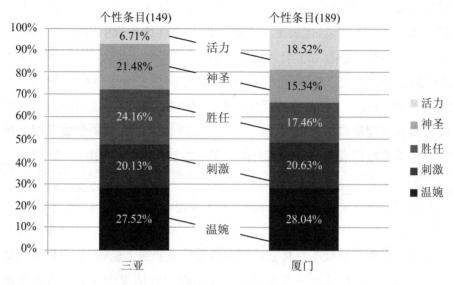

图 2.3 "三亚-厦门"品牌个性维度投射占比图

2. 基于 TOPSIS 法的统计建模分析

TOPSIS 法是由 Hwang 和 Yoon 提出的多属性客观决策方法,目前已在旅游评价研究中(如城市旅游资源竞争力评价、旅游饭店和航空服务质量评价)得到应用。其原理是构造决策问题中各指标的最优解和最劣解,计算比较对象贴近最优解和远离最劣解的程度,据此得到它们的优劣排序。

本研究运用 TOPSIS 法建立多层次评价模型。其中单层次评价矩阵为: $X=(x_{ij})_{m \times n}$,m 为城市数,n 为指标总数(即子个性/个性维度总数),x_{ij} 表示第 i 个城市的第 j 个指标值。评价指标由子个性出现频数/个性维度的贴近度 ci 值代表,通过信息熵赋权。比较对象与最优解(取最大值)和最劣解(取最小值)间的距离由加权欧氏距离计算得出。评价结果如表 2.5 所示。

表 2.5 基于 TOPSIS 法的"三亚-厦门"投射强度比较结果

目的地/差距	文化旅游品牌个性维度投射					总体
	温婉	刺激	胜任	神圣	活力	
三亚	0.613	0.484	0.548	0.452	0.129	0.404
厦门	0.823	0.629	0.516	0.403	0.532	0.596
管理缺口	−0.21	−0.145	0.032	0.049	−0.403	−0.192

TOPSIS 法印证了前述发现的"三亚-厦门"个性投射格局,同时提供了更

具管理意义的精准比较结果：① 三亚在"温婉""刺激"维度上的微弱投射数量差异（−0.21，−0.145），代表了三亚在这两个个性维度投射管理上（贴近最优解和远离最劣解）较厦门的"合理性"差距；② 这两个管理缺口的规模远大于厦门在"胜任"和"神圣"维度上较三亚的个性维度投射管理"合理性"差距（0.032/0.049）；③ 三亚在"活力"维度上较厦门的个性维度投射管理"合理性"差距在所有管理缺口中是最大的（−0.403）；④ 以上因素共同促成了三亚较厦门在个性维度投射管理"合理性"上形成了−0.192 的整体差距。

（二）"三亚-厦门"基于文化旅游资源类型的品牌个性维度投射效果

本研究借鉴许春晓的文化旅游资源分类体系研究方法，将所搜集到的文本素材进行归并、整合，得到三亚与厦门 5 个品牌个性维度中各文化旅游资源类型的数量占比（表 2.6）。该分类体系是在"主类"沿用国标（遗址遗迹、建筑与设施、旅游商品、人文活动）的基础上参照《中国民族民间文化保护工程普查工作手册》对各门类内容进行的细化和完善（共含 20 个亚类和 109 个基本类别）。

表 2.6　三亚、厦门各类文化旅游资源的品牌个性维度投射贡献表

旅游资源 品牌个性	遗址遗迹				建筑与设施				旅游商品				人文活动			
	三亚		厦门		三亚		厦门		三亚		厦门		三亚		厦门	
	个数	占比	个数	占比	个数	占比	个数	占比	个数	占比	个数	占比	个数	占比	个数	占比
温婉	11	26.8%	16	30.2%	22	53.7%	28	52.8%	3	7.3%	7	13.2%	5	12.2%	2	3.8%
刺激	13	43.3%	19	48.7%	9	30%	12	30.8%	3	10%	2	5.1%	5	16.7%	6	15.4%
胜任	7	19.4%	5	15.2%	16	44.4%	14	42.4%	4	11%	12	36.4%	9	25%	2	6.1%
神圣	6	18.8%	11	37.9%	10	31.3%	9	31%	1	3.1%	4	13.8%	15	46.9%	5	17.2%
活力	1	10%	6	17.1%	2	20%	16	45.7%	1	10%	4	11.4%	6	60%	9	25.7%

如表 2.6 所示，在"温婉"维度上，三亚和厦门主要是通过"建筑与设施"和"遗产遗迹"两类资源展现的，具体载体为两地的传统民居、度假设施、文化艺术设施和历史遗迹等。从投射力度相近、载体相仿的角度看，存在一定同质化现象。

"遗产遗迹""建筑与设施"资源同样充当了三亚和厦门"刺激"维度的核心载体：其中三亚主要依靠特色民居和活动场所激发的神秘感，厦门除传统闽南

建筑的吸引力外,还得益于历史遗迹和当代文化设施带来的感官刺激(如雄伟、壮观)。

在"胜任"维度上,一方面主要由两地的"建筑和设施"(三亚:宗教建筑、一流的高尔夫球场、滨海度假区等;厦门:历史遗迹)资源所诠释;另一方面,因举办多项大型赛事活动,"人文活动"资源也对三亚的"胜任"感有所助力,而更加先进的"旅游商品"资源则增添了厦门的"胜任"感。

在"神圣"维度上,三亚主要由其丰富的"人文活动"资源(传统民俗、宗教节事活动)及"建筑和设施"(宗教建筑)来呈现;厦门集中反映为其"遗产遗迹"的古老、肃穆感。

在"活力"维度上,三亚主要反映在"人文活动"(创意性节事活动)上;厦门的"建筑与设施"(中西合璧、南洋风情)则更大限度地呈现了这一个性维度。

(三)"三亚-厦门"文化旅游个性投射效果的机理解析

作者应用文本分析软件 ROST CM6 的社会网络和语义网络分析功能,挖掘三亚和厦门个性投射文本的各自语义网络结构。厘清这些个性条目的"聚焦-松散"分布形态及其内在联系,便于我们理解形成前述"三亚-厦门"个性比较效果的网络投射机理。

1. 三亚的投射语义网络图

在图 2.4 中,语义中心词"文化"的周围形成了 4 大词语簇,分别是以"中国""佛教""自然"和"黎族"为结点的词语簇。"中国"词语簇的规模最大,其内部密集交错,主要有热带、南海、滨海、景观、著名、唯一、长寿、历史、大型等。它们是三亚"胜任"和"温婉"个性的部分重要贡献者。地理位置、气候、海水"适游性"等方面的特性使三亚拥有较高知名度和开发高档次滨海度假设施的天然优势。三亚因此享有"中国最美海滨城市"的殊荣,并获得举办多项大型赛事活动的良机(如 2003 年世界小姐总决赛、2005 年中国电影金鸡百花颁奖仪式等)。"自然"词语簇与"中国"词语簇紧密相连,个性条目上相得益彰,强化了对三亚多彩海滨娱乐活动及其整体"温婉"氛围的投射。

与排名第二的词语簇"佛教"相关的个性条目有宗教、菩萨、南山、观音、仁爱的、有名的等。它们内部结构紧凑、层次清晰,对于彰显三亚的"神圣"及"胜

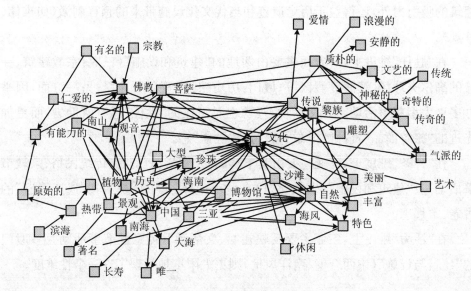

图 2.4 三亚投射语义网络图

任"个性维度(尤其是前者)有所助力。近年来依托南山这一国内最大的佛教文化主题旅游区,三亚着力开展了多项颇具影响力的宗教节事活动(如浴佛节、佛教开光仪式、长寿文化节等),正在逐渐成为我国南方新的"朝圣"旅游地。

"黎族"词语簇直接包含的个性条目极少(如传说、雕塑、神秘的),大多数条目都依靠间接辐射(如安静的、气派的)。这些条目分布零散、内在聚合性差,往往单独形成几个小的词语结点(如质朴的、文艺的),弱化了其整体投射冲击力。这从它们同时旨在折射多元个性维度("刺激""温婉""神圣""活力")而又语焉不详的网络图中可以看出。

综上,"胜任"和"神圣"是三亚当前投射出的最鲜明的文化旅游品牌个性。其他个性维度因信息聚合度低或个性条目频次少,在网络图中未得到较好体现(排序为:温婉＞刺激＞活力)。

2. 厦门的投射语义网络图

在图 2.5 中,语义中心词"文化"的周围同样环绕着 4 大词语簇,分别以"建筑""艺术""中国"和"厦门"为结点。"建筑"词语簇包含的个性条目清晰、紧凑,有大学、文物、著名、雄伟、闽台、休闲等。这些反映厦门传统、现代建筑特色及旅游设施的要素组合共同烘托了其"胜任""温婉"的人文魅力。与该词语簇中的休闲条目相链接,"艺术"词语簇(个性条目排列欠佳,但投射主题较为集中)通过其当代文化设施的属性进一步凸显厦门的"温婉"和"刺激"感。

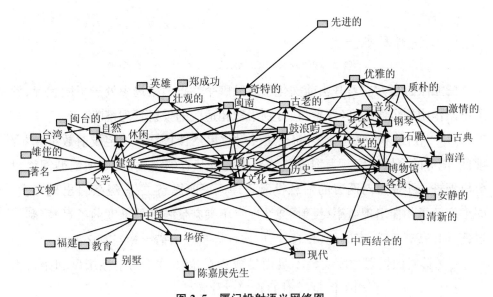

图 2.5 厦门投射语义网络图

排名第三的词语簇"中国"携其个性条目(中西结合、华侨、别墅、福建、陈嘉庚等)集中诠释了厦门的"活力"。这一活力源于厦门文化与时俱进、开放包容、中西合璧的特点,如"中西结合的"条目出现了 11 次。最后,"厦门"词语簇(含历史、壮观的、闽南等条目)旨在折射该地的多元个性维度(排序为:"胜任">"神圣""刺激">"温婉")。

综上,各文化旅游品牌个性在厦门投射语义网络图中都得到一定呈现,因为它们的相应个性条目都较为清晰、集中地聚合在一起(说明信息投射针对性强,单个条目频次高)。相比之下,"神圣"维度的鲜明度最差,这点在 TOPSIS 分析结果中也有所体现。同时,语义网络图也便于我们理解为何 TOPSIS 分析中厦门在三亚的两个核心个性维度("胜任"和"神圣")上只与其形成较小的投射差距。

五、研究结论

投射品牌个性的差异化是目的地创建品牌差异化制胜的源头。本研究对三亚与厦门(主要竞争者)文化旅游信息的在线投射状况进行了详尽比较,得到关于三亚及目的地整体差异化信息投射管理的实践与理论启示如下:

（一）实践启示

三亚旅游官方应对其当前文化旅游品牌个性投射格局中处于不同状况、发挥不同作用的个性维度(及条目)分别采取相适应的投射管理策略。

(1)"胜任"和"神圣"是当前三亚投射效果最佳且具有一定投射数量和"合理性"优势的个性维度。为增强其差异化定位基石的潜质,三亚须依循网络投射机理进一步完善对两者的信息投射管理。采取提高二/三级条目出现频次、同维度条目相伴出现概率、投射"纯洁度"(不夹杂反映其他维度的条目)等利于强化"词语簇"规模、密集性、聚合性、层次性等特点的措施相当有必要。

(2)针对因投射力度明显不足而易成为竞争"短板"的个性维度和条目类别,三亚可采取丰富相关信息投射的直接优化策略,如针对作为三亚最大投射管理缺口的"活力"维度和三亚"神圣"维度中涉及旅游商品类文化资源的条目采取措施。

(3)对于"温婉"和"刺激"维度,当前三亚与厦门的投射思路、载体均相仿,且三亚存在一定的投射数量和"合理性"劣势。对此,三亚应采取个性延伸和深化策略,投射更多有针对性的区分条目,从实现"温婉""刺激"的具体角度实施举措,防止被对手"遮蔽",探索同质主体客源之外的"利基"市场吸引方针。

（二）理论启示

投射品牌个性是塑造游客目的地评价的重要信息源头,目的地进而通过实现"投射-感知"信息的弥合来构筑强势品牌资产。然而,当前国内外研究主要关注游客的目的地感知个性,以一种类似"亡羊补牢"的做法基于终端反馈调整其投射管理。事实上,如本研究显示,投射个性分析不仅能识别各目的地的定位倾向、特点和优、劣势所在,更显示出一些深层研究启示:① 投射效果差异背后潜藏的管理"合理性"缺陷及对科学投射机理的忽视;② 目的地精准个性定位基础的识别及其投射优化要求;③ 目的地个性投射中的同质化威胁及其克服思路;④ 目的地迎合主体客源之外"利基市场"需求的市场吸引规划。

整合这些启示,实际上是为目的地营销信息研究建构了一种"自上而下"统筹控制的新范式,而不再是传统的针对问题产生的"自下而上"被动反应范式。

该范式以"市场规划—精准定位—竞争规避—投射布局"的互动为其内容主体，预期可提高目的地操纵其"投射-感知"信息效果的主观能动性。

六、研究局限及展望

第一，本研究对三亚和厦门文化旅游投射个性的对比分析仅基于网络文本内容展开，未来研究可再融入外观、色彩、图片、符号、音视频等元素，以更全面地把握目的地的个性投射能力。

第二，本研究只阐释了信息"关联-组合"方面的投射机理，未来研究可再添加关于个性维度不同市场激发效果的分析，据此建构反映深度沟通机理的投射管理平台。

第四节 大众旅游价值导向调节下地方依恋的"亲环境"驱动效应

一、引言

"可持续旅游"理念的落脚点是要实现更科学的旅游发展，实现"收益-环境"的最佳平衡是其宗旨。然而，当前该领域的研究显现出违背此原则的倾向，其天平明显倒向于纯粹意义上的"亲环境游客"（pro-environment tourists），典型如生态旅游者。"大众亲环境游客"（mass pro-environment tourists）在很大程度上被忽视了。对于"亲环境游客"的简单理解，就是在旅游过程中会展现出"亲环境行为"的游客。"亲环境行为"被学界定为"有意识地最小化个人负面环境影响的行为"。旅游中可能表现出这种行为的游客是多元化的，不仅有狭义的环境保护主义者，还包括部分被成功驱动的大众游客。因此"亲环境游客"的完整范畴应是这两类人群的加总。这是一种以"外在环保行为"为核心关注点的广义理解，而不论游客"亲环境行为"的内在根由是什么。尽管目前学界对此广义理解尚处于探讨阶段,但其显然更符合管理实践的需求。一方面因为目的地官方需要,另一方面有可能弱化其环境危害的游客事实上包含到访的所有个体,因此培育"大众亲环境游客"对实现更大规模的可持续目标具有重要意义。

不过,尽管都能表现出外在环保行为,"大众亲环境游客"与狭义"亲环境客"在环保内在根由上有天壤之别,即其环保行为并非是直接"自我驱动"的结果,而是间接"外加驱动"的产物。追本溯源,这一差异来自两者不同的价值导向。狭义"亲环境游客"本质上就具备某种显著驱动环保意愿的价值导向(如"社会利他主义""生物圈""自我超越"等),而"大众游客"的内在心理还是由根深蒂固的"大众旅游价值导向"(mass tourism value orientation)所主宰的,并非真正为了环保而环保。这种观念是受其更高阶"反亲环境"价值导向影响的产物(如"自我中心")。

明晰"大众亲环境游客"环保行为的独特性是对其进行有效培育的基础。因为当前这一板块的研究贫乏就源于其独特性与主流理论基础——"计划行为理论"(theory of planned behavior,TPB)不相契合。该模型假设下的"亲环境行为"是自主驱动的顺畅过程。大众游客环保态度薄弱、相悖价值理念阻碍其理性决策等复杂问题不在其考虑范围内。TPB 的升级版本——"目标导向行为模型"(model of goal-directed behavior,MGB)则通过对"外加驱力"(extrinsic motive)和"欲望"(desire)的引入能够更贴切地厘清大众游客"亲环境行为"的产生机制。其核心过程为:大众游客在"外加亲环境驱力"的能量驱动下环保态度得以强化,进而能说服自身形成直接预测"亲环境行为(意愿)"的"行为欲望"。强大的"外加亲环境驱力"是这一欲望产生的源头。因此,寻找到这种"外加驱力"的客观表征物是驱动"大众游客"产生环保行为的关键。大量相关研究表明,"地方依恋"(place attachment)概念就具备这种驱动潜力。形成地方依恋的游客往往因旨在满足自身功用性/非功用性需求的外加驱力而提高了其"亲环境"激活率。

鉴于此,本研究通过深化 MGB 中"态度-行为欲望"这部分关系来整合地方依恋维度、大众旅游价值导向维度和"亲环境"行为欲望各变量,建立并检测一个反映大众游客"亲环境"驱动过程的模型。侧重点尤其放在该过程中自变量(地方依恋)和调节变量(大众旅游价值导向)各维度的不同作用效果上。

二、文献回顾和概念模型开发

（一）大众旅游价值导向

近年研究已证实，内在价值及动机是大众游客"亲环境行为"的最大障碍。这些心理因素集中浓缩成该群体特有的"大众旅游价值导向"，即大众游客在目的地资源消费、体验及互动方面所持的、具有一定共性的旅游环境价值观。它是大众消费者整体"环境价值观"在旅游情境下的具体体现，可充当大众游客"环境价值水平"高低的直接测度。

基于 Chubchuwong 等对大量旅游动机和旅游可持续发展文献的回顾，这种"大众旅游价值导向"对游客环保行为的负面影响主要反映在两个层面：

（1）维护旅游功能。大众游客有浓厚的度假心态，认为外出旅游就应专注于最大化享受和娱乐，将日常生活的一切束缚抛诸脑后。他们视目的地资源为已付费购买的商品，有权利自由消费。"亲环境行为"不可避免地要给度假过程增添额外负担，自然被大众游客所排斥，以防止其削弱旅游在获取补偿性个人或人际回报上的功效。

（2）缺乏责任感。因缺乏家园意识，大众游客觉得无义务为只作短暂停留的目的地环境状况负责。他们既不必承受目的地环境日益蜕化的恶果，也不会因额外的"亲环境"努力受益。他们本就微弱的环境意识往往在目睹其他游客都做出相同行为选择时瞬间消失，并以环境问题本不在自身能力控制范围内来自我宽慰。

受上述"反亲环境价值导向"的支配，大众游客对外界灌输的环保理念会在不同程度上经历两者相互抗争的"认知失调"（cognitive dissonance）。这是个艰难的心理调节过程，直至一方可信服地击败另一方。然而，在缺乏瞄准"问题症结"的管理干预下（如传统的环境教育），这一对抗过程的胜出者几乎永远是"大众旅游价值导向"。"自由享受度假"对公众的心理意义超乎想象，如一项基于英国民众的调查显示，其甚至成为他们超越婚礼筹备和子女教育的首要积蓄或贷款目标。

（二）TPB、MGB 与大众游客的"亲环境行为"

长久以来，TPB 充当了各主要领域个体行为的解释基石。该模型假设"态度""主观规范"和"感知行为控制"决定个体采取某种特定行为的意愿，后者继而导向现实行为。其中，"态度"对"行为意愿"的直接驱动效应是该理论的思想中枢，也是本研究探讨 TPB 与游客"亲环境行为"关系的核心切入点。

"元分析"(meta-analysis)显示只有中等数量的应用 TPB 的文献确切证实了环保态度与行为意愿的显著相关性。这一结果除归咎于量表问题和外部影响因素外，游客本身的差异被忽略了。事实上，TPB 更适用于狭义"亲环境游客"。此群体的根本出游动机就在于维护资源和环境，其环保态度坚固、强劲，足以直接引致行为意愿。相反，大众游客真正看重的是自身游憩质量，对环保理念的吸收效果薄弱甚至存在抵制心理。TPB 缺乏反映其环保态度是如何被驱动和强化到足以引致行为的过程，在应用时就极有可能出现明显的"态度-行为意愿"缺口。

相比之下，MGB 具有对更广阔人群行为的解释适用面。除保留 TPB 原有自变量外（如"态度"），MGB 增添了反映人类行为中"驱动（欲望）""情感（正面/负面积极情感）"和"自动（过去行为）"过程的变量来共同预测行为（意愿）。尽管已有诸多亮点，但使 MGB 对大众游客环保行为拥有充分解释力的根源在于其纳入了"外加驱力"和"欲望"，也即本研究的 2 个关注焦点。"外加驱力"和"欲望"分别代表大众游客"亲环境"驱动力的来源和被驱动后的心理转化产物。两者正是通过建立"驱动（态度强化）—转化（欲望形成）"的心理逻辑链条帮助 MGB 贴切、细致地厘清了大众游客"亲环境行为"的产生机理。

更具体地讲，首先，所谓"外加驱力"不是"外部施加的驱动力"（如管理规定等），而是指个体采取"甲"行为的驱动力并非源自"甲"本身，而在于"甲"对于个体真正关心的"乙"的有用性。也就是说，这种驱动方法本质上还是一种"以心治心"的策略，未脱离个体主观心理作用的范畴。但其独特的曲线和迂回思路恰似根据针对大众游客直接强化环保态度收效甚微的特性而"量身定制"的。

其次，"欲望"指"主体具有个人动机去采取某个行动或实现某个目标的心理状态"。"外加驱力"必须通过"心理转化"发挥作用，即需达到大众游客自主接受为了迂回实现某目标而进行环保的效果。若经"外加驱力"强化的环保态

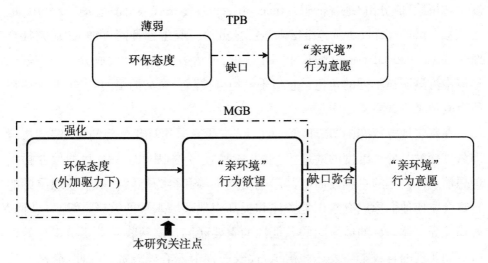

图 2.6　TPB 和 MGB 应用于大众游客"亲环境"情境

度不能转化为明确的"亲环境"行为欲望，这种强化还是无法引致行为激活。在 MGB 中，"行为欲望"充当个体"亲环境"行为意愿产生的直接前置变量。它为大众游客"态度-行为意愿"的转化提供了关键中介性能量，便于弥合 TPB 中的这一缺口。图 2.6 描绘了以上阐释的要点，上、下两部分图形分别代表 TPB 和 MGB 在大众游客"亲环境"情境下的应用效果。其中，实线代表可闭合的路径，虚线代表不可闭合或为便于理解虚拟勾勒的边界，加粗的实线代表笔者意欲强调的内容。

（三）地方依恋维度对大众游客"亲环境行为"的驱动潜力

基于 MGB 的指导，大众游客"亲环境行为"的驱动关键就在于识别切中要害的"外加驱力"。"地方依恋"即个体与一个特定地方只要有纽带联系，就具备担此重任的潜力。当前多数文献都支持地方依恋对"亲环境行为"的积极效应，两者关系的未成定论被归因于地方依恋测量上的多元维度组合。故而，出于以下考虑，笔者采纳 Jorgensen 和 Stedman 将地方依恋视为三维态度要素的经典建议：① 地方依恋要素与态度要素的天然相似性；② 态度框架在整合杂乱、无组织的地方依恋维度上具有卓越价值；③ 这一建议已被部分地方依恋学者应用于其概念框架的开发中，得到学界认可；④ 便于应用 MGB 的既有路径——"态度-行为欲望"。具体如下："认知"成分反映在"地方认同"（place identity）维度上,"情感"成分由"地方情感"(place affect)维度来代表,而"意动"成分由"地方依赖"(place dependence)维度来表征。虽然一些学者赞同再加入"地方社会纽带"(place social bonding)这第四个维度,但诸多论断显示此成分在地方依恋形成中扮演明显不同的角色。它似乎是地方被赋予意义的根源,支撑并渗透在所有其他维度的要素之中。

在判定地方依恋的"亲环境"驱力上,本研究采用近年来流行的"解构法",即分别探究其各个维度的效应。"地方依赖"指个体因知晓一个目的地在提供理想消遣体验上的卓越性而对其产生功能依赖和行为忠诚。未来故地重游的打算会驱使他们形成有意识地关注和提高当地环境水平的欲望。"地方认同"被描述为个体与目的地之间的象征性的重要联系。这种联系主要源于目的地所帮助实现的自我本体表达和确认,代表一种个人心理投资。因此,高水平地方认同者会像维护自我本体免受侵犯那样自主产生杜绝负面环境行为的欲望。"地方情感"指个体对一个目的地所持的情感和感觉。这种情感联系可使游客产生幸福与安全感,反映为其对目的地不同强度的嗜好或热爱。个体因而可能会将其对深爱目的地的重视转移到更抽象的环境概念,爱屋及乌地产生采取环保行为的欲望。

综上,地方依恋维度从行为绑定、提高个人相关度、构筑心理成本的角度直接击中大众游客缺乏环保行为的症结,理论上应能对其"亲环境"行为欲望的产生发挥积极效应。然而,这种关系的实际方向和大小还要取决于地方依恋各维度与"反作用力"(大众旅游价值导向各维度)的互动效果。

基于上述文献回顾,3组具体的研究假设得以开发(H1—H3)。图2.7以对MGB一个核心层面内容(即"态度-行为欲望"关系)的深化为框架对3组假设加以整合,并构筑了大众游客"亲环境"行为欲望形成的概念模型。如前所述,"态度"在此由地方依恋各维度综合表征。更确切地说,地方依恋维度代表的是"经驱动后强化了的环境态度",因为它们同时充当了本研究中大众游客"外加亲环境驱力"的来源。MGB中"态度-行为欲望"关系路径的深化则通过分别探究"维护旅游功能"和"缺乏责任感"这两个大众旅游价值导向维度对"地方依恋维度-亲环境行为欲望"关系的调节效应来体现。

假设1(H1):大众游客的地方依恋维度。(a)地方依赖;(b)地方认同;(c)地方情感。三者积极、显著地影响大众游客"亲环境"行为欲望。

假设2(H2):"维护旅游功能"的价值导向负面调节。(a)地方依赖;(b)地方认同;(c)地方情感。三者同"亲环境"行为欲望的关系是随价值导向的增大而减小。

假设3(H3):"缺乏责任感"的价值导向负面调节。(a)地方依赖;(b)地方认同;(c)地方情感。三者同"亲环境"行为欲望的关系是随价值导向的增大而减小。

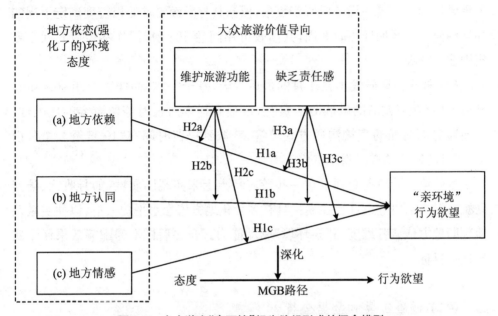

图2.7 大众游客"亲环境"行为欲望形成的概念模型

三、研究方法

（一）研究地点、抽样和数据收集

关于三亚的情况参见上一节中的相关介绍,目前其作为旅游目的地的特点为:环境的质量和原真性日益受到破坏,"冒险类"游客离去,客源以低收入、花费少的大众游客占主导。

本研究的目标人群为在2017年4月的26天内到访三亚的国内成年(18周岁以上)大众游客。抽样在整体"配额样本"的设计下(性别、来源地、访问次数

和此次停留时间)包含 2 个阶段:

(1) 在天涯海角和南山这 2 个接待量领先的旅游景区,由受雇调查人员(学生)以"便利抽样法"招募游客参与调研。关于年龄和判断是否属于"环境保护主义者"(environmental activists)的 2 个筛选性问题被首先询问。判定是否属于"环境保护主义者"的问题是:是否把维护周围环境免受破坏看作度假的一个重要目标?每隔一周分析所获数据,根据其与配额要求的相符度确定下周的抽样倾向。景区抽样历时 3 周,共回收可用问卷 423 份,但样本停留时间主要集中在3—8天。

(2) 补充性调研发生在 4 月的最后 5 天,基于"分群抽样法"(cluster sampling)选择在亚龙湾的度假酒店进行,以提高样本对长时停留游客的代表性。问卷通过面对面的直接沟通方式填答,获取到停留时间在"10 日至 2 个月以上"不等的游客调查问卷 180 份。

尽管第二阶段所获样本在一些游客特点上未实现同质性(如月收入、访问动机),但当前研究设计旨在囊括具有多元化地方依恋水平的人群,以便更精确地判断地方依恋各维度的"亲环境"驱动能力。合并后样本的配额效果便于实现这一目标。

(二) 调查工具和数据分析

调查问卷共包含 4 部分内容:

第一部分旨在以 10 个题目首先了解游客的大众旅游价值导向水平("维护旅游功能"和"缺乏责任感"各含 5 个题目)。因缺乏此概念的现成量表,各题目由作者应用系列定性技术自行开发:① 广泛回顾文献(Chubchuwong 等的统合研究及他们在论述大众游客"反亲环境"心态时援引的大量支持性成果)帮助提取出其 2 个维度的初始"题目池"(item pools);② 28 名大众游客被邀请对各题目与其自身环境态度相关性进行判断(同意者超过 70%的题目被保留)并建议其他的适用题目;③ 5 名环境心理学专家最终对剩余题目的取舍进行把关。

第二部分通过 16 个题目测量地方依恋维度(地方依赖量表 6 个题目,地方认同和地方情感量表各 5 个题目)。在各维度的测量上,本研究都特别考虑纳入了反映社会纽带要素与该维度联系途径或对其有特定影响的题目,如表 2.7 所示。

第三部分以微调的 Perugini 和 Bagozzi 欲望量表的 3 个题目测量"亲环境"行为欲望。这是 MGB 对"行为欲望"的原始测量方法,且近年来被诸多(旅游)环境行为学者根据具体研究情境予以微调后采用,效果良好。

第四部分获取被调查者的人口统计特征和旅游特征。

以上测量题目的制备过程中多次涉及"汉语—英语"的反复转译工作,以确保题目的语义精准性。除"亲环境"行为欲望通过"语义差别量表"(如"不真实"[1]—"真实"[7])测量外,其他概念均以 7 点李克特量表(1=强烈不同意,7=强烈同意)测量。问卷题目的表面效度、信度及清晰性由同行评议($n=5$)和预测试(2017 年 3 月访问亚龙湾中心广场的 50 名国内大众游客)共同确保。80%的专家(4 人)肯定各量表的维度划分和题目归属,且预测试显示单量表的 Cronbach's α 信度系数均超过 0.68,故所有题目都被保留。

数据分析通过 3 个步骤来进行:首先,对本研究涉及的所有重要变量实施探索性因子分析(EFA),以进一步确认每个"个体变量"的测量单维性。其次,实施验证性因子分析程序(CFA)来检验测量模型与实际数据的拟合度。最后,通过阶层多元回归分析(hierarchical multiple regression analyses)来检验提出的所有假设。

表 2.7　地方依恋维度测量量表来源

测量维度	题目借鉴来源		借鉴题目数量及原因
地方依赖	Halpenny(2010)的同变量量表	3	
	Ramkissoon,et al(2013)的地方社会纽带量表	2	加入原因:融入以社交情感或参照群体规范为基础的地方依赖属性
	Tonge,et al(2015)的地方情感量表	1	
地方认同	Ramkissoon,et al(2013)的同变量量表	3	
	Tonge,et al(2015)的地方社会纽带量表	2	加入原因:融入源于人际互动和共鸣的地方认同感
地方情感	Halpenny(2010)的同变量量表	3	
	Tonge,et al(2015)的同变量量表	1	
	Ramkissoon,et al(2013)的地方社会纽带量表	1	加入原因:补充反映"人人同乐"的地方情感元素

四、研究发现

(一) 测量的信度和效度

斜交旋转的主成分提取 EFA 方法被用来核查 3 大主要变量(大众旅游价值导向、地方依恋、"亲环境"行为欲望)量表的建构效度。在 KMO 值和 Bartlett's Test 符合要求的情况下,删除"高交叉载荷(>0.32)"的 2 个题目(地方依赖和地方认同各 1 个)后,6 个鲜明的因子被识别出来。如预期相同,地点依恋和大众旅游价值导向分别清晰地分裂为 3 个和 2 个维度,而"亲环境"行为欲望代表 1 个单因子。Cronbach's α 系数位于 0.712 到 0.802,代表充分的信度。

CFA 程序同样展示出好的拟合效果,各常用指标值均符合建议的接受标准:$\chi^2 = 572.6 (p > 0.05)$;$GFI = 0.915$,$CFI = 0.926$,$IFI = 0.929$,$NNFI = 0.931$,均大于 0.90;$PCFI = 0.722$,$RMSEA = 0.638$,均低于 0.80。单个题目的因子载荷位于 0.612 到 0.921,且高度显著(表 2.8)。平均方差提取量 AVE 均达到 50% 以上,组合信度 CR 值均超过建议的 0.70 阈限。这些结果建立了当前测量的聚合效度、区分效度和信度。观察到变量间的相关系数(从 -0.202 到 0.473)低于各变量 AVE 的平方根(从 0.71 到 0.80),区分效度得到进一步支持。

表 2.8 测量的信度和效度分析

因子和题目		因子载荷	克朗巴哈系数	平均方差提取量 (AVE)	组合信度 (CR)
大众旅游价值导向	维护旅游功能				
	我外出旅游就是为了摆脱日常生活中的一切束缚	0.826***			
	旅游时我的心态就是要自由享受和娱乐	0.788***			
	我不愿因考虑环境问题而给旅游过程带来额外负担	0.710***	0.735	54.0%	0.853
	费心留意环境问题会减弱旅游带给我的体验	0.690***			
	我有权力自由消费目的地资源,因为我已经为此付费	0.644***			

续表

因子和题目			因子载荷	克朗巴哈系数	平均方差提取量（AVE）	组合信度（CR）
地方依恋	缺乏责任感	我只在目的地作短暂停留，没有义务对这里的环境状况负责	0.921***	0.802	64.1%	0.898
		我终将离开目的地，不必承受旅游导致的环境恶果	0.877***			
		我终将离开目的地，不会因当前的环境友好行为而受益	0.820***			
		我不必刻意关注旅游的环境影响，因为人人如此	0.720***			
		目的地环境问题不在我个人的能力控制范围内	0.630***			
	地方依赖	对于我喜欢开展的旅游活动，三亚是最好的去处	0.873***	0.780	59.5%	0.879
		到三亚旅游相比于其他目的地，我获得更大满足感	0.812***			
		任何目的地都无法替代三亚当前开展的旅游活动	0.766***			
		我依靠三亚来为家人和朋友提供愉快的旅游体验	0.730***			
		如果我转而访问其他海滨目的地，我的亲友将会感到失望	0.658***			
	地方认同	我对三亚有强烈的认同感	0.831***	0.712	50.7%	0.803
		我感觉三亚就是自我的一部分	0.724***			
		访问三亚能反映出我是一个怎样的人	0.663***			
		在三亚旅游中与他人形成的友谊和联系对我很重要	0.612***			
	地方情感	我对三亚怀有强烈的好感	0.880***	0.763	58.0%	0.872
		我喜爱三亚	0.802***			
		如果我离开很久，我将想念三亚	0.746***			
		我很多亲友对三亚的喜爱都超越任何其他目的地	0.709***			
		没有任何目的地像三亚这样，我很多亲友在此都能自得其乐	0.651***			

因子和题目		因子载荷	克朗巴哈系数	平均方差提取量（AVE）	组合信度（CR）
"亲环境"行为欲望	我有欲望在将来访问三亚时行为上更加环保："不真实"[1]—"真实"[7]	0.822***	0.731	53.5%	0.773
	我未来访问三亚时行为上有更加环保的欲望："很微弱"[1]—"很强烈"[7]	0.738***			
	我想在将来访问三亚时行为上更加环保："不真实"[1]—"真实"[7]	0.620***			

注：*** $P<0.001$。

（二）假设检验

使用包含4个步骤的阶层多元回归分析程序，各研究变量按照如下顺序被依次输入模型进行假设检验：① 控制变量；② 地方依恋维度；③ 调节变量（大众旅游价值导向维度）；④ 交互作用项（地方依恋维度×大众旅游价值导向维度）。如表2.9的步骤1所示，当6个控制变量被首先输入模型时，年龄和访问次数显著影响大众游客的"亲环境"行为欲望（$\beta=-0.072/0.096,P<0.05$）。但 R^2 值（0.032）支持了先前学者关于这些简单分类变量对"亲环境行为"解释力有限的论断。步骤2发现地方依恋维度作为核心预测变量，使模型的解释力提高了48.2%（$\Delta R^2=0.482,P<0.001$）。除地方认同外，其他地方依恋维度均积极、显著地预测了大众游客的"亲环境"行为欲望（$\beta=0.108,P<0.01;\beta=0.408,P<0.001$）。地方认同在此发挥了一个与预期相反的不显著负面效应（$\beta=-0.032,P>0.05$），相关机理将在后文探讨。因此，H1a、H1c成立，而H1b被拒绝。步骤3显示2个大众旅游价值导向维度均与"亲环境"行为欲望显著负面相关（$\beta=-0.149,P<0.001;\beta=-0.128,P<0.01$），两者共使模型解释力提高了6.8%（$\Delta R^2=0.068,P<0.01$）。

关于"维护旅游功能"价值导向负面调节"地方依恋维度——'亲环境'行为欲望"关系的假设，步骤4显示：交互作用项（地方依赖×维护旅游功能）和交互作用项（地方情感×维护旅游功能）的系数方向与假设相符（$\beta=-0.191,P<0.001;\beta=-0.036,P>0.05$），但后者未达到显著水平；交互作用项（地方认同

×维护旅游功能)发挥显著,但呈现与假设相反的强大正向作用($\beta=0.270, P<0.001$)。故 H2a 被支持,而 H2b 和 H2c 不成立。这些发现意味着:① 地方依赖的"亲环境"驱动正效应同"维护旅游功能"价值导向的高低呈反方向变化;"维护旅游功能"的水平越高,前者所受阻力就越大。② 地方认同的"亲环境"驱动负效应与"维护旅游功能"价值导向的大小同增同减。③ 地方情感的"亲环境"驱动正效应几乎不受"维护旅游功能"价值导向的调节。

第 3 组假设试图建立"缺乏责任感"价值导向对"地方依恋维度-'亲环境'行为欲望"关系的负调节效应。交互作用项(地方依恋维度×缺乏责任感)在影响系数的方向和大小排序上(地方认同×缺乏责任感>地方依赖×缺乏责任感>地方情感×缺乏责任感)与上一组交互作用项相似,但差别是这些系数均不显著($\beta=0.059/-0.048/-0.013, P>0.05$)。故 H3a、H3b 和 H3c 都无法得以支持。这说明"缺乏责任感"价值导向几乎未对任何地方依恋维度的效应形成调节。尽管如此,调节变量的整体回归模型解释力有 5.2%的显著提升($\Delta R^2=0.052, P<0.01$)。

表 2.9 阶层多元回归分析结果

变量和统计值	"亲环境"行为欲望			
	步骤 1	步骤 2	步骤 3	步骤 4
	贝塔系数(β)	贝塔系数(β)	贝塔系数(β)	贝塔系数(β)
年龄	−0.072*	−0.035	−0.057	−0.043
性别	0.033	0.026	0.020	0.018
教育程度	0.022	0.008	0.006	0.007
月收入	0.042	0.028	0.033	0.034
访问次数	0.096*	0.073*	0.064	0.066
停留时间	0.067	0.044	0.037	0.030
地方依赖		0.108**	0.084*	0.076*
地方认同		−0.062	−0.047	−0.032
地方情感		0.308***	0.228***	0.165***
维护旅游功能			−0.149***	−0.126**
缺乏责任感			−0.128**	−0.077*
地方依赖×维护旅游功能				−0.191***

续表

变量和统计值	"亲环境"行为欲望			
	步骤1	步骤2	步骤3	步骤4
	贝塔系数(β)	贝塔系数(β)	贝塔系数(β)	贝塔系数(β)
地方认同×维护旅游功能				−0.270***
地方情感×维护旅游功能				−0.036
地方依赖×缺乏责任感				−0.048
地方认同×缺乏责任感				0.059
地方情感×缺乏责任感				−0.013
F 值	4.79	52.66	23.77	12.69
增加 R^2	0.032**	0.482***	0.068**	0.052**

注：* $P<0.05$，** $P<0.01$，*** $P<0.001$。

五、结论、探讨与管理启示

（一）结论

一直以来，环境可持续旅游领域对大众游客"亲环境行为"的深入研究极为贫乏。本研究以此为切入点，尝试探究大众游客"亲环境"行为欲望产生过程中外加驱力（地方依恋维度）与内在障碍（大众旅游价值导向维度）的互动作用效果。

本研究主要得出以下两个方面结论：

（1）大众旅游价值导向2个维度的"亲环境"整体阻碍模式类同，但"维护旅游功能"明显具有更大的作用力度。

（2）地方依恋各维度对大众游客的"亲环境"驱动实效表现出较大差异。地方依赖和地方情感都显著预测"亲环境"行为欲望，但后者在作用力度和抵御大众旅游价值导向的调节能力上都明显优于前者；地方认同发挥负面的"亲环境"驱动效应，且这一反向驱力受到大众旅游价值导向的积极调节。

（二）结论探讨

第一，大众旅游价值导向2个维度的不同阻碍力度可能源于如下机理："缺乏责任感"建立在将自我与目的地相隔离的非主人翁意识上，即"事不关己高高挂起"；地方依恋从旅游的功能和心理利益上重新构筑了人地关系，使两者融为一体，自然极大地摒除了这一维度的干扰。"维持旅游功能"的阻碍根由则不同，其突出的阻碍作用源于"个人相关信念"相互博弈下"亲环境"信念的失败。

第二，地方依赖的"亲环境"驱动效应明显受到调节的原因在于：其"亲环境"驱力在性质上属于一种"结果相关的介入"（outcome-relevant involvement），个人重要性逊于代表"自我介入"（ego-involvement）的旅游核心功能，自然也就轻易受到后者的调节。

第三，地方认同的负面"亲环境"驱动效应与先前大多数同类研究不符，这应该是差异化情境激活不同自我本体维度的产物。先前发现两者积极关系的研究主要开展于国家公园情境，其"亲环境"的主流社会规范会触发游客形成基于"理想（社会）自我"的地方认同，在环境行为上自然规行矩步。相反，像三亚这种典型的成熟目的地，则很有可能是基于大众游客"现实自我"的地方认同在发挥作用。情境的"肯定"甚至是"支持"使得地方认同的负面"亲环境"驱动效应在大众旅游价值导向的积极调节后进一步提高。

第四，在本研究中，无论对于哪个大众旅游价值导向维度，地方情感抵御调节的能力都是最强的。这使笔者猜想地方情感在属性上更符合学界界定的"情感亲和力"（emotional affinity）概念。它反映为一种源自"初级思维过程"的本能喜爱或同情。称其为"初级"，是因为这种情感迅速发生甚至是潜意识的，而非刻意的、经社会化思考的产物。因此，情感依恋的游客如若行为上"反亲环境"，将要付出违背自身本来意愿的心理成本。

（三）管理启示

第一，从总体上看，在依靠地方依恋的"亲环境行为"培育中，环保阻力源于"缺乏责任感"的游客比源于"维持旅游功能"的游客更具可塑性。对后者"亲环境行为"的培育需要额外的努力，如需首先开展针对此类人群的定性研究（访谈

＋扎根理论),厘清地方依恋的"亲环境"驱动力"落败"于"维持旅游功能"的具体原因。根据其中发现的细节,逐一开发利于此类游客态度改变的应对举措。这些举措与原地方依恋培育策略双管齐下,预期将能产生更好的培育效果。

第二,针对地方依恋各维度的不同"亲环境"驱动实效,采取相应的利用或防范举措。吸引对三亚已形成一定地方情感的"重游客"是短期成效最大、也最易操纵的环境管理举措。这需要在营销沟通中唤醒或强化此类人群的地方亲和性情感。对此,Kals 等倡导,喜爱、自由、安全、"与自然和谐统一"是"自然情感亲和力"(emotional affinity toward nature)营销诉求的重要切入点。同时,为兑现营销承诺,更多有利于情感触发的旅游项目有待开发(如"深林洗肺"、开放式热带动植物园等)。

此外,为防止地方依赖和地方认同的脆弱/负面"亲环境"驱动效应发生,培育东道主居民的"亲环境"社会规范也相当必要,因为"家必自毁,而后人毁之"。可通过名人、"楷模"市民等多主体的"亲环境"示范强化居民的责任意识,以引导大众游客对自身资源形成敬畏和呵护之心。

第五节 海南大众游客的地方依恋心理归因及其形成机理

一、引言

在全球化背景下,同质旅游目的地竞争日趋激烈。旅游者追求具有情感价值和精神意义的高层次目的地体验,单纯从物质消费角度理解人地关系已经远不足够。旅游者的地方依恋是人地情感关系嵌入旅游目的地层面的理论研究课题,为认识和建立有效的人地关系提供了独特视角。

现有地方依恋研究主体涉及目的地居民、外来经营者和一般旅游者三类,但事实上居民与居住地的长期互动、经营者与地方的经济互动以及游客在目的地的短期停留具有本质差异。国内旅游者地方依恋的定量研究援引国外居民依恋测量量表的普遍做法,忽略了这一重大前提。作为地方依恋的特殊表征,旅游者地方依恋的维度构成应在旅游情景下全面探索。更进一步地看,多次造访某一或某类旅游目的地会触发旅游者地方依恋的良性反馈环路。一方面,观测已发生的旅游者行为有助于推断其内在规范和显示性偏好。地方依恋是游客忠诚的有效预测变量,具有地方依恋的旅游者更愿意旧地重游和分享推荐。网络游记等社会人为事实不仅是珍贵的旅行记忆资产,而且表达了旅游者的分享推荐意愿。另一方面,旅游者普遍存在目的地偏好。这不仅已被学术研究证实,而且在现实生活、电影电视、诗词歌赋和戏剧文学中多有体现。例如,对大海的渴望、对朝圣活动的执着、对登山的爱好、对草原的向往等。其中,93.5%的中国居民都有较强的海洋旅游意愿。因此,在海岛型旅游目的地情境下以发生重游行为或偏好同质目的地的旅游者为地方依恋的研究对象,挖掘其网络游记所产生的表征意义更具有典型性。

目前虽有研究者对旅游者地方依恋进行了初步研究,但是对于旅游目的地情境下重游型及同质偏好型旅游者的地方依恋仍有待探究。鉴于此,本研究采用扎根理论,以海南岛为案例地,以重游型及同质偏好型旅游者为研究对象,以旅游凝视的具体化产物(网络游记)为文本分析资料,通过"自下而上"的质性研究思路缩减因素数目、抽取故事线,实现对旅游者的地方依恋心理归因及其形成机理的深入探索,以期深化中国文化背景下旅游者的地方依恋的理论解读,并为旅游目的地营销提供实践参考。

二、基本概念及研究回顾

(一)地方依恋

自 20 世纪 80 年代起,学者们发现广泛存在着一种"人与地方的特殊联结"。"地方依恋"(place attachment)用于描述上述现象,并逐渐成为社会学、环境心理学和人文地理学的热点研究范畴。社会学强调地方象征意义对社会互动的影响,环境心理学强调个体与个体、社区和地方之间的正面联系与情感评价,人文地理学则关注人与地方的情感联结。在此基础上,Scannell 和 Gifford 整合诸多学科的概念,将地方依恋定义为"主体(个体和群体)—过程—客体(具有社会特征和物理特征的地方)"的三维框架。其中,过程维度同时强调了认知、情感和行为三种成分,但并未从质性或者量化研究角度详尽且系统地挖掘地方依恋成分的构成及其形成机理。

(二) 基于旅游者的地方依恋

旅游者的地方依恋普遍存在。其实质是旅游者与目的地互动所建立的正面的倾向、依赖和认同,主要表现为旅游者倾向于保持与某一或某类目的地的接近性。未前往该地时,旅游者无限向往;身处该地时,旅游者会出现积极的情绪和感受;身处同质目的地时,旅游者将其当作前者的替补;离开该地时,旅游者会恋恋不舍且无限回忆。依恋过剩者对大部分目的地都有依恋情感和亲近行为,去依恋者对任何目的地都无依恋情结,均不纳入本研究的讨论范围。

旅游者的地方依恋研究主要有两大对立的主流趋向:实证主义范式和解释主义范式。实证主义根植于早期的环境心理学和社区研究,解释主义范式则与人文地理学、现象学分析有关。实证主义范式的主流取向是采用自我报告法检验地方依恋构成维度或者与其他变量间的作用关系。国内外地方依恋定量研究大多基于当地居民或季节性居民与地方的中长期互动开展测量研究。随后出现的旅游者地方依恋研究主要援引其他领域的量表来直接测量短暂停留的旅游者地方依恋,很大程度上忽视了旅游情境的独特性。在研究内容上,旅游者地方依恋的前置变量和作用效果均有涉及,以历史街区、度假区、湿地、文化旅游地和自然旅游地等为案例地开展研究。研究结果显示,旅游地意象、感知利益、游客涉入、目的地吸引力和原真性等对旅游者地方依恋具有不同程度的影响,同时地方依恋又进一步影响到环境责任行为、购物行为、未来旅游意向、忠诚度与满意度、文明旅游行为意向等方面。尽管地方依恋所发挥的大量影响作用为相关研究提供了线索,但地方依恋的形成机制仍处于"黑箱"。因此,有学者认为具有内隐心理特质的地方依恋是一种主观建构,难以通过实证主义全面、准确地认识地方依恋。

在解释主义的影响下,部分学者积极拓展了旅游者(游憩者)在郊野公园、节事场所、游憩河流、历史文化名城等不同目的地情境下的地方依恋的质性研究成果,但关于热带海岛的地方依恋研究鲜有。以往的定性研究采用游客使用图片、扎根理论等方法探讨地方依恋要素维度。围绕"地方"特征,进行背景元素、环境元素、社会元素、景观元素、历史元素、符号元素等旅游目的地情景拆分。仅有集体记忆感知被认为是产生地方依恋的心理归因,缺乏对地方层面的旅游体验和旅游产品,以及人的层面的心理情感、自传记忆和行为倾向等方面的深入探究。另外,关于地方依恋形成机理的探讨较少,Mogan 将婴儿依恋的内部工作模式与地方依恋理论整合提出地方依恋发展理论,解释童年时期的地方体验如何产生地方依恋。在此基础上,骆泽顺等从双重态度理论视角探讨了内隐态度和外显态度的一致性对"局内人"和"局外人"依恋行为的预测效果。尚无研究从态度三成分视角探索旅游者地方依恋心理作用因素和内部发生机制。

从以往文献看:在研究视角上,不同文献的关注视角不尽一致。使用质性研究方法全面、系统地挖掘旅游者的地方依恋的心理归因和形成机理的文献鲜见,缺乏概念理论等基础性研究的支撑;在研究案例地上,关于热带岛屿目的地的地方依恋研究鲜有;在研究对象上,专门研究重游型及同质偏好型旅游者的地方依恋的文献鲜见。鉴于以上背景,本研究以重游型及同质偏好型旅游者在热带海岛目的地的旅游过程为研究情景,采用扎根理论的质性研究方法提炼旅游者地方依恋心理因素和形成机理的整合模型。

三、数据来源与研究方法

(一)案例地

海南岛位于中国最南端,气候长夏无冬,是我国最具热带海洋气候特色之处。民族风情独特,共有 53 个少数民族,汉族、黎族、苗族、回族是世居民族。自然旅游资源丰富,尤其是海岸带景观、动植物资源、山岳热带原始森林资源、火山温泉资源等。历史人文鲜明,属于岭南文化分支,同时拥有热带雨林文化、黎苗民族文化、南洋文化等中国绝无仅有的文化特征。本研究将目光聚焦于海南岛的原因在于:① 海南岛具有良好的地方特征,现代性和地方性交织,与旅游者世俗生活空间具有显著差异;② 度假型目的地的重游现象更为常见,海南岛是我国久负盛名的低纬度"3S"海岛休闲度假型目的地,有较大比例的重游者;③ 海南岛是充满象征意义和情感内涵的热带海岛目的地,是众多偏爱海岛目的地的旅游者心之所向、身之所往的标志性景观空间。

(二) 研究设计

1. 定义抽样框

抽样框(sampling fame)是指所有可能被抽取的研究对象集合。不同利益相关者的地方依恋不同,研究主体范围过大反而不利于深入探究其根源。因而,本研究以已经产生旅游活动的现实旅游者为主体,以其对海南国际旅游岛的地方依恋为研究对象,排除案例地为研究主体家乡或常住地的情况,始终将人地放置在同一个结构的社会空间中开展联系性讨论。

2. 选择数据载体

一提起质性研究,大部分的人立马会想到开展访谈获取资料。可是,研究者对被研究者的干扰、被研究者的言行不一致都是这类数据获取方式不可忽视的缺陷。自然情景和真实世界的繁复性要求我们具有敏感性。扎根理论创始人之一的格拉泽指出"扎根理论研究者可以从各类传记、日记、评论等普通文本材料中获取数据"。博客、游记、图片等社会人为事实是最珍贵的记忆资产,但通常也是被忽略的分析单位。旅游者受自我一致性驱使抽取与"自我认同"和"自我叙述"有关的元素,行使评论权的同时,投射出隐藏在文字背后的思想和认知。借助对文字的主题分析可最大限度地实现对撰写者无意识或有意识地表达心理真实世界的窥视。换言之,游记所体现的旅游者的"凝视"偏好,可解构符号资料(游记评论)产生的表征意义。

随着网络对社会生活的改变,人们习惯于通过网络真情流露地分享相关经历和偏好,质性研究的资料收集方法随之出现"在线趋势"。在线交流降低甚至排除了视觉和非语言线索对访谈结果的干扰,能更为精确地反映真实想法。鉴于网络对于我们生活方方面面的巨大影响,本研究聚焦于通过网络开展质性研究,具体涉及携程、马蜂窝和新浪三大游记网络平台。具体理由如下:① 平台强调游记内容真实原创,在一定程度上保障了文本资料的真实性;② 游记内容来源于旅游者的主观感受评价,具有较高的参考价值。

3. 选择抽样方法

质性研究要求拥有来源多样的丰富数据,力求真实地还原本质的全貌。本研究遵循目的性抽样(purposeful sampling)和理论性抽样(theoretical sampling)原则,选择信息量丰富的案例,采用三角交叉检视抽样策略(triangulated sampling)。三角交叉检视抽样策略是指根据研究需要,联合运用初始样本、标准抽样(criterion sampling)、最大变异抽样(maximum variation sampling)、典型案例抽样(typical case sampling)以选取符合标准、具有典型的样本,主要是从不同性别、现居地、游玩时间、游玩月份、出行对象和游玩景点等几个方面选取不同的样本,研究对象基本资料如表2.10所示。本研究的数据来源编码规则为分类序号,标记网络游记为 Y_n。后期,采用理论性抽样(根据研究中形成的范畴或理论指导资料的收集),联合运用链式抽样(chain sampling)、方便抽样(convenience sampling)和同质性群体抽样(homogeneous group sampling)辅助抽样,以丰富资料内容。

表2.10 研究对象基本资料

编号	城市	性别	依恋类别	游玩天数	游玩月份	人均花费(元)	出行对象
Y1	上海	女	游玩同质目的地4次;重游1次	7	8	5 000	情侣
Y2	大理	男	游玩同质目的地1次;重游2次	6	5	12 008	父母
Y3	大理	男	游玩同质目的地1次;重游1次	4	10	9 682	独行
Y4	大连	女	游玩同质目的地2次;重游1次	6	8	6 000	亲子
Y5	大连	女	游玩同质目的地2次;重游2次	4	1	5 000	朋友
Y6	大连	女	游玩同质目的地2次	6	8	4 500	朋友
Y7	无	男	游玩同质目的地1次	4	7	5 000	朋友
Y8	上海	男	游玩同质目的地1次	7	8	8 000	朋友
Y9	灵武	女	游玩同质目的地1次	7	11	4 000	夫妻
Y10	无	女	游玩同质目的地1次	6	12	7 000	情侣
Y11	南昌	男	重游1次	9	11	4 500	夫妻
Y12	北京	男	游玩同质目的地1次	3	12	1 000	朋友
Y13	云南	女	游玩同质目的地2次	8	1	6 000	朋友
Y14	杭州	女	游玩同质目的地3次	4	6	无	朋友
Y15	上海	女	游玩同质目的地3次	7	5	3 500	亲子
Y16	深圳	男	游玩同质目的地1次;重游1次	4	1	无	独行

4. 确定筛选标准

本研究的网络游记等文本资料采用字数规则过滤→数量规则过滤→关键词组合过滤→人工筛选的四级搜索与筛选策略。具体按照下述标准选取：

（1）游记被网络平台评选为优质游记且为热门游记。自助游旅游者的地方依恋水平高于团队旅游者，因此只选取旅游开展形式为自助游的游记。

（2）扎根理论要求资料具有丰富性，每篇网络游记字数在4 000字以上。

（3）活动涉入和使用经验是衡量地方依恋的重要指标，重游某地和拥有同质目的地游玩经历是其典型表现。因此，同一网络账号发布的游记中关于海南国际旅游岛的游记数量大于或等于2篇，或者含有海南国际旅游岛和其他海岛型旅游目的地的游记总数量大于或等于2篇。

（4）游记含有海南省内的旅游地名或景区名与正面情感评价词的组合，如"我爱三亚""这里总是让我流连忘返""很早就想来三亚了"等表述。

（5）为了排除网络写手的干扰，仅选取自助游游客的原创性游记，剔除抄袭型、模块化形成游记。同时，在一年内同一网络账号发布的游记数量不能超过8篇。其次，要求旅游者对海南国际旅游岛的旅游具有明确的正向感知评价、深入的情感表达和细致的过程描述，而不能只有目的地的食、住、行、游、娱、购情况的介绍。

数据获取时间为2018年3月28日至8月10日。坚持上述标准，研究资料已足够丰富，可支撑预期分析，样本量足够大。遵循过剩(redundancy)原则，从20篇游记中随机抽取文本资料16篇，总计17万余字，平均每份资料10 688字，剩余4篇供理论类属饱和检验。通过筛选标准的文本资料，地点覆盖海南省下辖的2个地级市、4个县级市、1个县、4个自治县，涉及骑楼老街、鹿回头、五指山、分界洲岛等28处景点。

5. 分析方法、软件

扎根理论属于后实证主义范式，是社会科学中运用最为广泛和科学的质性研究方法论之一，在探索新的理论、把握复杂的情景、联系社会实践方面具有突出优势。格拉泽等的经典扎根理论(original version)、斯特劳斯等的程序扎根理论(proceduralised version)和卡麦兹的建构扎根理论是最为典型的3个版本。3个版本的具体编码过程存在差异，但均强调数据与数据、数据与概念、概念与概念、概念与范畴、范畴与范畴、与已有文献间"不断比较"的思想。在严格的数据分析过程中,从经验资料中探索并生成契合于文本数据、情景实践和被研究者感知的抽象的实质理论或形式理论。本研究选取程序扎根理论,编码是搜集资料与生成理论中间的核心环节,包括开放式编码(open coding)、关联式编码(axial coding)、核心式编码(selective coding)三级编码程序。撰写备忘录是数据分析与论文写作之间的关键步骤,扎根理论的基本思路如图2.8所示。

对于大量的文本资料要求有更为科学有效的方式加以管理。Nvivo是一款整理和分析无序信息的计算机软件,可以最大限度地帮助使用者有效收集、整理和分析质性资料,有利于做出更好的决策。因此,本研究将选取Nvivo 11.0辅助进行资料分析。

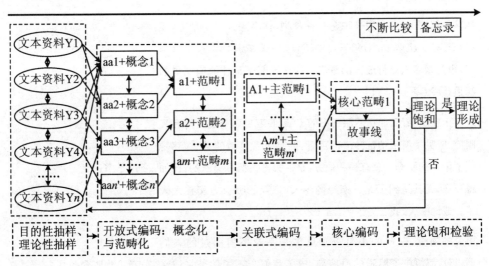

图2.8 扎根理论编码的研究思路

四、范畴提炼与挖掘

(一)开放式编码:概念化与范畴化

开放式编码的主要目的是定义现象、界定概念、挖掘范畴,以概念化与范畴化简化大量的文本资料。编码的命名来源于游记资料、以往文献以及由研究者创造。概念化的具体策略是逐字编码、逐行编码(line by line coding)和原生代码(in vivo codes)的综合运用,并标注为"aan+编码"。经过多次对比合并,共得到 102 个有效概念。范畴化将概念化的结果重新归类,标注为"an+编码"。在概念化的基础上,归纳、提炼出 20 个范畴。开放式编码过程如表 2.11 所示。

表 2.11　开放式编码示例

原始资料 （16 份游记）	概念化 （102 个概念）	范畴化 （20 个范畴）
留声机(aa59)大概是那个年代最标志的物品之一了吧。特别喜欢黑胶唱片在针下缓缓划过,那低沉浑厚的歌曲倾泻而出,一句就能把人带进那个久远的年代(aa58)。——Y10	aa59 事物留念 aa58 时代怀念	a10 自传记忆
味蕾是情感的闸门,当你说起一种食物,你会想起一个地方,反过来亦是。旅途中,不能辜负的美食,一天暴走后胃被美食填充,也是很多人旅行最大的意义。这次我们来记住海南文昌的味道(aa59)。——Y14	aa59 事物留念	
现在坐在电脑前,回忆着旅行中的点滴,我看见蔚蓝的大海在我眼前,听见了海浪拍打沙滩的声音,闻到了青草地的芳香,感受到了阳光的明媚。总有一些地方,是一去再去都不会腻的,比如说三亚,尤其是到了北方寒冷的冬天,三亚的吸引力实在太大了。或许哪天,我又去了呢(aa56)。——Y5	aa56 情节记忆	
可爱的阿莹、三沙的小哥哥和更多来不及擦肩而过的人们(aa57),都留在了温暖的海南岛,成了我们忘不了的美好记忆……——Y13	aa57 人物留念	
循着回忆,和他,再次踏上这南方之岛的寻觅之旅(aa60)。和第一次一样,由海口到三亚,一路向南的半环岛之旅,许多秘密,慢慢地显露出了真面目。——Y1	aa60 营造回忆	

（二）关联式编码：联结主、副范畴

关联式编码的主要目的是从范畴化所得的类属中提炼主范畴,确定副范畴,发展各范畴间的联结关系。主范畴的命名来源于对范畴内涵和范畴关系的把控,标注为"An+编码"。为全面、系统挖掘地方依恋的作用因素,主要以次级关系作为主、副范畴间的衡量标准。最终归纳出 5 个主范畴,分别是地方心理认知、地方情感象征、地方依恋倾向、个体背景特征、旅行偏好特征。5 个主范畴及 20 个副范畴的性质如表 2.12 所示。

表 2.12 关联式编码

主范畴	副范畴	范畴的性质
A1 地方心理认知	a1 旅游社交企图	个体与旅游从业者、当地居民、同行游客建立的某种社会互动关系
	a2 指向产品认知	旅行中的吃、住、行、购、演、服务设施等指向性产品的个体认识
	a3 人文社会氛围	个体对地方的人文社会环境,如地方日常事物、服饰、语言、建筑及图腾等的认识
	a4 物理环境认知	个体对地方的地理区位、地形地貌、天气气候等物理环境的认识
	a5 审美体验感知	个体的审美体验与自然、文化、历史、科技活动相关,具有静态性
	a6 世俗体验感知	个体的世俗体验则偏重于参与形式,是对快感的追寻,具有动态性
A2 地方情感象征	a7 人地情感共鸣	个体在地方的感染作用下所引起的情感或情绪共鸣
	a8 情感评价判断	个体对地方的情感价值判断,如精神家园、归属、认同、忠诚、情绪等
	a9 旅游欲望认知	驱动个体实施旅游行为的因素,如放松宁静、探索发现、享受在场、欣赏风光、寻求自由、寻找灵感等
	a10 地方自传记忆	与个人的亲身经历或与地方相关的记忆密切相关的记忆
	a11 地方象征联想	个体感知的地方品质象征,如地方个性、地方精神、品牌形象、文化特质
	a12 自我一致投射	强调个体主观思想情感寄托,如价值投射、人地联结、移情投射等
A3 地方依恋倾向	a13 行为指向倾向	个体因依恋产生的行为倾向,如推荐、定居发展、重游、溢价支持等
	a14 态度归属倾向	个体对地方持有的态度,如持续关注、未来期望、抗拒改变等
A4 个体背景特征	a15 个体背景特征	个体的家庭生命周期、客源地、生活质量、性别的背景知识等
	a16 个体感知利益	个体对前往目的地的成本感知、感知质量、预期质量
	a17 社会参照规范	个体的看法或行为被群体提供的新知识或新信息成功地影响

续表

主范畴	副范畴	范畴的性质
A5 旅行偏好特征	a18 依恋关涉缘由	地方对个体的吸引原因,如相似相吸或相异相吸等
	a19 外出旅行偏好	个体对目的地类型、旅行距离、旅游人流、同行对象等的偏好
	a20 时间次数偏好	个体的到访次数、逗留时间、群体规模、游玩月份的旅行特征

(三)核心式编码:识别核心范畴、挖掘故事线

核心式编码的主要目的是识别出统领所有范畴和概念的核心范畴,提炼故事线,厘清其逻辑关系。根据主、副范畴所体现的行为现象和脉络条件,可运用"地方依恋的心理归因模型及其形成机理"这一核心范畴概括其他所有范畴,其"典型关系结构"如表 2.13 所示。故事线可概括为:地方依恋由多维构成,地方心理认知、地方情感象征、地方依恋倾向三个维度是旅游者实现地方依恋的心理归因,构成"认知—情感—行为倾向"概念模型。个体背景特征、旅行偏好特征等个体影响因素提供了地方依恋作用机制的线索,通过作用于"认知—情感—行为倾向"概念模型,实现对旅游者地方依恋的干预或调节,如表 2.13 所示。

表 2.13 典型关系结构

序号	典型关系结构	内涵
1	地方情感象征 ↔ 地方心理认知 → 地方依恋倾向	地方心理认知、地方情感象征、地方依恋倾向构成地方依恋的"认知—情感—行为倾向"概念模型。这三个心理归因是旅游者实现地方依恋的心理归因
2	个体背景特征 → "认知—情感—行为倾向"概念模型	个体背景特征是个体影响因素,它影响地方心理认知、地方情感象征、地方依恋倾向之间的关系强度和关系方向
3	旅行偏好特征 → "认知—情感—行为倾向"概念模型	旅行偏好特征是个体影响因素,它影响地方心理认知、地方情感象征、地方依恋倾向之间的关系强度和关系方向

（四）理论饱和检验

理论类属饱和是指对于某一理论类属，更多的数据已无法生成新的类属和理论见解，则停止搜集数据。本研究在完成三级编码后进行理论饱和检验，直至无新的类属生成。

五、模型构建与阐释

（一）基于旅游者的地方依恋心理归因

地方心理认知、地方情感象征、地方依恋倾向三个主范畴是旅游者的地方依恋的心理归因，强调三者间的相互渗透，如图 2.9 实心方框所示。"认知—情感—行为倾向"概念模型反映了旅游者地方依恋的多维构成。同时，揭示了旅游者的地方依恋是对旅游体验和地方特征认知基础上的主观情感和象征意义的建构，不仅表现为经历分享、旧地重游等行为倾向和持续关注、抗拒改变等态度归属，并伴有强烈主观认同和情感共鸣。

1. 地方心理认知

地方心理认知是地方依恋的深层心理归因，指旅游者在理性了解地方知识的基础上进行自我一致性评价的心理过程。学界普遍将认知作为重要维度，Proshansky 等描述了基于地方物理、社会或资源特征的"自我的物质世界社会化"。与此类似，Scannell 和 Gifford 也强调融入自我概念。扎根理论结果显示，旅游者根据心理意象、即时感觉和逻辑概念等自我意识，将地方的有形与无形属性（社会的、物理的和旅游的）构建成一组认知图式，它代表了与自我概念相一致的人地联结。具体来看，与自我概念一致的旅游社交、指向产品、人文社会、物理环境、旅游体验等功能性利益和享乐性体验的内容，都是地方依恋形成的重要客观基础。

都说三亚是被上帝宠坏了的城市，它把最宜人的气候、最清新的空气、最和煦的阳光、最湛蓝的海水、最柔和的沙滩、最风情万种的少

数民族、最美味的海鲜都给了三亚(人文社会氛围、指向产品认知、物理环境认知、旅游体验感知)。——Y3

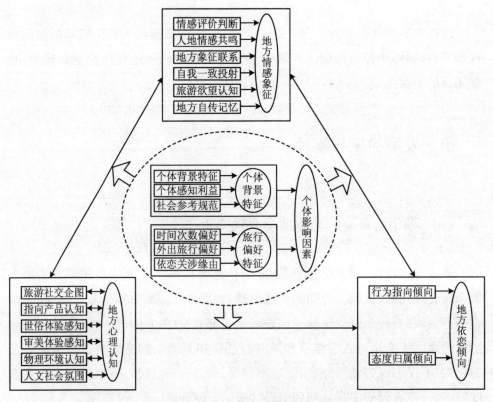

图2.9 旅游者的地方依恋心理归因及其形成机理的整合模型

注：外围的实心方框为三个心理归因，单实心箭头表明了三者的响应路径。虚线椭圆框内是两个个体影响因素，空心箭头表明其作用路径。

2. 地方情感象征

地方情感象征是深层心理归因，注重感性体验和认识。情感是地方依恋的中心，它不仅是地方心理认知的深化，更是激发行为的重要驱动力。Scannell和Gifford将情感维度阐述为爱、自豪感和幸福感。不同文献使用"归属感""情感依恋""每个人都很快乐"等术语来测量情感，但旅游者地方依恋的情感内涵超过上述范围。本研究结果表明，这一归因是基于旅游者对地方意义认知和自身情感因素综合作用形成的感受，多与令人难忘或改变人生的个体经历和地方意义有关。例如，定情地让人念念不忘，以及人类对湛蓝天空、蔚蓝大海的向往等。同时，这一归因是对情感性利益和象征性利益的体现，涉及情感共鸣、情感评价、旅游欲望、自传记忆、地方特质、自我一致等方面的价值评价和感性选择。

海南,是我第一次旅行到达的地方,海南之旅是我第一次离开父母的"叛逆之旅",是我第一次乘飞机到达的最远的地方,有很多第一次都深深地刻在了这个南海的岛屿之上(地方自传记忆、情感评价判断)。——Y1

教堂代表着很多意义,在每个人心中都不太一样,也许是信仰,也许是爱情,也许仅仅是一座外观独特的建筑物。我们心中的答案都不太一样(地方象征联想、自我一致投射)。——Y7

3. 地方依恋倾向

地方依恋倾向属于表层心理归因,是基于认知、情感和象征的外显态度表现。Scannell 和 Gifford 从社区依恋和城市依恋角度将行为维度解释为接近维持行为和灾后重建行为,在旅游情境下具有不适宜性。进一步地,节庆旅游和电影旅游背景下行为倾向的内涵被拓展到推荐意愿和重访意愿。本研究结果表明,旅游者地方依恋倾向的内涵更为丰富复杂,包括行为指向和态度归属两大方面。行为指向倾向涉及地方推荐、定居发展、购置房产、经历分享、旧地重游、溢价支持、重复消费等,例如,文本资料中多次提到"我以后还会再去海南""每次去海南都会去尝尝这一美味"等类似表述。态度归属倾向少有研究提及,但在文本资料中却有诸多体现,包括持续关注、地方感情、地方期望、抗拒改变等。

几年后再见,蜈支洲岛已变成了一座旅游设施齐备的观光小岛,气质已不复从前。我只愿这座小岛,能一直维持这沙白水清的美景,这样便好(旧地重游、抗拒改变)。——Y5

(二)基于旅游者的地方依恋的形成机理

心理归因的内部响应路径与个体影响因素的外部调节路径构成了"响应-调节"系统机制,即旅游者地方依恋心理归因及其形成机制的整合模型,如图 2.9 所示。本研究将分别阐释"认知—情感—行为倾向"概念模型的内部发生路径和外部调节作用机理。

1. 旅游者地方依恋心理归因的概念模型

"认知—情感—行为倾向"概念模型具有一致性特征,三个心理归因可能出现失调和平衡两种状态。三者出现失调时,情感因素起主要作用。在平衡状态下,心理归因相互联系和作用。但是,三者发生的顺序有所区别,从而分别构成了类比学习机制、刺激反应机制和符号消费机制三种典型层级。图2.9中的单实心箭头表明了三者的影响路径,即旅游者地方依恋心理归因概念模型的内部发生路径。

（1）类比-学习机制。类比-学习机制基于认知加工处理方式,遵循"地方心理认知→地方情感象征→地方依恋倾向"的发生路径,是最为常见的情况,如图2.10所示。个体的需要和已有经验是源域,新的地方知识是目标域。源域和目标域是两个相似域,两者通过源域认识目标域的类比思路来建立联结。例如：

> 去过很多城市旅行,也看过不少城市的大海,如青岛、大连、北戴河、葫芦岛、烟台、厦门、深圳等（源域）。国内就三亚亚龙湾的海是我比较喜欢的,这里相比其他城市要干净很多（目标域）。——Y3

这一机制将个体相关的源域与地方提供的功能性利益、享乐性体验、情感性利益和象征性利益等目标域进行匹配。首先,旅游者基于需要和经验形成自我概念的源域。其次,经历地方知识和地方熟悉的演进过程后,地方相关的功能性利益与个人需要联结起来,形成初级映射。随后,地方提供相关的感官愉悦和体验刺激等享乐性体验并产生映射强化作用。在此基础上,旅游者将抽离出与其"自我概念"相一致的象征意义和情感态度,获得关键性利益。当地方不断提供与自我一致的资源利益时,便会产生地方依恋倾向。上述良性反馈环路触发了旅游者的地方依恋。

> 初级映射：亚龙湾美高梅度假酒店成了我这次旅行的首选酒店。酒店拥有各类娱乐活动和餐厅,每天早上可以换不同的餐厅吃早餐（功能性映射）。酒店前面的沙滩是本区域最好的沙滩,脚丫子踩上去很舒服。海鲜美食体验、爱立方第一次潜水体验、美高梅SPA体验、亚龙湾娱乐体验……每次来三亚都会有不一样的感受（享乐性映射）。——Y3

> 高级映射：去的地方多了,有时候出来玩并不是想着还要去哪些景点游玩,而是想着按照自己喜欢的方式去玩,住上一家好的度假酒店就可以待上一整天了,旅行是用来放松的,怎么舒服就怎么玩（关键性利益）。——Y3

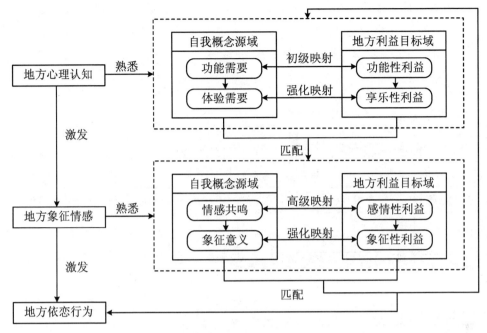

图 2.10　类比学习机制

（2）刺激-反应机制。刺激-反应机制基于信息学习处理方式，遵循"地方心理认知→地方依恋倾向→地方情感象征"的发生路径，如图 2.11 所示。作为"认知人"（cognitive man）的旅游者较为理性，其行为模式遵循"刺激-反应"原理。前往旅游地前，旅游者通过意向性或无意识的学习，认知地方的旅游社交、旅游产品、人文社会、物理环境、旅游体验等简单信息刺激，并产生评价判断，从而形成地方概念。随后，地方吸引元素和个体约束条件等内外部信息互动形成复杂输入刺激。符合自我概念的认知信息将被译码为情感偏好，产生依恋倾向。发生实际旅游行为后，地方回忆被唤醒或者经过文化想象形成新的记忆，从而产生地方价值、地方象征和地方意义，即旅游者感性解读的地方印象。通过个体需要与态度系统筛选后，一致性程度较高的地方概念、依恋倾向和地方印象产生相互作用，促发地方依恋。

铜鼓岭，被誉为"琼东第一峰"。听说在这里的山顶能看到最美丽的海湾（地方概念），所以我们来了（依恋倾向）。没走出十来米，我们就被眼前的景象震惊了，一片宁静且色彩斑斓的海湾出现在我们眼前，原来秘境就在这里啊！这海天一线的感觉真美！深入一些，这里便是入海口了，波浪开始急促，与之前港湾的完全不同。站到巨石上的我们惊呆了,还是彩色的!红、绿、蓝,甚至可能还有更多的颜色,这种红色仿佛铁锈红美到令人窒息。浪涛滚滚,拍打着礁石。这里只有我们,世界也是那么安静,希望这里永远宁静安详(地方印象)。——Y1

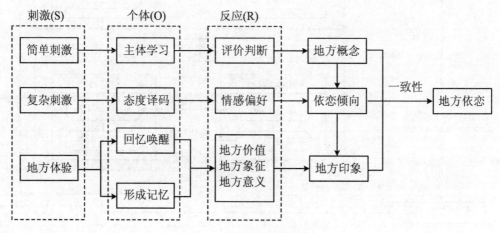

图 2.11 刺激-反应机制

(3)符号-消费机制。符号-消费机制基于情感涉入处理方式,遵循"地方情感象征→地方依恋倾向→地方心理认知"的发生路径,如图 2.12 所示。作为"情感人"的旅游者较为感性,关注地方所象征的意义和内涵。旅游世界由符号组成,构成了旅游者"阅读"地方的文本。首先,目的地品牌元素承载了象征意义和情感价值,成为旅游活动的驱动力。例如:

陵水新村港的行程,其实起源于朋友手机里的一段咸水歌。咸水歌是生活在海面上的疍家人的歌曲,歌曲音调悠扬、淳朴,歌词贴近生活。听着咸水歌,疍家鱼排上的生活场景就好像浮现在眼前,很有画面感。——Y12

出行前,地方的旅游口号、故事、宣传视频等目的品牌元素与个体情感需要或过往回忆的契合,诱发旅游者对地方的向往倾向。除了有形物质,无形的象征、氛围和愉悦感都可因其符号价值而成为消费点。出行后,旅游者意识中的社会、历史、人文、社交、环境、体验等符号元素不断发生认知和重组。行前和行后符号价值的匹配促发了地方依恋。

出发前:疍家人这个族群的生活方式很神奇,他们世代都漂泊在海面上,以海为家,牧海为生。他们的历史和命运又扑朔迷离,关于他们的来源,并没有一个统一的说法。所以很早之前就希望有机会能去了解疍家人,探访疍家人的生活方式,这次海南之行正好有机会实现自己的这个愿望。——Y12

出发后:不知不觉三天时间很快就过去了,虽然我们想努力地深入当地,去认识疍家,去了解他们的文化和生活,但只有短短几天时间,我们还是不可避免地陷入了走马观花似的记录,许多地方、许多人、许多故事我们还没有深入地挖掘,留下了一些遗憾,这些遗憾就当作是我们继续出发再来陵水的理由吧。再见,陵水!再见,疍家人!——Y12

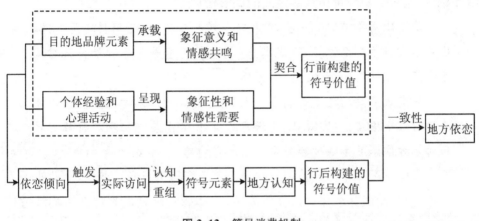

图 2.12　符号消费机制

2. 个体影响因素的作用机理

旅游者依恋行为具有可变性,个体因素是影响地方依恋关系强度和关系方向的关键,包括个体背景特征、旅行偏好特征等,如图 2.9 中虚线椭圆框所示。个体影响因素提供了旅游者地方依恋作用机制的线索,并起到了"认知—情感—行为倾向"概念模型的外部调节作用,如图 2.9 中空心箭头所示。

个体背景特征包含人口学特征、感知利益和参照规范等方面,是影响旅游者地方依恋的内部背景和压力因素。Rollero 和 Piccoli 的研究结果表明人口统计和心理社会变量是认知维度和情感维度的预测因子。更进一步地,贾衍菊和林德荣证实了性别、教育水平对地方依恋的负向显著影响,男性比女性的地方依恋水平低,教育水平越高者其地方依恋水平越低。其次,Kli 等的研究表明,期望利益和感知利益是地方依恋和行为意图的重要预测变量。另外,趋同化需求很好地解释了参照规范,其中心思想是旅游者为了归属于某一群体而表现出与他人相似的态度行为。

旅行偏好特征是旅游者在旅游选择中的个人化习惯和喜好,包括旅行偏好、时间次数和关涉缘由,是影响旅游者地方依恋的内部旅行因素。以往旅行中形成的旅游习惯等社会心理结构影响了旅游需求。贾衍菊、Moore 和 Hailu 等的研究表明,到访次数、出游形式、旅游花费、旅游活动、停留时间和游客背景等对地方依恋有影响。另外,旅游者追求愉快刺激体验的水平高低导致了相似或相异的吸引缘由,尤其是追求新奇对于理解旅游现象甚为重要。进一步地,George 和 George 证实了追求新奇对过去拜访经历与地方依恋之间的调节作用,以及对地方依恋与重访意愿之间的调节作用。

> 价格比两年前涨了一些,碗也不是鸡公碗了,无论用料还是味道,已经不及当年那么惊艳了(成本感知、感知质量等个体背景特征对地方依恋关系强度和关系方向的影响)。——Y10

> 其实最主要的还是海南岛离北京太远,我们又喜欢自驾,所以海南的行程一拖又拖(客源地、出游形式等个体背景特征和旅行偏好特征对地方依恋关系强度和关系方向的影响)。——Y9

通过个体学习和生活经验习得的旅游者依恋行为具有可变性,个体影响因素起到组织、抑制或瓦解作用。具体来看,个体影响因素的来源会影响地方依恋"认知—情感—行为倾向"概念模型的一致性。当个体因素更多地来源于个体亲身经验而非他人经验说教时,更能有效影响旅游者的地方依恋。根据 Bandura 的观点,直接性经验对自我效能感影响度最大,而自我效能又影响行为选择。因此,丰富的直接经验能更好地预测态度及行为倾向。个体影响因素的结构会影响地方依恋"认知—情感—行为倾向"概念模型的一致性。个体因素可以反映内隐态度和外显态度双重态度,外显态度比内隐态度较易改变。当个体因素反映的主导态度为内隐态度时,预测效果更为显著。总之,当个体因素来源于直接经验、主导态度为内隐态度时,调节作用明显增强;反之,则减弱。因此,个体影响因素对不同个体的调节作用效应不同。

六、结论与讨论

（一）研究结论

本研究基于扎根理论，以海南岛为案例地，选取重游型及同质偏好型旅游者为研究对象，以网络游记获取文本分析资料，从态度三元论视角出发构建了旅游者地方依恋心理归因及其形成机制的整合模型。具体研究结论如下：

（1）地方心理认知、地方情感象征、地方依恋倾向是旅游者实现地方依恋的心理归因，构成地方依恋的"认知—情感—行为倾向"概念模型。地方心理认知、地方情感象征属于地方依恋的深层心理归因，地方依恋倾向属于表层心理归因。个体因素是影响地方依恋关系强度和关系方向的关键因素，包括个体背景特征、旅行偏好特征 2 个范畴。

（2）旅游者地方依恋心理归因及其形成机制的整合模型是由心理归因的响应路径与个体影响因素的调节路径构成的"响应-调节"系统机制。地方心理认知、地方情感象征、地方依恋倾向三个心理归因的响应顺序构成了分别描述一般人、认知人（理性旅游者）、情感人（感性旅游者）的类比学习机制、刺激-反应机制和符号消费机制三种典型层级，心理归因之间的作用影响因素主要是个体背景特征、旅行偏好特征。

（二）探讨

本研究构建了旅游者地方依恋心理归因及其形成机制的整合模型，理论价值如下：

第一，深入剖析了旅游者地方依恋的心理归因，对其进行了层级划分。通过扎根理论共挖掘出 102 个有效概念，通过范畴化形成范畴关系并清晰界定其下级构成因子的概念性定义。不仅反映了旅游者的地方依恋的多维构成，而且将其拓展到象征属性、社交属性、体验属性、行为倾向等内容。同时，本研究发现心理归因的发生路径构成了类比学习机制、刺激-反应机制和符号消费机制三种典型层级。

第二,提供了旅游者地方依恋作用机制的线索。本研究的结果显示,旅游者的个人影响因素至少涉及背景特征、感知利益、参照规范、关涉缘由、旅行偏好、时间次数等27个具体概念。其中,旅行偏好、感知利益、参照规范等因素是新拓展的研究概念。个体影响因素通过作用于"认知—情感—行为倾向"概念模型,实现对旅游者的地方依恋的干预。

构建旅游者地方依恋的关键是寻找"地方世界"与"个人世界"的重合,因此地方塑造和个人迎合是提高旅游者对旅游目的地的认可和评价的关键切入点。

从地方塑造来看,应以自然、文化、活动为表现形式,加强听觉、视觉、触觉、味觉、嗅觉等感官体验来激发旅游者的利益获得感,从而激发依恋感。具体来看,需要提供旅游社交、旅游餐饮、旅游服务设施、旅游购物、旅游交通、旅游演艺、旅游住宿、旅游安全、天气气候等功能性利益,地方日常事物、服饰、语言、建筑、图腾、地方特色、社会氛围、地形地貌、世俗体验、审美体验等享乐性体验,以及情感共鸣、情感评价、旅游欲望、自传记忆、地方特质、自我一致等方面的情感性利益和象征性利益。地方塑造的根本是旅游目的地品牌形象、旅游吸引物、友好社会氛围的塑造。通过向符合目标受众的旅游者生动地传递旅游地的消费情景,并通过旅游中充满幸福感的旅游体验加以强化,可有效塑造旅游者的地方依恋。

从个人迎合来看,应从各方渠道积极获取目标群体共性的个体背景特征、旅行偏好特征、依恋关涉特征,为地方依恋预测提供直接指导。另一方面,不同心理特征的旅游者对应的地方依恋作用机理不同,因此培育地方依恋要从个体的心理特征入手。感性旅游者的情感体验是其地方选择的重要影响因素,注重情感变量、文化诉求、地方特质和人文关怀等刺激的电影、电视、文学作品等媒介宣传是唤醒其情感回忆的法宝。赋予旅游吸引物以某种信息或特殊价值是塑造地方依恋的有效手段,例如,长城是中国的象征,延安是红色旅游目的地的象征。对于理性旅游者,让其尽可能地全面地接触到地方相关信息是关键所在,通过深度在场和深度互动建构或重塑其旅游体验。唤起旅游者共鸣的导游讲解、居民互动对深度在场有重要影响。针对一般性旅游者关注旅游目的地与个人的相关性,提供与旅游者自我相关的功能性利益、享乐性体验、情感性利益和象征性利益四种资源利益是提升旅游者地方依恋的重要手段。总之,可以以商业策划为前提,通过各种有形或无形载体,将旅游目的地故事化。这种故事化涉及品牌形象构建、吸引物塑造等系列地方依恋塑造手段。

（三）研究不足与展望

地方依恋是多维的、复杂的。本研究重点关注由探索性研究得出的地方依恋心理归因及其形成机理,但具体因素的响应路径、关系及作用未经大样本定量检验,这是需要进一步完善的地方。另外,本研究选取重游旅游者及同质目的地偏好型旅游者为研究对象,未来可将潜在旅游者和实际旅游者同时作为研究对象,从群体差异比较中探索地方依恋的历时演变。

参 考 文 献

[1] PLOG S C.旅游市场营销实论[M].李天元,李曼,译.天津:南开大学出版社,2007.

[2] 白凯.国家地质公园品牌个性结构研究:一个量变开发的视角[J].资源科学,2011(7):1366-1373.

[3] 陈钢华.海岛型目的地的旅游渗透度:海南案例及其国际比较[J].旅游学刊,2012(11):72-80.

[4] 陈海波,汤腊梅,许春晓.海岛度假旅游地重游者动机及其市场细分研究:以海南国际旅游岛为例[J].旅游科学,2015,29(6):68-80.

[5] 陈志永.传统旅游目的地创新发展研究:以云南大理为例[J].贵州教育学院学报(社会科学版),2009,25(10):39-42.

[6] 程德年.古城旅游目的地品牌个性:苏州案例的实证研究[J].旅游研究,2016(4):56-63.

[7] 戴光全,梁春鼎.基于扎根理论的节事场所依赖维度探索性研究:以2011西安世界园艺博览会为例[J].地理科学,2012,32(7):777-783.

[8] 范钧,邱宏亮,吴雪飞.旅游地意象、地方依恋与旅游者环境责任行为:以浙江省旅游度假区为例[J].旅游学刊,2014,29(1):55-66.

[9] 费小冬.扎根理论研究方法论:要素、研究程序和评判标准[J].公共行政

评论,2008,1(3):23-43.

[10] 高静,焦勇兵.旅游目的地品牌差异化定位研究:基于品牌个性视角[J].旅游学刊,2014(3):49-57.

[11] 高静,章勇刚.基于目标市场的旅游目的地定位模式研究[J].旅游论坛,2009,2(3):433-438.

[12] 高静.基于旅游者网络点评分析的旅游目的地品牌个性研究:以城市滨水旅游目的地为例[J].北京第二外国语学院学报,2015(1):50-59.

[13] 高静.旅游目的地形象、定位及品牌化概念辨析与关系模型[J].旅游学刊,2009(2):25-29.

[14] 顾秀玲,张一,李丽梅.旅游广告干预对旅游目的地品牌个性的影响:基于乌镇案例的实证研究[J].资源开发与市场,2015(12):1549-1552.

[15] 侯历华,王晖,林蒙娜.基于感知的旅游目的地品牌个性研究:以青岛旅游品牌为例[J].经济与管理评论,2015(5):94-100.

[16] 胡宪洋,马嘉,寇永哲.大西安旅游圈旅游规模分布演变及空间特征[J].经济地理,2013,33(6):138-192.

[17] 黄向,温晓珊.基于VEP方法的旅游地地方依恋要素维度分析:以白云山为例[J].人文地理,2012(6):103-109.

[18] 贾衍菊,林德荣.旅游者环境责任行为:驱动因素与影响机理:基于地方理论的视角[J].中国人口·资源与环境,2015,25(7):161-169.

[19] 劳伦斯·纽曼.社会研究方法:定性和定量的取向[M].郝大海,译.北京:中国人民大学出版社,2007:180.

[20] 李根,段文军.基于IPA的桂林旅游目的地形象游客感知分析[J].中南林业科技大学学报(社会科学版),2014,8(3):1-5.

[21] 李天元,曲颖.旅游目的地定位主题口号设计若干基本问题的探讨:基于品牌要素视角的分析[J].人文地理,2010,25(3):114-116.

[22] 李天元.旅游目的地定位研究中的几个理论问题[J].旅游科学,2007,21(4):1-7.

[23] 李湘云,史怡,杨占东.基于网络游记分析的旅游目的地品牌个性研究:以中国优秀旅游城市成都为例[J].企业经济,2017(2):161-166.

[24] 李志飞,聂心怡.文化旅游地集体记忆对游客地方依恋的作用机理:以乌镇、平遥古城和凤凰古城为例[J].地域研究与开发,2018,37(3):95-100.

[25] 梁佳,吕兴洋,曲颖.形象趋同与个性趋异:资源同质目的地品牌差异化定位研究[J].人文地理,2016(5):113-118.

[26] 梁增贤,董观志.主题公园游客心理容量及其影响因素研究[J].人文地理,2011,118(2):139-143.

[27] 骆泽顺,林璧属.旅游情境下内隐-外显地方依恋模型研究:基于心理学视角[J].旅游学刊,2014,29(12):45-54.

[28] 潘莉,张梦,张毓峰.地方依恋元素和强度分析:基于青年游客的质性研究[J].旅游科学,2014,28(2):23-34.

[29] 普拉尼·利亚姆帕特唐,道格拉斯·艾子.质性研究方法:健康及相关专业研究指南[M].郑显兰,译.重庆:重庆大学出版社,2009.

[30] 钱树伟,苏勤,祝玲丽.历史街区旅游者地方依恋对购物行为的影响分析:以屯溪老街为例[J].资源科学,2010,32(1):98-106.

[31] 邱宏亮.基于TPB拓展模型的出境游客文明旅游行为意向影响机制研究[J].旅游学刊,2017,32(6):75-85.

[32] 曲颖,李天元.旅游目的地非功用性定位研究:以目的地品牌个性为分析指标[J].旅游学刊,2012(9):17-25.

[33] 任冠文.文化旅游相关概念辨析[J].旅游论坛,2009(2):159-162.

[34] 唐小飞,黄兴,夏秋馨,等.中国传统古村镇品牌个性特征对游客重游意愿的影响研究:以束河古镇、周庄古镇、阆中古镇和平遥古镇为例[J].旅游学刊,2011(9):53-59.

[35] 陶伟,陈慧灵,蔡水清.岭南传统民俗节庆重构对居民地方依恋的影响:以广州珠村乞巧节为例[J].地理学报,2014,69(4):553-565.

[36] 王坤,黄震方,方叶林,等.文化旅游区游客涉入对地方依恋的影响测评[J].人文地理,2013,28(3):135-141.

[37] 王晓庆.国内外旅游偏好研究综述[J].现代城市研究,2014,23(1):110-115.

[38] 许春晓,胡婷,周罗琼.文化旅游资源分类与评价:湘江带案例研究[J].旅游研究,2014(2):1-7.

[39] 杨昀,保继刚.旅游社区外来经营者地方依恋的特征分析:以阳朔西街为例[J].人文地理,2012,27(6):81-86.

[40] 余勇.体验经济时代森林公园游客消费心理特征探讨[J].陕西行政学院

学报,2008,22(1):68-70.

[41] 张宏梅,陆林,朱道才.基于旅游动机的入境旅游者市场细分策略:以桂林阳朔入境旅游者为例[J].人文地理,2010,114(4):126-132.

[42] 张洪,张燕.基于加权TOPSIS法的旅游资源区际竞争力比较研究:以长江三角洲为例[J].长江流域资源与环境,2010(5):31-36.

[43] 张洪波,徐艳.海南境外游客行为与旅游心理偏好特征分析[J].消费导刊,2009(12):2-4.

[44] 张林.态度与行为:社会不赞许行为的心理机制[M].杭州:浙江大学出版社,2016:21-24.

[45] 张妍妍,李君轶,杨敏.基于旅游数字足迹的西安旅游流网络结构研究[J].人文地理,2014,138(4):111-118.

[46] 张一,王玲,邵林涛,等.目的地品牌个性在乡村旅游地差异化竞争中的应用研究:以无锡荡口镇与华西村为例[J].资源开发与市场,2015(11):1401-1404.

[47] 张佑印.中国潜在海洋旅游者决策行为与预期偏好[J].资源科学,2016,38(4):588-598.

[48] AAKER J L. Dimensions of brand personality[J]. Journal of Marketing Research,1997,34(3):347-356.

[49] AJZEN I. The theory of planned behaviour[J]. Organizational Behaviour and Human Decision Processes,1991,50(2):179-211.

[50] ALTMAN I, LOW S M. Place attachment[M]. New York: Plenum Press,1992:1-12.

[51] ANDERGASSEN R,CANDELA G,FIGINI P. An economic model for tourism destinations:product sophistication and price coordination[J]. Tourism Management,2013(37):86-79.

[52] ANDERSON J C, GERBING D W. Structural equation modeling in practice. a review and recommended two-step approach[J]. Psychological Bulletin,1988,103(3):411-423.

[53] BALOGLU S, WEAVER P, MCCLEARY K W. Overlapping product-benefit segments in the lodging industry:a canonical correlation approach [J]. International Journal of Contemporary Hospitality

Management,1998,10(4):159-166.

[54] BANDURA A. Self-efficacy: the exercise of control[M]. New York: Freeman,1997.

[55] BAO J G,CHEN G H,LING M. Tourism research in China: insights from insiders[J]. Annals of Tourism Research,2014,45(1):167-181.

[56] BELLO D C,ETZEL M J. The role of novelty in the pleasure travel experience[J]. Journal of Travel Research,1985,24(1):20-26.

[57] BOYZTZIS R E. Transforming qualitative information: thematic analysis and code development[M]. Thousand Oaks: Sage Publication,1998:52-78.

[58] BREWER M B. The social self: on being the same and different at the same time[J]. Personality and Social Psychology Bulletin,1991,17(5): 475-482.

[59] BRICKER K S,KERSTETTER D L. An interpretation of special place meanings whitewater recreationists attach to the south fork of the American river[J]. Tourism Geographies,2002,4(4):396-425.

[60] BURNS A C,BUSH R F. Marketing research[M]. New Jersey: Prentice Hall,1995:68.

[61] BUTLER R. The concept of a tourism area cycle of evolution: implications for management of resources[J]. Canadian Geographer,1980, 24(1):5-12.

[62] CHATURVEDI A,CARROLL J D,GREEN P E,et al. A feature-based approach to market segmentation via overlapping k-centroids clustering [J]. Journal of Marketing Research,1997,34(3):370-377.

[63] CHEN N C,DWYER L,FIRTH T. Conceptualization and measurement of dimensionality of place attachment[J]. Tourism Analysis,2014, 19(3):323-338.

[64] CHUBCHUWONG M,BEISE-ZEE R,SPEECE M W. The effect of nature-based tourism,destination attachment and property ownership on environmental-friendliness of visitors: a study in Thailand[J]. Asia Pacific Journal of Tourism Research,2015,20(6):656-679.

[65] DEVINE-WRIGHT P. Beyond NYMBYism: towards an integrated

framework for understanding public perceptions of wind energy[J]. Wind Energy,2005,8(2):125-139.

[66] DOLNICAR S,CROUCH G I,LONG P. Environment-friendly tourists: what do we really know about them? [J]. Journal of Sustainable Tourism,2008,16(2):197-210.

[67] DOLNICAR S. Beyond "commonsense segmentation": a systematics of segmentation approaches in tourism[J]. Journal of Travel Research, 2004,42(3):244-250.

[68] DOLICAR S. Insight into sustainable tourists in Austria:data based on a priori segmentation approach[J]. Journal of Sustainable Tourism, 2004,12(3):209-218.

[69] EKINCI Y,HOSANY S. Destination personality:an application of brand personality to tourism destinations[J]. Journal of Travel Research, 2006,45(2):127-139.

[70] FESTINGER L. A theory of cognitive dissonance [M]. Stanford: Stanford University Press,1957.

[71] FORNELL C,LARCKER D. Evaluating structural equation models with unobservable variables and measurement error[J]. Journal of Marketing Research,1981,18(1):39-50.

[72] FROCHOT I,MORRISON A M. Benefit segmentation:a review of its applications to travel and tourism research[J]. Journal of Travel & Tourism Marketing,2000,9(4):21-45.

[73] GEORGE B P,GEORGE B P. Past visits and the intention to revisit a destination:place attachment as the mediator and novelty seeking as the moderator[J]. Journal of Tourism Studies,2014,15(2):51-66.

[74] GREIDER T,GARKOVICH L. Landscapes:the social construction of nature and the environment[J]. Rural Sociology,1994,59(1):1-24.

[75] GRIFFITH D A, ALBANESE P J. An examination of Plog's psychographic travel model within a student population[J]. Journal of Travel Research,1996,34(4):47-51.

[76] GRÖNROOS C. On defining marketing: finding a new roadmap for

marketing[J]. Marketing Theory,2006,6(4):395-417.

[77] HAILU G,BOXALL P C,MCFARLANE B L. The influence of place attachment on recreation demand[J]. Journal of Economic Psychology, 2005,26(4):581-598.

[78] HAIR J F,ANDERSON R E,TATHAM R L,et al. Multivariate data analysis with readings[M]. Englewood Cliffs:Prentice-Hall International, 1998.

[79] HALPENNY E A. Pro-environmental behaviours and park visitors:the effect of place attachment[J]. Journal of Environmental Psychology, 2010,30 (4):409-421.

[80] HAN H S,MYONG J,JINSOO H. Cruise travelers' environmentally responsible decision-making:an integrative framework of goal-directed behavior and norm activation process [J]. International Journal of Hospitality Management,2016,56 (3):94-105.

[81] HILGARD E R. Impulsive versus realistic thinking:an examination of the distinction between primary and secondary processes in thought[J]. Psychol Bull,1962,59(6):477-488.

[82] HINES J M,HUNGERFORD H R,TOMERA A N. Analysis and synthesis of research on environment behavior:a meta-analysis[J]. Journal of Environmental Education,1986,18(2):1-8.

[83] HOSANY S,PRAYAG G. Patterns of tourists' emotional responses, satisfaction, and intention to recommend [J]. Journal of Business Research,2013,66(6):730-737.

[84] HWANG C L,YOON K. Multiple attribute decision making[M]. Berlin Heidelberg:Springer,1981.

[85] JAMAL S A,OTHMAN N A,MUHAMMAD N M N. The moderating influence of psychographics in homestay tourism in Malaysia[J]. Journal of Travel &Tourism Marketing,2011,28(1):48-61.

[86] JANG S C,MORRISON A M,O'LEARY J T. A procedure for target market selection in tourism[J]. Journal of Travel & Tourism Marketing,2004,16(1),19-33.

[87] JANI D, J-H J, HWANG Y H. Big five factors of personality and tourists' internet search behavior[J]. Asia Pacific Journal of Tourism Research, 2014, 19(5): 600-615.

[88] JIANG S, SCOTT N, PEIYI D. Using means-end chain theory to explore travel motivation: an examination of Chinese outbound tourists[J]. Journal of Vocation Marketing, 2015, 21(1): 87-100.

[89] JIANG Y, RAMKISSOON H, MAVONDO F T, et al. Authenticity: the link between destination image and place attachment[J]. Journal of Hospitality Marketing & Management, 2016, 26(2): 105-124.

[90] JOHNS M, GYIMÓTHY S. Market segmentation and the prediction of tourist behavior: the case of Bornholm, Denmark[J]. Journal of Travel Research, 2002, 40(3): 316-327.

[91] JOON-WUK K P, HAEMOON O P. Effects of brand, price, and risk on customers' value perceptions and behavioral intentions in the restaurant industry[J]. Journal of Hospitality & Leisure Marketing, 2004, 11(1): 31-49.

[92] JORGENSEN B, STEDMAN R. Sense of place as an attitude: lakeshore owners' attitudes toward their properties[J]. Journal of Environmental Psychology, 2001, 21(3): 233-248.

[93] KALS E, SHUMAKER D, MONTADA L. Emotional affinity toward nature as a motivational basis to protect nature[J]. Environment and Behaviour, 1999, 31(2): 178-202.

[94] KARP D G. Values and their effect on pro-environmental behavior[J]. Environment and Behavior, 1996, 28(1): 111-133.

[95] KIL N, HOLLAND S M, STEIN T V, et al. Place attachment as a mediator of the relationship between nature-based recreation benefits and future visit intentions[J]. Journal of Sustainable Tourism, 2012, 20(4): 603-626.

[96] KIM S Y, LEHTO X Y. Projected and perceived destination brand personalities: the case of South Korea[J]. Journal of Travel Research, 2013, 51(1): 117-130.

[97] KOLLMUSS A, AGYEMAN J. Mind the gap: why do people act environmentally and what are the barriers to pro-environmental behavior? [J]. Environmental Education Research,2002,8(3):239-260.

[98] KOTLER P, BOWEN J, MAKENS J. Marketing for hospitality and tourism[M]. 2th ed. Upper Saddle River:Prentice Hall,1998.

[99] KOZAK M, MARTIN D. Tourism life cycle and sustainability analysis: profit-focused strategies for mature destinations[J]. Tourism Management,2012,33(1):188-194.

[100] KYLE G, GRAEFE A, MANNING R. Testing the dimensionality of place attachment in recreational settings[J]. Environment and Behavior,2005,37(2):153-177.

[101] LARSEN S C. Place identity in a resource-dependent area of northern British Columbia[J]. Annals of the Association of American Geographers,2004,94(4):944-960.

[102] LEE G, MORRISON A M, O'LEARY J T. The economic value portfolio matrix: a target market selection tool for destination marketing organizations[J]. Tourism Management, 2006, 27(4): 576-588.

[103] LEE T H. How recreation involvement, place attachment and conservation commitment affect environmentally responsible behavior[J]. Journal of Sustainable Tourism,2011,9(7):895-915.

[104] LI X P, LI X, HUDSON S. The application of generational theory to tourism consumer behavior: an American perspective[J]. Tourism Management,2013(37):147-164.

[105] LI X, MENG F, UYSAL M, er al. Understanding China's long-haul outbound travel market: an overlapped segmentation approach[J]. Journal of Business Research,2013,66(6):786-793.

[106] LITVIN S W. Revisiting Plog's model of allocentricity and psychocentricity one more time[J]. Cornell Hotel and Restaurant Administration Quarterly,2006,47(3):245-253.

[107] LIU Z P, SGGUAW J A, ENZ C A. Using tourist travel habits and

preferences to assess strategic destination positioning: the case of Costa Rica[J]. Cornell Hospitality Quarterly,2008,49(3):258-281.

[108] MA M, HASSINK R. An evolutionary perspective on tourism area development[J]. Annals of Tourism Research,2013(41):89-109.

[109] MANNELL R, ISO-AHOLA S. Psychological nature of leisure and tourist experience[J]. Annals of Tourism Research, 1986, 14(3): 314-331.

[110] MASIERO L, ZOLTAN J. Tourists intra-destination visits and transport mode: a bivariate probit model[J]. Annals of Tourism Research,2013(43):529-546.

[111] COOL S F. Planning for sustainable nature dependent tourism development: the limits of acceptable change system[J]. Tourism Recreation Research,1994,19(2):51-55.

[112] MENG B, HAN H. Effect of environmental perceptions on bicycle travelers' decision-making process: developing an extended model of goal-directed behavior[J]. Asia Pacific Journal of Tourism Research, 2016,21(11):1-14.

[113] MILLER G,RATHOUSE K,SCARLES C,et al. Public understanding of sustainable tourism[J]. Annals of Tourism Research,2010,37(3): 627-645.

[114] DAY J, SYDNOR S, JAFFE W, et al. The different shades of responsibility: examining domestic and international travelers' motivations for responsible tourism in India[J]. Tourism Management Perspectives,2014(12):113-124.

[115] MOORE R L, GRAEFE A R. Attachments to recreation settings: the case of rail-trail users[J]. Leisure Sciences,1994,16(1):17-31.

[116] MORGAN P. Towards a developmental theory of place attachment[J]. Journal of Environmental Psychology,2010,30(1):11-22.

[117] MORRISON A M. Hospitality and travel marketing[M]. 4th ed. Albany,Delmar Publishers Inc,1996:207; 392.

[118] MOSTAFA M M. Antecedents of Egyptian consumers' green purchase

intentions[J]. Journal of International Consumer Marketing,2006,19(2):97-126.

[119] MUMUNI A G,MANSOUR M. Activity-based segmentation of the outbound leisure tourism market of Saudi Arabia[J]. Journal of Vacation Marketing,2014,20(3):239-252.

[120] MURPHY L,MOSCARDO G,BENCKENDORFF P. Using brand personality to differentiate regional tourism destinations[J]. Journal of Travel Research,2007,46(1):5-14.

[121] OBERECKER E M,DIAMANTOPOULOS A. Consumers' emotional bonds with foreign countries: does consumer affinity affect behavioral intentions? [J]. Journal of International Marketing,2010,19(2):45-72.

[122] PAN B,LI X. The long tail of destination image and online marketing[J]. Annals of Tourism Research,2011,38(1):132-152.

[123] PAN L,ZHANG M,GURSOY D,et al. Development and validation of a destination personality scale for mainland Chinese travelers[J]. Tourism Management,2017(59):338-348.

[124] PARK J-Y, JANG S C. Psychographics: static or dynamic? [J]. International Journal of Tourism Research,2012,16(4):351-354.

[125] PAVELKA J. Plog in public: taking tourism theory to practice[J]. SCHOLE: A Journal of Leisure Studies and Recreation Education,2013,28(2).

[126] PERDUE P P. Target market selection and marketing strategy: the Colorado downhill skiing industry[J]. Journal of Travel Research,1996,34(4):39-46.

[127] PERUGINI M,BAGOZZI R P. The distinction between desires and intentions[J]. European Journal of Social Psychology,2004,34(1):69-84.

[128] PERUGINI M,BAGOZZI R P. The role of desires and anticipated emotions in goal-directed behaviours: broadening and deepening the theory of planned behaviour[J]. British Journal of Social Psychology,

2001,40(1):79-98.

[129] PIKE S,PAGE S J. Destination marketing organizations and destination marketing: a narrative analysis of the literature[J]. Tourism Management,2014(41):202-227.

[130] PIKE S. Tourism destination branding complexity[J]. Journal of Product & Brand Management,2005,14(4):258-259.

[131] PITT L F,OPOKU R,HULTMAN M,et al. What I say about myself: communication of brand personality by African countries[J]. Tourism Management,2007,28(3):835-844.

[132] PLOG S C. "One mo',once":a commentary on the Litvin paper on the Plog psychographic system[J]. Cornell Hotel and Restaurant Administration Quarterly,2006,47(3):254-259.

[133] PLOG S C. Why destination areas rise and fall in popularity:an update of a Cornell quarterly classic[J]. Cornell Hotel and Restaurant Administration Quarterly,2001,42(3):13-24.

[134] PLOG S. Why destination areas rise and fall in popularity[J]. Cornell Hotel and Recreation Administration Quarterly,1974,14(4),55-58.

[135] PLOG S. Why destination areas rise and fall in popularity:an update of a Cornell quarterly, classic[J]. Cornell Hotel & Restaurant Administration Quarterly,2001,42(3):13-24.

[136] PORIA Y,BUTLER R,AIREY D. Clarifying heritage tourism[J]. Annals of Tourism Research,2001,28(4):1047-1049.

[137] PROSHANSKY H M,FABIAN A K,KAMINOFF R. Place-identity: physical world socialization of the self[J]. Journal of Environmental Psychology,1983,3(1):57-83.

[138] RAMKISSOON H,MAVONDO F T. The satisfaction-place attachment relationship:potential mediators and moderators[J]. Journal of Business Research,2015,69(12):2593-2602.

[139] RAMKISSOON H,SMITH L D G,WEILER B. Testing the dimensionality of place attachment and its relationships with place satisfaction and pro-environmental behaviours:a structural equation modeling

approach[J]. Tourism Management,2013,36(6):552-566.

[140] RAMKISSOON H, WEILER B, SMITH L. Place attachment and proenvironmental behaviour in national parks: the development of a conceptual framework[J]. Journal of Sustainable Tourism, 2012, 20(2):257-276.

[141] REISINGER Y, TURNER L W. Cultural differences between Asian tourist markets and Australian hosts, part 1[J]. Journal of Travel Research,2002,40(3):295-315.

[142] RICHARDS G. Cultural tourism in Europe[M]. Wallingford: CABI Publishing,1997.

[143] RIES A, TROUT J. Positioning: the battle for your mind[M]. New York:McGraw-Hill,1986.

[144] ROLLERO C, PICCOLI N D. Place attachment, identification and environment perception: an empirical study[J]. Journal of Environmental Psychology,2010,30(2):198-205.

[145] ROSWINANTO W, STRUTTON D. Can vague brand slogans promote desirable consumer responses? [J]. Journal of Product & Brand Management,2014,23(4/5):282-294.

[146] SCANNELL L, GIFFORD R. Defining place attachment: a tripartite organizing framework[J]. Journal of Environmental Psychology,2010, 30(1):1-10.

[147] SCOTT D, WILLITS F K. Environmental attitudes and behavior: a Pennsylvania survey[J]. Environment and Behavior, 1994, 26(2): 239-260.

[148] SHAMAI S. Sense of place: an empirical measurement[J]. Geoforum, 1991,22(3):347-358.

[149] SHANI A, REICHEL A, CROES R. Evaluation of segment attractiveness by risk-adjusted market potential: first-time vs. repeat visitors[J]. Journal of Travel Research,2012,51(2):166-177.

[150] SIRGY M J, SU C-T. Destination image, self-congruity, and travel behavior:toward an integrative model[J]. Journal of Travel Research,

2000,38(4):340-352.

[151] SMITH S J. A test of Plog's allocentric/psychocentric model: evidence from seven nations[J]. Journal of Travel Research,1990,28(4):40-43.

[152] SMITH S J. Another look at the carpenter's tools:a reply to Plog[J]. Journal of Travel Research,1990,29(2):50-51.

[153] STAMOU A G, PARASKEVOPOULOS S. Images of nature by tourism and environmentalist discourses in visitors books: a critical discourse analysis of ecotourism[J]. Discourse & Society,2004,15(1):105-129.

[154] STEDMAN R C. Toward a social psychology of place: predicting behavior from place-based cognitions, attitudes, and identity[J]. Environment and Behaviour,2002,34(5):561-581.

[155] STERN P C, KALOF L, DIETZ T, et al. Values, beliefs, and proenvironmental action: attitude formation toward emergent attitude objects [J]. Journal of Applied Social Psychology,1995,25(18):1611-1636.

[156] STERN P C. Toward a coherent theory of environmentally significant behavior[J]. Journal of Social Issues,2000,56(3):407-424.

[157] SUNG H Y, MORRISON A M, O'LEARY J T. Segmenting the adventure travel market by activities:from the North American industry providers' perspective [J]. Journal of Travel & Tourism Marketing,2015,32(3):211-226.

[158] TKACZYNSKI A, RUNDLE-THIELE S R, BEAUMONT M. Segmentation:a tourism stakeholder view[J]. Tourism Management,2009,30(2):169-175.

[159] TONGE J, RYAN M M, MOORE S A, et al. The effect of place attachment on pro-environment behavioral intentions of visitors to coastal natural area tourist destinations [J]. Journal of Travel Research,2015,54(6):730-742.

[160] TONGE J, VALESINI F J, MOORE S A, et al. The relation between place attachment and management preferences of visitors at remote coastal campsites in Western Australia[J]. Visitor Studies,2013,16

(1):39-58.

[161] TUAN Y F. Topophilia:a study of environmental perception, attitudes and values[M]. Englewood Cliffs:Prentice Hall,1974.

[162] TUAN Y. Space and place:the Perspective of experience[M]. Minneapolis:University of Minnesota Press,1977.

[163] URRY J. The tourist gaze:leisure and travel in contemporary societies:second edition[M]. London:Sage Publications Ltd. ,2002.

[164] VEISTEN K,VIDERHAUKELAND J,BAARDSEN S,et al. Tourist segments for new facilities in National Park areas:profiling tourists in Norway based on psychographics and demographics[J]. Journal of Hospitality Marketing & Management,2015,24(5):486-510.

[165] WEAVER D B. Psychographic insights from a South Carolina protected area[J]. Tourism Management,2012,33(2):371-379.

[166] WEBER W. Outdoor adventure tourism:a review of research approaches[J]. Annals of Tourism Research,2001,28(2),360-377.

[167] WILLIAMS D R,VASKE J J. The measurement of place attachment: validity and generalizability of a psychometric approach[J]. Forest Science, 2003,49 (6):830-40.

[168] WONG J Y,LAI T C. Celebrity attachment and behavioral intentions: the mediating role of place attachment[J]. International Journal of Tourism Research,2015,17(2):161-170.

[169] YAN G,SO S-I,MORRISON A M,et al. Activity segmentation of the international heritage tourism market to Taiwan[J]. Asia Pacific Journal of Tourism Research,2007,12(4):333-347.

[170] YUKSEL A,YUKSEL F,BILIM Y. Destination attachment:effects on customer satisfaction and cognitive, affective and conative loyalty[J]. Tourism Management,2010,31(2):274-284.

[171] ZINT M. Comparing three attitude-behavior theories for predicting science teachers' intentions [J]. Journal of Research in Science Teaching,2002,39(9):819-844.

第三章 海南国际旅游岛纵深发展的"供给侧"品牌设计

本章探讨海南国际旅游岛纵深发展"品牌基础奠定"的第二项工作：品牌设计。按照美国市场营销协会的定义，"品牌就是一种名称、专有名词、标志、符号或设计，或是它们的组合，其目的是借以辨认某个销售者或某群销售者的产品或服务，并使之与竞争对手的产品或服务区别开来"。由此清晰可见品牌设计在目的地品牌化中的重要地位，它是品牌化庞大具体工作（即"品牌传播"）的核心依托和品牌差异化的关键物化展示载体。若没有这些载体，"品牌开发"的成果就无法被消费者获悉，它们充当了目的地品牌本体与消费市场感知的重要链接。因此，是否拥有醒目、高效的品牌承载物成为目的地品牌化发展水平的标志。

品牌本体要素形式多样，如名称、标志、包装、代言人等，但"口号"就是其中最为重要的要素。因为"名称"和"标志"具有无法深入诠释目的地本体思想、不易进行变更、无法反映品牌化的动态发展内涵的内在缺陷。20世纪80年代曾有过几次成功的目的地品牌化实践，其成功都是以深入人心的口号传播为基础的，如纽约的"I Love NY"、英国格拉斯哥的"格拉斯哥微笑更美"。"口号"虽小,在目的地品牌化中发挥的却是"四两拨千斤"的作用。所以本章对海南国际旅游岛纵深发展供给侧"品牌设计"问题的阐述就基于口号这一核心载体展开,它将成为本书为海南发展"升级转型"所贡献的重要理论智慧。正如 Pike 所描述的,"几乎每一个目的地都使用口号,表明它们很重要,却鲜有发表的文章论及这一问题"。目的地口号的作用情境、机理和要领是国内外研究中的一个"冷门",尤其是在中文研究情境下。早在 2006 年,张立建和甘巧林就通过实际调查指出我国旅游口号存在五大误区:语言夸张,名实不符;定位雷同,没有特色;面面俱到,重心难找;庸俗平淡,令人厌烦;语言晦涩,表达不清。然而至今旨在解决这些设计弊端的深入的、扎实的理论探索仍相当贫乏。尤其是近些年来各级旅游目的地都流行通过公众征集口号,看似节省了"品牌设计"成本,实质却使品牌化陷入类似于凭个人喜好和领导"拍脑袋"的非科学决策机制下。殊不知,若口号遴选失误,所带来的是围绕"口号"载体整合营销渠道所进行的广泛投资的巨大营销资金的付诸东流。

  本章内容共分 5 节:第一节介绍口号作为目的地"供给侧"核心品牌载体的基础理论知识,主要包括其具体作用、作用机理和作用情境。后面各节内容以识别和选择有效口号设计特点为切入点,探讨口号评价和设计的核心内容。第二节通过"剖析"我国优秀旅游目的地口号设计的核心模式与尺度差异来把握业界的主要设计范式和特征,做到有效地评价与借鉴当前口号设计模式,并借此挖掘口号设计的广阔"特点来源池"。第三节运用扎根理论方法提炼旅游口号设计特点的"内源性-外源性"结构,以便于对口号庞大"特点来源池"中的内容做到合理分类和有效管理。最后两节旨在指导在设计口号时如何科学地选择有效的设计特点。第四节指出突出口号的"被注意"性是口号设计时应首要解决的问题,引入认知心理学中的"衰减器模型"构建旨在减少筛检、提供口号被注意可能性的口号设计规则框架。第五节指导进一步筛选口号特点的原则,即要求其能同时发挥口号在品牌化中的"记忆"和"说服"效应,故该节以系统化设计遴选出 6 条国内海滨目的地的口号(3 个熟悉品牌+3 个不熟悉品牌)为素材,探索重要口号特点在"记忆"效应(口号识别)和"说服"效应(目的地访问意愿)上的表现情况以及"品牌熟悉"在这一过程中的调节性影响。

第一节 目的地"供给侧"品牌设计核心载体:口号

一、品牌口号的概念

综观作者检索到的国内关于目的地口号的研究文献,其对此概念的解释和应用一般都暗示口号是对目的地向市场所推出的自我形象的一种浓缩和展示手段,即强调了口号与国际旅游研究中通称的"投射形象"(projected image)之间的关系。但在另一方面,口号对"接收形象"(received image)(指旅游者心目中所持有的目的地形象)的实际影响则没有受到有效关注,而这恰恰是品牌化理论所强调的内容。

品牌最终是在消费者心中落户生根的东西,消费者对各品牌的不同心理认知决定了他们相应的差异化偏好和购买行为。品牌化理论中有一个核心概念——"品牌本体"(brand identity),Aaker将其界定为"品牌战略者希望创建或维持的一组独特品牌联想",即供给方期望品牌在消费者心中所形成的理想形象。这一理想形象的选定源于品牌化的战略基石——定位。在目的地品牌化中,首先要对目标市场、目的地资源和主要竞争对手进行综合分析来确定定位思想,继而选择一系列品牌要素来传达该定位主题和相应的品牌本体形象。在名称、口号、标志、包装、代言人等诸多品牌本体元素中,口号是最重要、最方便利用、最容易变更的那一种。Keller将作为品牌构成要素之一的口号界定为"传递有关品牌的描述性或说服性信息的短语"。在品牌传播中,品牌要素因其较高的使用频率始终肩负着向消费者投射理想形象以及弥合消费者所接收到的形象同品牌本体形象之间缺口的重要责任。

二、口号在目的地品牌化中的具体作用

(一)目的地口号的作用

明确了口号的品牌要素身份,还需了解其在目的地品牌化中所发挥的具体作用,才能有效把握口号设计的方向。根据品牌化理论,一个成功的目的地口号应能发挥对内、外部的双向沟通作用:外部沟通(即对外部目标游客的市场沟通)和内部沟通(即对目的地品牌化内部利益相关者的整合沟通)。内、外部沟通联系密切,皆意义重大。此双向沟通作用可通过图3.1来理解。

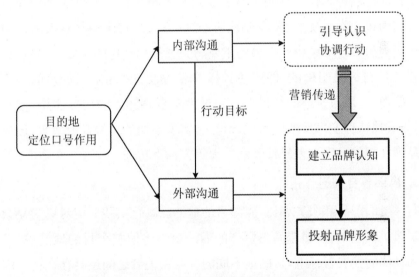

图 3.1　目的地定位口号所发挥的双向沟通作用

1. 外部市场沟通作用

口号作为品牌要素在其市场传播过程中应该能够成为有助于构建品牌资产的一种便捷的、高效的手段。目的地口号尤其如此,口号选择的成功与否就表现在它是否具备尽可能多地创建品牌资产的能力。具体地,目的地口号的外部市场沟通作用表现在:它可从两个角度帮助创建品牌资产——建立品牌认知和投射品牌形象。

(1)建立品牌认知。根据 Kohli 等的解释,口号可以起到"挂钩"或"把手"

的作用,能帮助消费者抓住品牌的含义,了解该品牌是什么,有哪些特别之处。可见,口号对于一个品牌来说最直接的功能就是建立品牌认知,使目标游客知晓关于该品牌的一些特定信息。在目的地品牌传播中,一般的营销活动都会围绕着对目的地口号的宣传来开展。这样,与普通的品牌要素相比,目的地方面会致力于使口号最大限度地接触到目标游客,频繁和突出地展示客观上使它更利于发挥建立品牌认知的作用。这一格外重要的使命事实上源于目的地口号作为核心品牌要素的地位。不过,口号能否有效地完成这项使命还取决于它在多大程度上得到了科学、合理的设计。

(2) 投射品牌形象。除了要创立基本的品牌认知外,口号还要尽可能为自身目的地投射一种积极的品牌形象。这一功能事实上是对口号设计有含义性的要求,其实现的过程与建立认知相辅相成、相互促进。目的地品牌传播可被看作从目的地品牌本体特征到消费者心目中形象投射的具体实现中介。目的地口号作为核心沟通要素,要有效地协助这一过程,就应将其有限的词句表达集中于对理想市场形象中几个最为重要的关键品牌联想的构建。同时,目的地形象投射的目标是明确的,即要使目标游客的感知利于对目的地的评价和选择。一般而言,形象投射的结果可以通过消费者感知到的内容实质、形象的好恶、强弱或独特程度来反映。因此,口号要实现预期的形象投射效果,还应在其核心品牌联想的强度和差异性展示能力等方面下功夫。

2. 内部整合沟通作用

与一般的产品和服务相比,旅游目的地的品牌化实践要应对更为复杂的局面。虽然从长远来看,塑造品牌资产的做法最终将使整个目的地受益,但是在短期和具体的发展目标上,目的地不同的利益相关者之间还会存在一定的矛盾和冲突。而且,目的地旅游主管机构对于各公私部门的现实运作和整体质量管理通常很难有实际的操控能力。这样,目的地品牌化必须注重对其内部利益相关者的整合沟通。内部利益相关者包括与目的地接待工作相关的各旅游企业、政府部门,此外还包括直接或间接支持旅游业发展的任何个人或组织以及更广泛的当地社区居民。目的地品牌的愿景和实施计划必须为各内部利益相关者所知晓、认同、支持,任何自上而下的品牌化实践都极易失败。

只要设计得当,口号应该能够成为协助实现这一目标的有利手段。以口号为依据,营销工作者可以清楚地知道他们在向旅游者推荐什么,推荐的产品特质如何能够赢得旅游者的青睐。口号还是一种平台,有了对它的深刻理解,目的地管理组织在其持续的品牌管理过程中就能够适时地推出系列产品品牌,衍生出针对不同细分市场、不同时节的各种旅游宣传口号。这就是李山和王铮对旅游形象口号作"理念口号"和"营销口号"之分的内在含义。这些都是口号发挥内部整合沟通作用的体现。

(二)目的地口号的外部沟通作用机制

要明确口号对外沟通作用的实现须理解品牌资产的形成原理。根据Keller的界定,基于顾客的品牌资产就是品牌知识对于顾客对品牌营销的反应所产生的影响作用。因此,"品牌知识"是创建品牌资产的关键,营销人员必须找到一种能使理想品牌知识留在顾客记忆中的方法。心理学的关联网状记忆模型认为,记忆由节点和相关的链环组成,节点代表储存的信息和概念,链环代表这些信息要领之间连接的强度。这样,品牌知识便可理解为由记忆中的品牌节点和与其相关的链环组成。品牌信息节点在接收外部信息或在处理内部信息时被激活,当超过一定阈值时,该节点的内容就被回想起来。激活的传递依赖于与该节点相连的链环的数目和强度。通过扩展该模型,品牌知识的建构就取决于两个部分:品牌认知和品牌形象。品牌认知与记忆中品牌节点的强度有关,它反映了顾客在不同情况下确认该品牌的能力。品牌认知一般从两个方面来测量:"品牌识别"(brand recognition)和"品牌回想"(brand recall)。品牌识别指在提供一系列品牌名称的情况下,消费者从中辨别出他们以前知道的品牌的能力。品牌回想指在不出现品牌名称的情况下,通过适当的产品目录或其他相关购买或消费提示,消费者能在记忆中找出某品牌的能力。一般地,品牌回想要难于品牌识别,代表着更高的品牌认知层次。品牌形象可被定义为顾客对品牌的感觉,它反映为顾客记忆中关于该品牌的联想。品牌联想就是记忆中与品牌节点相关联的其他信息节点,它构成了顾客心目中的品牌含义。积极品牌形象的塑造就是要将强有力的、偏好的、独特的联想与顾客记忆中的品牌联系起来。虽然在不同决策情境下的品牌认知和品牌形象对品牌资产效应的发挥起着不同的决定作用,但从总体上讲,它们共同建构了品牌知识,成为品牌资产的来源。因而,在对外部市场的沟通上,口号等所有品牌要素的作用都旨在通过一致、频繁的展示来提升顾客的品牌认知和品牌形象。图3.2勾勒了目的地口号的外部沟通作用机理。

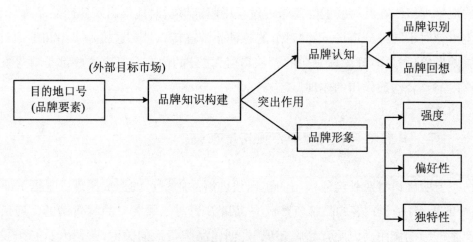

图 3.2 目的地口号的外部沟通作用机制

但是,品牌化过程中各品牌要素客观上承担的功能还有一定区别。根据一般品牌理论,品牌名称是一个品牌本体的最基本表现形式,是品牌联想的基点,可以蕴含丰富的品牌内涵。但对目的地而言,品牌名称就是当地的实际地名,通常无法与品牌定位之间建立清晰的联系。尽管有个别城市出于营销目的对其地名进行了更改,如安徽省徽州市1987年改名为黄山市,但绝大多数目的地受历史、政治等因素影响都难以更换。事实上,在目的地营销中,口号和标志才是两个最主要的本体要素。标志通过视觉语言的优势,可帮助品牌在不同地域市场中被迅速、广泛地识别,但也有其内在缺点。目的地标志设计的源头一般为当地某个有特点的建筑物、流传已久的实物图标、地名的艺术书写体或其他抽象性标志。这些图标经过长期的品牌传播虽然也被赋予一定程度的品牌联想,但它们主要还是作为目的地整体的、稳定的标志符号,无法对产品信息做出较多描述,因而在塑造品牌形象的能力上有所局限。"目的地口号"恰恰可以填补这一空白,它能够且一定阐述了与产品形象有关的内容,使品牌含义的传递成为可能。在这个意义上,口号可对一个品牌本体发挥独特的重要作用。这也正是Kohli等所说的"口号可充当抓住品牌含义继而了解品牌独特之处的'挂钩'或'把手'"这句话的含义所指。

（三）目的地口号的外部沟通情境：旅游者决策过程

目的地品牌化的最终目标是要通过其构筑的强大品牌资产来影响消费者的决策过程，使他们做出对品牌的有利评价和选择。目的地口号是目的地品牌内涵的外在表现载体，应该能够成为帮助实现这一目标的有效手段。因而，目的地口号设计者必须深入了解旅游者进行决策的内在过程，以明确什么样的口号便于帮助目的地赢得旅游者的青睐。在目的地营销研究中，旅游学者对目的地决策过程的认识主要借鉴和拓展了一般营销研究在该领域的基本范式。虽然消费者的决策过程多年来仍然是无人能充分破解的"黑匣子"，但众多学者从不同角度的透视为更加全面、深入地理解这一问题奠定了基础。

从目的地决策研究领域的基本情况来看，这种循序渐进、日趋丰富的研究进展主要表现为：从传统的"结构导向"（structure-orientation）的选择域模型到晚近对该范式所做出的一些拓展性修正，而这些修正观点所遵循的基本思路则一般被认为是与"结构导向"相对应的"过程导向"（process-orientation）。

1. "结构导向的"选择域模型

（1）目的地选择域的结构。"选择域"（choice sets）的概念是大多数旅游者目的地选择过程模型的核心。这一概念最初是由 Howard 在消费者行为研究的文献中提出的，后来得到众多学者的阐释、应用和拓展。Howard 对消费者决策过程解释的基本观点为，面临市场上全部可供选择的品牌，消费者首先会将它们分为两类：个体的知觉域（awareness set）和非知觉域（unawareness set）。所谓"知觉域"指的是消费者在任何给定的时间内可以知觉到的品牌，而"非知觉域"中包含的是所有那些消费者不能知觉到的品牌（即不被消费者识别的品牌）。对于知觉域中的大量供选品牌，消费者会通过信息搜寻、处理和评估排除部分选项，使其范围逐渐缩小，形成激活域（evoked set）。激活域中包含的是那些消费者在其决策过程中会切实予以考虑的品牌。最后，消费者从激活域中选择出一个其所真正购买的品牌。由于 Howard 对于"知觉域"和"非知觉域"的解释偏于简略，消费者行为研究领域的其他学者又继而提出了一系列"子域"（subsets），以更加详细地阐释这一"漏斗过程"是如何发生的。其中被经常引述的有 Narayana 和 Markin 提出的"难定域"（inert set）、"否决域"（inept set); Spiggle 和 Sewall 提出的"行动域"(action set)、"无行动域"(inaction set)和"互动域"(interaction set)、"无互动域"(quiet set)。

Woodside 和 Sherrell 最先将 Howard 的选择域概念引入对消遣旅游决策过程的解释。他们重新界定了旅游研究背景下的选择域结构，提出用以替代知觉域的更为合理的"可知觉域"(awareness-available)的概念。他们认为潜在游客了解的目的地数量可能会相当多，因而从务实的意义上讲，知觉域的概念不太适用于旅游者的决策过程。"可知觉域"引入了"旅游可能性"这一陈述，完全修正并缩小了原有的知觉域定义范围。其概念内涵为：旅游者相信在一定时期（如一年）内有前去旅游可能性的目的地。

Woodside 和 Lysonski 提出了一个更为恰当的术语来描述此类目的地范畴，即"初期考虑域"(early consideration set)。那些被个体所知觉到的，但在某一特定时期内未被考虑为可能的目的地就构成了"初期排除域"(early exclude set)。在从"初期考虑"到"激活域"或"后期考虑域"(late consideration set)的形成过程中，旅游学者同样引入了消费者行为研究领域的新进展，对目的地决策过程中相应的各个子域做出了界定。所谓"难定域"是指旅游者对其既无好感亦无恶感的那些目的地。其中包含两种情况：一种情况是，潜在游客曾经听说过一些有关该目的地的情况，并且初步感兴趣，从而将该目的地纳入到自己的初期考虑域，但最终因为信息不够充分而无法做出评价；另一种情况是，对于某些目的地，消费者虽然掌握足够的信息，但认为没有必要作进一步分析。无论属于以上所述的哪种情况，潜在游客都难以决定在给定时期内会去这些目的地访问。所谓"否决域"指的是消费者在给定时期内会放弃考虑的那些目的地。难定域和否决域中的目的地构成了旅游者决策的"后期排除域"(late exclude set)。据调查，能够成功地经过消费者的排除机制，真正进入后期考虑域的旅游目的地平均数仅为 3.4 个。当旅游者在后期考虑域中做最终选择时，他们同样会对入选该子域的所有目的地进行优先程度的比较和层次划分。在这个过程中，由于各种原因，消费者会对一些选项逐渐失去兴趣，认为它们不再值得考虑，而对另一些选项则继续积极地进行信息搜寻、评估和选择。这样，通过行动域、无行动域、互动域、无互动域等更加细化的子域的建立，旅游者最终将挑选出一个预期能给他们带来最满意体验的目的地。通过对以选择域概念为核心的主要旅游者目的地决策模型进行整合分析，大体上可归纳出旅游研究中的目的地选择域结构，如图 3.3 所示。

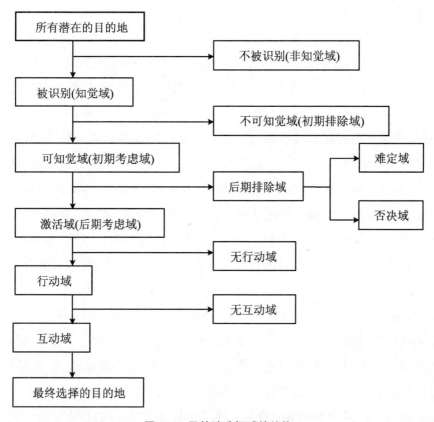

图 3.3　目的地选择域的结构

（2）选择域模型对目的地品牌化工作者的营销启示。选择域模型所强调的核心观点为：对于市场上所有可供选择的目的地，旅游者会在其心目中有意识地进行分类。分处在不同类别之中的目的地，将受到旅游者不同的对待方式。这一范式关注于目的地在旅游者决策过程中被分类筛选的基本结构，因而被称作"结构导向"。其对目的地营销的基本借鉴意义为：目的地营销组织可通过调研工作的开展来确定自身目的地处于欲吸引的目标游客群体选择域结构中的哪一子域，从而把握其"何时被排除""如何被排除"的基本机制，为"防止排除"的对策提供思路。

根据目的地选择域结构，目的地品牌化工作者的首要目标是积极打造和提升其品牌知名度。在品牌学中，Aaker 将"品牌知名度"（brand awareness）定义为：潜在购买者认识到或记起该品牌是某类产品的能力。品牌知名度具有三个不同的层次。最低层次是"品牌识别"（brand recognition），指在提供一系列品牌名称的情况下，消费者能够从中辨识出他们以前听说过的品牌。第二层次是

"品牌回想"(brand recall),指对于某一产品类别,消费者在没有帮助的情况下能够回想起的品牌名称。第三层次是"铭记于心"(top of mind),指在不提供帮助时消费者所能回想到的第一个品牌。这是一个特殊的状态,确切地说,该品牌在人们心目中的地位高于其他品牌(当然,紧随其后的是其他品牌)。在旅游者进行目的地决策时,他们首先会关注自己所知晓的那些品牌。在这个初始阶段,是品牌识别在发挥关键作用。当目的地通过消费者知觉域的筛选,在其选择域结构中逐渐向下"行进"时,品牌知名度的不同层次对于该目的地"最终能走多远"同样具有重要影响。作为品牌资产的一个重要来源,品牌知名度不只是被消费者所识别的问题,它还负载了关于该品牌的诸多信息:如品牌联想、品牌牢靠负责、品牌是令人熟悉和喜欢的、品牌可直接作为备选项,等等。总之,品牌知名度的层次越高,代表该品牌在消费者心目中的地位越高,消费者的购买意向就越强。这一点已经被很多调研结果所证实,主要表现在:人们在调研中发现,在不加任何提示的情况下,被消费者首先想到的那些品牌往往会成为其优先选择的对象;消费者切实予以考虑的备选组不包含那些不具有品牌回想力的品牌。其次,目的地品牌化工作者应该注意到,虽然能够进入"激活域"中的目的地数量非常少,但消费者最终的确是要基于这一子域做出自己对出游目的地的选择。根据基于物质消费品开展的相关研究,那些被排除于激活域之外的品牌尽管也存在被选择的可能性,但其概率通常不足1%。因而,目的地营销者的核心要务应是通过采取适当的措施来使自身目的地成功进入关乎成败的"激活域"。对此,我们需要把握并利用决定某一目的地能否进入消费者"激活域"的关键筛选机制。同样,在"激活域"中的各目的地进行最后"角逐"时,也存在着影响消费者选择某一特定目的地而非其他目的地的营销技巧的问题。所有这些内容,都需要目的地品牌化工作者在把握整体结构方向的前提下再进行深入研究。

2. 基于"过程导向"的研究思路对选择域模型的拓展性修正

(1)对传统选择域模型的评论。随着人们对旅游者决策过程认识的逐渐深入,一些学者发现传统的"选择域"模型无法涵盖更为广泛的决策情境和影响变量。他们认为,这些模型实质上是一种高度结构化、信息充分、理性和程序化的概念构架。其假设前提为:由于潜在的高额成本和风险性,旅游者的度假决策将是一个需要其高度介入的广泛性决策过程;同时,旅游者都是理性的决策个体,他们会通过信息搜寻、处理,对各个备选项进行详尽评估,从中选出能给他们带来最大化效用的目的地。这些模型有一定的阐释功能,但忽视了对旅游者同消费情境互动关系的把握以及在决策中具有重要影响的旅游者的幻想、感觉和乐趣。选择域模型仅强调了目的地在旅游者心目中的分类结构,却没有对旅游者如何接收和排除的具体选择过程进行解释。因而,"我们需要补充引入一种更注重情境因素和体验因素的观点,不仅需要关注对旅游者心理变量的分析,而且还要注意到消费者究竟是怎样形成认知、情感判断、购买倾向、实践和购后评价的"。

(2)对传统选择域模型的修正。针对新近遵循"过程导向"的研究思路对旅游者决策行为开展研究并提出的一些观点,不少学者都在其研究中尝试从不同的侧面予以证实和完善。如 Hyde 和 Lawson 通过实际调查发现,散客旅游的内在本质是非结构化的,旅游者的行程安排是不断变化的,他们希望体验意想不到的经历,而不是事先安排好的各项决策。Andsager 和 Drzewiecka 进行实证研究的结论为:对目的地不熟悉的旅游者在决策过程中倾向于采用认知评价,而熟悉的旅游者则倾向于进行情感评价。凡此种种,笔者不再列举。下面重点引述 Goossens 和 Prentice 的研究,一方面因为他们在传统的选择域模型中纳入了新的决策影响变量,较好地从"过程导向"的研究思路实现了对传统模型的修正;另一方面是因为其对本研究的写作思路具有特殊启发意义。

Goossens 提出了一个目的地决策的"享乐旅游动机模型"(hedonic tourism motivation model)。其研究的前提认识为:由于目的地通常难以影响来自旅游者自身的"推力"动机,因而在营销沟通意义上,研究者们关注旅游行为的拉力因素是易于理解的。但是,他们忽视了旅游者追求愉悦(pleasure-seeking)和情感(emotional)方面的动机。通过对动机研究的回顾,Goossens 提出在对目的地决策的影响机制上,推力和拉力就如同一个硬币的正反面,拉力动机是对旅游者自身推力动机的反应和强化。旅游者首先是在某种未被满足的"需要"的驱动下在其周围环境中寻找能够帮助解决这种不适感的"符号";而当旅游者通过各种信息来源了解到目的地特质有利于满足这种"需要"时,目的地方面的拉力才会产生。因而,如果对旅游者"推力"动机的认识不够全面、深刻,目的地在其营销信息中就难以有效地为旅游者提供其所感兴趣的"符号",那么旨在创造"拉力"的信息传播的实际效果就有待商榷了。Goossens 进一步指出,消遣旅游本身就是一个积极的主观体验过程,想象、白日梦、情感、欲望和感觉等体验要素在其中发挥重要作用。因此,旅游者进行目的地决策时将被自身的情感需要所"推动",继而在各备选目的地的营销信息中搜寻可感知的情感利益。一旦发现有其需要的相关"符号",旅游者将迅速进入一种被吸引、唤醒或激活的"介入"(involvement)状态。"介入"具有驱动属性,可引发消费者进行积极的信息搜寻、处理和决策制定等行为。在这一系列行为过程中,消费者便获得了其所希冀的感官形象、幻想、情感激发等"享乐反应"(hedonic response)。在Goossens的模型中,情感驱动同旅游者对目的地属性的认知介入是同时进行的,而且"享乐反应"可以较大地影响旅游者的行为倾向。在某些情境下,旅游者对目的地持有的情感和感觉本身就足以激发他们做出现实的选择。此时,旅游者的决策基础发生了改变,积极的感官体验或被唤起的个人情感联系已经替代了对目的地属性进行理性评估的必要性和可能性。当然,为了以更普遍也更为谨慎的方式来解释这一问题,Goossens 在其模型中还是将旅游者"享乐反应"的这种促动作用界定为是对其认知评估的一种"过滤",它积极影响了旅游者对目的地的综合评价,该模型如图 3.4 所示。

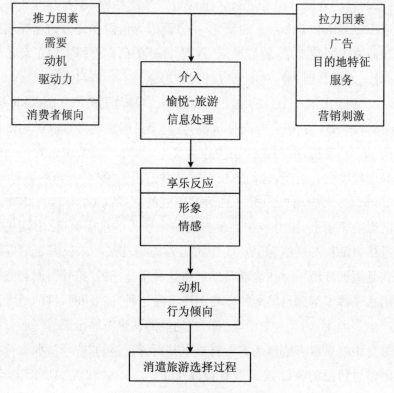

图 3.4 Goossens 的享乐旅游动机

Prentice 对传统选择域模型的修正主要表现在两个方面:第一方面,通过对前人研究的回顾,Prentice 发现旅游者对目的地情况的"熟悉"(familiarity)常常能够较好地解释他们何以会对特定目的地产生访问倾向,这在不少对初次游客和重游客目的地形象的比较研究中都得到了印证。鉴于此,他借鉴 Pham 提出的以情感为基础的决策模型的基本思想,将"熟悉"所引发的情感联系界定为是一种对决策制定的有用信息,从而将其纳入传统的目的地决策模型中。第二方面,Prentice 对传统营销思想中占主导地位的"独特卖点"(unique selling points)概念进行了反思和调整。他指出,这种被广为推崇的 USPs 概念更准确地说应被界定为"独特效用卖点"(UUSPs—unique utility selling points)。其暗含的两个假设前提为:① 消费者需要了解各备选产品的属性在提供效用上的差异;② 消费者的选择过程可以通过他们对效用差异的感知来进行描述。这样,产品基于自身属性所能提供的不同功能效应就成为其市场吸引力的来源,营销的重心也就被放在对自身属性的明确界定上。Prentice 认为,传统的 USPs 观念及其应用存在着较大的主观性和片面性。一方面,所谓"提供独特效用的属性"应是在竞争目的地之间进行比照的结果而非简单的自我界定;另一方面,这一观点也无法对更加多元化的消费者选择行为做出合理解释。因而,Prentice 强调独特性的比较原则,并赋予传统的 USPs 概念以全新的、更为宽泛的内涵。其拓展后的 USPs 概念共包含三个方面:独特效用卖点(UUSPs)、独特体验卖点(UESPs—unique experiential selling points)和独特象征卖点(USSPs—unique symbolic selling points)。Prentice 的"整合选择域模型"如图 3.5 所示。

　　(3)"过程导向"研究思路对目的地品牌化工作者的营销启示。"过程导向"的研究思路旨在从更加细致和贴近现实的角度来认识旅游者的目的地选择过程。个体旅游者的决策行为是复杂而多样化的,远非某个单一理论模型所能全部概括和充分"破解"的,但是学者们在各个具体侧面的深入研析都能成为帮助我们窥测"全貌"的有益积累。这也正是"过程导向"研究思路对目的地品牌营销工作开展的特别启示所在。

　　首先,情感、愉悦和自我表现等方面的动机已被认可为现代享乐消费不可或缺的一部分。所以,我们有理由推断:旅游者在进行目的地挑选时会自然而然地"审视"各备选项中所暗含的情感和象征性利益。因而,目的地品牌化工作者必须拓宽其传统的营销思路,认识到影响旅游者做出决策的不仅仅是产品的

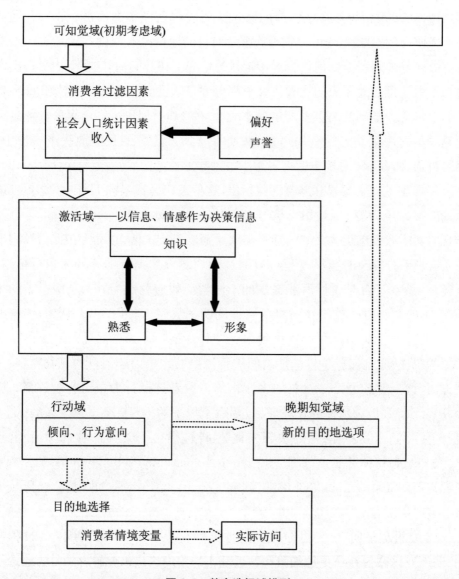

图 3.5 整合选择域模型

功能效用,通过提供能满足需要的情感和自我表现方面的利益,目的地同样可以具备较大的提升吸引力的空间。其次,虽然由于旅游者受不同人格特质和具体情境的影响,我们难以对情感和自我表现动机在目的地选择中到底能发挥多大作用做出规律性推断,但可以肯定的一点是,如果目的地能够创意性地激发旅游者产生"享乐反应",将无疑为其成功入选创造优势。这一点在旅游者仅凭其情感或感觉就做出选择的情境下得到了极致的体现。因此,在强调产品功能效用的同时,通过一切可能的途径来调动旅游者的"情感共鸣"或"心理向往",

将会使目的地营销宣传的市场效果更加理想。Aaker对品牌概念不同描述的实验研究也得出了相同的结论。实验中分别采用三种不同的方式来描述某一品牌概念：第一种，描述指出产品所提供的两种理性利益；第二种，描述指出两种心理利益；第三种：描述指出一种理性利益和一种心理利益。之后要求品牌使用者列出这三个概念中的最佳品牌概念，并按照将某一概念被列为最佳品牌概念的百分比来评价不同的描述方式。通过使用多个行业的品牌来重复进行该实验，结果显示：在被列为最佳品牌概念的描述特征上，纯理性诉求优于纯心理诉求，但是将理性利益和心理利益结合在一起则具有更明显的优势。因此，可以认为，在营销宣传中注重对效用动机和情感、自我表现方面动机的兼顾是"享乐反应"过滤作用给我们的最务实的营销启示。

第二节　我国优秀旅游目的地口号设计的核心模式与地域尺度差异

一、引言

旅游市场竞争日趋残酷和目的地功能日趋同质，使"品牌化"成为当代目的地竞争的重要课题。作为品牌本体要素和目的地诱导形象的关键"启发"（priming）工具，几乎每个目的地都在使用口号，凸显了口号研究的理论价值和实践意义。然而，针对旅游目的地口号设计的专门研究却很有限。就笔者的接触范围而言，目前尚无学者基于对我国旅游口号的全面分析提出口号的系统化设计要求。

有限的国内外研究多从单一学科（如语言学）或设计特点（如比喻修辞法、模糊性）的视角入手，旨在评析口号整体作用机制中的某一特定部分。然而，旅游口号的设计越发显示出包括多重设计特点和应用多学科原理的倾向，单一视角的研究或评价难免有失偏颇，有可能导致"一叶障目"的结果。鉴于此，本研究采用多特点、多学科的整合视角构建我国优秀旅游目的地口号的分析框架，旨在通过内容分析实现以下研究目标：① 挖掘我国优秀旅游目的地口号的核心设计模式；② 开展基于地域尺度的优秀旅游目的地口号设计模式对比。③ 根据分析结果提出我国旅游口号的系统化设计要求。

二、文献综述

旅游口号被定义为向旅游者传达目的地品牌描述性和说服性信息的简短语言，在目的地和旅游者之间起核心联结作用，以助力于两大目标的实现：① 创造、提升或改变品牌形象；② 增强品牌识别，即定位或重新定位。国外文献主要从上述两个目标入手，以有利于某一特定维度（即"口号回想"或"口号形象打造"）为切入点，利用 USP 理论、转换生成语法和利益相关者等理论，测量和分析口号的有效性。国外极少有学者开展对旅游口号整体设计模式的归纳或评判研究。

国内旅游口号研究则是 20 世纪末作为旅游形象设计的分支发展起来的，其大部分文献都是为地方政府的实际旅游规划需要服务的。这一主要文献类别可被理解为是以"说什么"为研究导向的，从某一目的地的旅游资源、游客感知或区域竞争者状况出发，设计具体的旅游口号。第二类文献数量较少，但同样特点突出，着眼于"怎么说"的问题。其主要是从口号结构、语言特征或独特销售主张中的某一视角对多个目的地口号进行分类和评价，得出口号的优劣排比结果。很明显，第一类研究仅从特定目的地出发，其口号设计经验和理念缺乏广泛的外推效度；第二类研究的单一设计特征视角忽视了"口号-消费者"作用过程中多特征交叉互动的自然属性。而且，这两类研究在很大程度上是独立开展的，各行其道，没有形成统筹的融合性研究思维，未产出具有整体贡献力的成果。

鉴于此，本研究秉持旅游口号设计中多特征和多学科原理互动的视角，基于口号整体分析框架的开发，对涵盖我国省域、城市、景区的 1 133 个旅游口号进行实证性"内容分析"。对口号核心设计模式的提炼及地域尺度的比较便于发现优势和不足，以更好地统筹把握口号应该"说什么"和"怎么说"的问题。

三、研究设计和样本情况

（一）研究设计

内容分析法的本质是编码，它是一种将不系统的、定性的符号性内容（如文字、图片等）转化为系统的、定量的数据资料的研究方法。对于本研究而言，其应用过程如下：

(1) 确定研究问题。即旅游口号的核心设计模式是什么？其设计模式在地域尺度上的分化情况如何？

(2) 抽样。笔者通过网络搜索我国各目的地的旅游政务网、资讯网等，共搜集到1 133条口号（含省域、城市和5A级景区3个层次）。需强调指出的是，5A级景区在此被认定为一类旅游目的地是基于此概念的实质内涵，因为知名景区本身就具备吸引游客来访、为其提供完整旅游经历的属性。省域优秀旅游目的地的判定标准主要基于其旅游业兴盛程度、旅游营销投入水平等因素。这些目的地代表了当前我国积极进行旅游品牌化营销的实体，其口号设计理念和成果往往成为其他目的地学习或效仿的对象。

(3) 建构类目与量化系统。本研究从整合视角构建旅游口号设计的分析框架。一级指标共6个，包括字词选用、句法表达、韵律节奏、目的地联系、销售主张和语义诉求，涵盖宏观、微观语言学，营销学，消费者行为学等多学科的原理应用；二级指标共26个，如表3.1所示。

(4) 编码处理和统计分析。由笔者和1名旅游管理专业硕士研究生共同进行编码，随机抽选检测信度，交叉信度较高（0.88＞0.80）。继而，对各指标选项编码，如微型口号＝1，短型口号＝2，……，超长型口号＝5。为保证数据处理过程的系统化，采用SPSS软件辅助数据编码工作，采用ROSTCM 6软件辅助进行数据分析工作。

表 3.1 我国优秀旅游口号设计分析框架

维度	视角	指标	选项编码	指标来源
A1 字词选用	微观语言学特征	B1 文字长度	微型口号=1/短型口号=2/中型口号=3/长型口号=4/超长型口号=5	综合：Garrido,Ramos(2006),Galí 等(2016),肖敏(2011),贾垚焱(2016)
		B2 词性	实词=1/虚词=2	参考：Galí 等(2016)
		B3 名词类别	具体词=1/抽象词=2	曲颖
		B4 动词类别	心理活动及情感类动词=1/情态动词=2/判断动词=3/存在动词=4/行动动词=5/趋向动词=6/动词否定=7	参考：张美霞(2015)
		B5 晦涩字词	是=1/否=2	曲颖
		B6 语言呈现	中文=1/中英文混合=2/中文和数字混合=3/中英数混合=4	参考：牛永革(2009)
A2 句法表达	句法学和修辞学特征	B7 句式结构	单句结构=1/对举结构=2/排比结构=3/双句非对称结构=4/三句及以上的非对称=5	综合：马梅(2004),石岩(2008),谢朝武(2010)
		B8 词语结构	完全句=1/偏正短语=2/动宾短语=3/动补短语=4/主谓短语=5/介宾短语=6/复指短语=7/连动短语=8/联合短语=9	综合：余足云(2006),谢朝武(2010),贾垚焱(2016)
		B9 修辞手法	比喻=1/对仗=2/复辞=3/嵌字=4/夸张=5/列锦=6/双关=7/反复=8	综合：余足云（2006）,董皓(2013)
		B10 语气类别	陈述=1/感叹=2/祈使=3/疑问=4	综合：谢朝武(2010),李晓群(2012)

续表

维度	视角	指标	选项编码	指标来源
A3 韵律节奏	语音学特征	B11 尾字音韵	平声＝1/仄声＝2	参考：陈洁光等(2003)
		B12 韵脚整齐	是＝1/否＝2	参考：李晓群(2012)
		B13 音步结构	奇音步＝1/偶音步＝2/偶音步＋偶音步＝3/奇音步＋奇音步＝4/偶音步＋奇音步＝5/偶音步＋偶音步＝6/其他音步类型＝7	综合：张斌(2008)，董皓(2013)
		B14 音节对称	三字对称＝1/四字对称＝2/五字对称＝3/六字对称＝4/七字对称＝5/八字对称＝6/其他类型对称＝7/非对称＝8	参考：吴娜娜(2016)
		B15 声调协调	平仄相间＝1/一平到底＝2/一仄到底＝3	综合：张斌(2008)，董皓(2013)
A4 目的地识别	定位理论	B16 地理信息	信息脱离型＝1/信息涵盖型＝2	综合：Donaire, Galí (2012)，谢朝武(2010)，贾垚焱(2016)
		B17 旅游目的地名称分类	全称＝1/缩略名称＝2/别称＝3/不含有名称＝4	综合：Kohli 等(2007)，Galí 等(2016)
		B18 旅游目的地名称位置	分放不同位置＝1/在开端位置＝2/在结尾位置＝3/在非开端和结尾位置＝4/不含有目的地名称＝5	综合：Ortega 等(2006)，Galí 等(2016)
		B19 内容导向	供给导向型＝1/需求导向型＝2/复合型＝3	综合：Garrido, Ramos(2006)，李燕琴等(2004)

续表

维度	视角	指标	选项编码	指标来源
A5 独特销售主张	USP理论	B20 价值命题	表达广泛而含糊的价值命题=1/表达目的地常见的共有属性=2/表达目的地独特的重点属性=3/表达目的地唯一的吸引属性=4	综合：J Richardson, J Cohen (1993), Gali等(2016), 李天元等(2010), 范小华等(2014)
		B21 价值命题数量	0个=1/1个=2/2个=3/3个及以上=4	综合：John Richardson, Judy Cohen(1993), 曲颖等(2008)
		B22 利益承诺	无利益承诺=1/功能性利益=2/体验性利益=3/情感性利益=4/象征性利益=5	综合：Stanley C. Plog等(2007), 戴维·阿克(2013), 曲颖(2007)
		B23 独特性	具有独特性=1/不具独特性,表现在资源雷同=2/不具独特性,表现在功能或定位雷同=3/不具独特性,表现在氛围雷同=4	综合：马东跃(2011), 吴俊(2014)
A6 语义诉求	语义学特征	B24 语言风格	平实文艺型=1/庄重大气型=2/渲染呼吁型=3/幽默轻松型=4/豪放激情型=5/华丽浪漫型=6	综合：屈志凌(2007), 谢朝武(2010)
		B25 语义内涵	认知=1/情感=2/意动=3	参考：Pike等(2004)
		B26 情感倾向	积极情感=1/中性情感=2/消极情感=3	参考：陈洁光等(2003)

（二）样本情况

本研究共收集样本旅游口号1 133条，对应目的地包括34个省级行政区域、333个优秀旅游城市和202个5A级旅游景区。样本地覆盖率分别为100%、98.23%和81.78%，总覆盖率达91.77%，显示出良好的代表性和广泛性，如表3.2所示。需要注意的是，首先，有2个优秀旅游城市和18.22%的5A级景区的旅游口号缺失，这表明即便是高度重视旅游发展的优秀目的地也并非都有效利用了口号的品牌形象塑造潜力。其次，旅游口号覆盖率与地理范围大小呈正相关。最后,总体上样本地旅游口号平均数量为1.99条。具体的口号内容信息可见本书附录A、B、C。

表3.2 旅游目的地样本情况

旅游目的地	数量	样本地数量	样本地覆盖率	口号总数量	口号平均数量
省级行政区域	34	34	100％	123	3.62
优秀旅游城市	335	333	98.23％	713	2.14
5A级旅游景区	247	202	81.78％	297	1.47
总计	620	569	91.77％	1133	1.99

注:北京市、上海市、天津市、重庆市既是省级行政区,又是优秀旅游城市,因四地旅游经济发展均处前列且与其他省级行政区的旅游口号设计更具相似性,故算作省域范畴。

四、研究结果与分析

(一)初步分析

1. 字词选用维度

此维度基于微观语言学特征构建,统计结果显示:

(1) 51.8％的旅游口号为6—8个字的短型口号,这与大多数学者建议字数简短的结论一致。

(2) 实词较虚词占绝对数量,且70.4％的旅游口号中不含虚词。

(3) 名词中具体词占比最高(62.3％),动词中行动动词占比最高(66.5％),这与先前学者的研究结果一致。

(4) 94.1％的旅游口号不含晦涩字词。

(5) 80.5％的旅游口号以全中文形式呈现。

2. 句法表达维度

此维度基于句法学和修辞学特征构建,研究结果表明:

(1) 口号明显倾向对称结构(60.8％)。

(2) 广泛使用短语(91.4%),其中偏正短语(44.3%)是最常见的短语结构。

(3) 98.2%的旅游口号至少采用了比喻、对仗等8种修辞手法中的一种。其中对仗手法的使用比例最高(28.2%),其次是嵌字(27.2%),再次是比喻(17%)。

(4) 90.2%的旅游口号明显倾向于陈述语气(50%)和感叹语气(40.2%)。

3. 韵律节奏维度

此维度基于语音学特征构建,研究结果显示:

(1) 旅游口号尾字明显倾向于平声(70.3%),显得语调缓和。

(2) 80.4%旅游目的地口号不关注句末押韵。

(3) 大多是平仄相间(84.5%)。

(4) 倾向采用"偶音步+偶音步"结构(46%),这与董皓的研究结果一致。

(5) "二字对称"到"九字对称"现象都有出现,但"偶音步+偶音步"结构中"4+4"结构占比最高(43.4%)。

4. 目的地识别维度

此维度基于定位理论(营销学视角)构建,统计结果显示:

(1) 65.8%的旅游口号中含有地理信息,这与先前的研究结论类似。

(2) 66.8%的旅游口号中含有目的地名称,其中有62%都是缩略名称。

(3) 目的地名称位置倾向于放在旅游口号的结尾(34.5%)。

(4) 65.3%的旅游口号表现为宣传目的地资源特色的供给导向型口号。

5. 独特销售主张维度

此维度基于USP理论(秉持营销和消费者行为学视角)构建,统计结果显示:

(1) 89.8%的口号表达了价值命题,其中大多表达了常见的共有属性(34.1%)或独特的重点属性(39.5%)。

(2) 价值命题数量为一个和两个的旅游口号占比分别为26.5%和39.4%。

(3) 大多数的旅游口号(96.6%)都描述了利益承诺,并明显倾向于提供功能性利益承诺(54.9%)。

(4) 64.2%的旅游口号不关注独特性,其中以功能或定位雷同的情况占比最高(28.2%)。

6. 语义诉求维度

此维度基于语义学特征构建,统计结果如下:

(1) 我国旅游目的地口号的语言风格明显表现为渲染呼吁型(33.5%)。

(2) 63.9%的认知型旅游口号倾向于宣传具体有形的属性,24.4%的旅游口号强调意动,而11.7%的旅游口号旨在通过情感性呼吁影响旅游者行为。

(3) 旅游口号大多表达了中性情感(56.2%),积极情感(41%)次之。

(二) 口号设计模式及地域尺度对比

1. 我国优秀旅游目的地口号的核心设计模式

本研究归纳各个维度所占比例最高的指标,提炼出我国优秀旅游目的地口号的核心设计模式,如图3.6所示。在字词选用上,旅游口号倾向以全中文形式呈现,选用具体名词和行动类动词,以6—8个字的短型口号为主且不含晦涩字词。在句法表达上,明显倾向以陈述语气、对称结构和短语形式进行表达,并广泛使用修辞手法。在韵律节奏上,大多为"偶音步+偶音步结构"的4字对称,整句话平仄相间,尾字平声,但不要求韵脚整齐。在目的地识别上,大多以供给导向型的旅游口号为主,涵盖地理信息和目的地名称,并且目的地名称大多位于结尾位置。在独特销售主张上,大多含有价值命题和利益承诺,价值命题数量大多为两个,但不关注独特性。在语义诉求上,大多为渲染呼吁型语言风格,倾向表达认知性语义内涵和中性情感。

2. 口号设计模式的地域尺度差异

按照与上一部分同样的方法,本研究根据内容分析中占比最高的指标分别归纳了省域、城市和景区3个地域尺度的口号设计核心模式并进行尺度对比。三者口号模式的共同性集中呈现在我国优秀旅游目的地口号设计的一般模式中,差异性主要表现在修辞手法、音步结构、目的地名称位置、价值命题属性和数量、情感倾向和语言风格倾向等方面(图3.7),具体如下:

(1) 与城市和景区倾向使用嵌字、对仗和比喻手法不同,各省旅游口号在修辞手法上倾向于使用嵌字、对仗和夸张。

(2) 与省域和城市相比,景区旅游口号在音步结构上倾向于使用非对称结构。

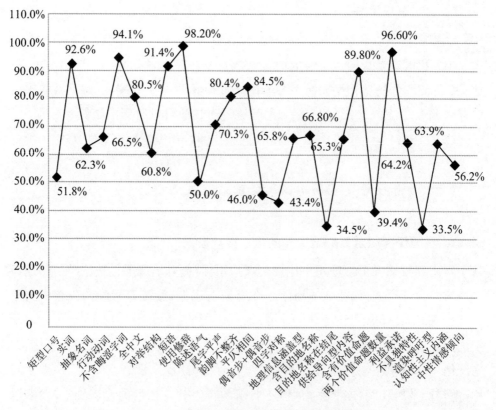

图 3.6 我国优秀旅游目的地口号的设计模式

(3) 对于目的地名称位置,城市旅游口号仅对结尾位置有所偏好,省域口号对结尾位置和中间位置有同等偏好,而景区旅游口号大多不含目的地名称。

(4) 大多数省域旅游口号表达了目的地的常见共有属性,而大多数的城市和景区口号则表达了目的地独特的重点属性。

(5) 景区旅游口号倾向表达一个价值命题,但省域和城市口号倾向含两个价值命题。

(6) 与城市和景区相比,省域旅游口号更侧重于积极情感倾向。

(7) 省域、城市和景区旅游口号的语言风格倾向分别体现为平实文艺型、豪放激情型和渲染呼吁型。

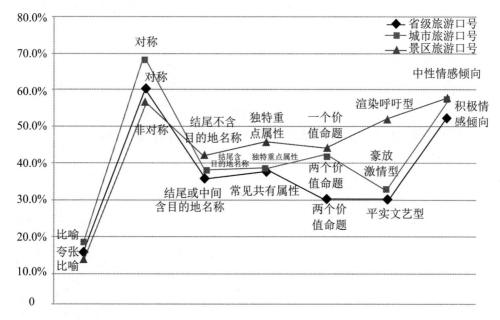

图 3.7 不同区域尺度的旅游口号设计差异

五、研究发现探讨

（一）口号设计模式的地域尺度差异解析

对各地域尺度口号设计特点的成因进一步分析如下：

（1）省域旅游口号倾向于使用夸张手法，可能因为地域尺度越大越倾向于用抽象性词语概括丰富的旅游资源。另外，省域口号更多地使用嵌字手法来突出目的地名称，可能是由于省名比城市名和景区名具有更高的公众熟悉度。

（2）省域和城市旅游口号多采用对举结构，反映出大范围目的地需要汉语"趋偶求双"的表述美感和庄重性，而景区口号操作上更灵活，外在赋予使命较少，多使用单句结构。

（3）城市、景区与省域旅游口号对目的地名称摆放位置的偏好差异与 Gali 等关于目的地名称位置平衡的结论形成鲜明对比。这可能与中英文语法习惯不同有关。

（4）在独特销售主张方面，省域、城市和景区的表达分别倾向于2个共有属性、2个独特的重点属性和1个独特的重点属性。这可能因为地域尺度越大，旨在强调的资源属性越多，口号与其他目的地趋同的概率越大。

（5）三类旅游口号语言风格倾向不同，分别为平实文艺型、豪放激情型和渲染呼吁型。这可能与旅游口号创作理念是否重视双向交流有关。

（6）省级旅游口号具有积极情感倾向，这可能是因为其受到更明显的政府干预，而政府口号大多具有积极倾向。

（二）我国旅游口号的系统化设计要求

我国旅游口号的核心设计模式符合先前学者给出的部分设计建议，但仍有较大的提升空间。

第一，传播学的"交易论"认为，在信息传播中接收方和传播方应平等交流。疑问句和祈使句大都属于信息反馈句，有利于实现情感间的双向交际，应更多地予以采用。

第二，由干扰理论可知，相似信息的干扰会导致目标信息的遗忘。"偶音步＋偶音步"对称结构中过多采用"××之都（城）""××故里"或魅力、神奇等修饰词，无法形成有效的识别。相反，单句结构则可规避这一局限，且符合现代口语表达趋势。

第三，大多数学者都同意押韵对回想的有利作用，应积极探索通过设置合理的韵律节奏提高品牌资产的潜力。

第四，需求导向型旅游口号强调游客需求，对旅游者的激发作用更明显。

第五，由认知心理学"区别性"对记忆的作用可知，口号信息设计上应进一步强调差异化和定制性，以形成独特目的地品牌联想。

第六，从消费者认知规律出发，应强调口号传递情感性语义内涵和积极情感倾向的必要性。

综上所述，笔者从"说什么"和"怎么说"两个方面入手，提出我国旅游口号的系统化设计要求，如图3.8所示。

首先，"说什么"应基于受众的心理认知规律，表达更多有价值的内容。一是要强化目的地识别：要求在适当位置涵盖目的地的缩略名称和地理信息，从游客需求导向的角度塑造品牌本体内涵，促进"口号-目的地"的内在连接性。

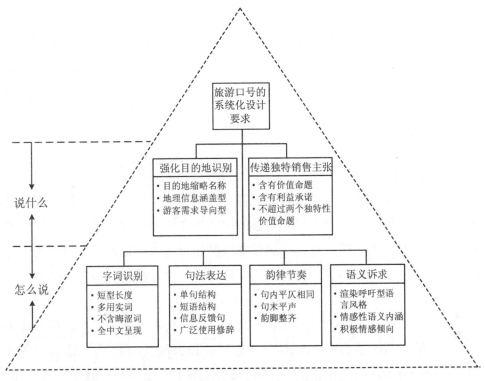

图 3.8 我国旅游口号的系统化设计要求

二是要传递独特销售主张：要求口号含有价值命题和利益承诺，并且其主打独特性价值命题不超过两个。

其次，"怎么说"应基于受众的视觉需求、听觉需求和情感需求，设计上独具匠心、不落俗套，且韵律上口，注重情感沟通。一是字词选用，要沿用当前口号设计在此方面的优点，做到短而精，多用实词，不含晦涩词且全中文呈现。二是句法表达，要求多使用单句短语结构和疑问句、祈使句等信息反馈句，广泛使用修辞，模拟与顾客双向沟通的情境。三是韵律节奏，要求句内平仄相间，句末平声，韵脚整齐，促进口号的识别和记忆。四是语义诉求，要求多使用渲染呼吁型语言风格，传递情感性语义内涵和积极情感倾向，通过丰富的积极联想培育"目的地-顾客"关系。

六、研究结论与局限

（一）研究结论

（1）我国优秀旅游目的地口号的核心设计模式是：短型口号＋全中文＋不含晦涩字词＋实词居多＋抽象名词居多＋行动动词居多＋对称结构＋短语形式＋广泛使用修辞＋陈述语气＋不强调韵脚整齐＋平仄相间＋句末平声＋偶音步和偶音步并列＋四字对称＋涵盖地理信息＋含目的地名称＋目的地名称在结尾＋供给导向型内容＋含有两个价值命题＋含有利益承诺＋不强调独特性＋渲染呼吁型＋认知性语义内涵＋中性情感倾向。

（2）我国省域、城市和5A级景区的旅游口号核心设计模式主要在修辞手法、音步结构、目的地名称位置、价值命题属性和数量、情感倾向和语言风格倾向等设计特点上存在差异。省域口号在5个设计特点上（修辞、音步结构、目的地名称位置、价值命题属性、情感倾向）与城市和景区形成区分；景区口号在4个设计特点上（音步结构、目的地名称位置、价值命题数量、语言风格）与省域和城市的倾向有所不同。整体而言，旅游口号随地域尺度的差异而形成分化，省域口号与景区口号的差异性最明显，城市口号处于两者的中间地带。

（3）我国旅游口号需要从"说什么"和"怎么说"两个角度确立系统化的设计要求。"说什么"应选择能最大化影响口号品牌资产塑造力的内容要素，"怎么说"应强化口号的可记忆性、创新性和双向沟通效果。

（二）研究局限

本研究的局限主要在于所采用的非概率抽样法得到的数据与静态截面数据可能产生偏差。首先，口号样本仅源自我国优秀旅游目的地而非对所有旅游口号分层随机抽样的结果。本研究旨在对我国旅游口号的较高水平代表者进行批判性分析，以便为其他旅游口号的设计树立借鉴和典范。当前抽样设计恰好便于实现这一目标。其次，本研究口号取自一个特定的营销截面，其分析结果可能与平衡分析多年动态口号数据的结果有所不同。未来研究可考虑做"横截面-纵贯性"口岸数据的对比研究,这便于更清晰地把握我国口号核心设计模式的成因和走势。

第三节 旅游口号设计的内源性-外源性模式构建

一、引言

在品牌化时代,旅游口号作为促进品牌识别和品牌形象的核心本体要素,是旅游研究中颇具学术价值和现实意义的前沿领域。本研究以我国优秀旅游目的地口号为例,采用扎根理论进行三级编码,构建和发展出一个全新的旅游口号设计模式理论构架,简称"内源性-外源性模型"(endogenous-exogenous system model,EE model)。字词选用、句法表达、韵律节奏、目的地识别、独特销售主张和语义诉求是其主要构成维度。其中,字词选用、句法表达、韵律节奏是内源性语言因素,它直接决定旅游口号的语言模式;目的地识别、独特销售主张作为外源性刺激驱动因素,调节着旅游者的意识-行为之间的联结关系。

二、文献综述

旅游口号被定义为向旅游者传达目的地品牌描述性和说服性信息的简短语言,在目的地和旅游者之间起核心联结作用,以创造、提升或改变品牌形象,增强品牌识别,即定位或重新定位。国外旅游口号研究利用 USP 理论、转换生成语法和利益相关者等理论,围绕"有效性"开展了一系列研究,如识别有效旅游口号的内在特征、有效口号面临的难题,以及需求导向口号的有效性等。

相比之下,国内旅游口号研究成果呈现出由浅入深的发展过程。大致经历了以下两个发展阶段:

(1) 缓慢初创期(1983—2002年)。在旅游形象研究的带动下,大量文献服务于某一具体目的地实际规划需要,将旅游形象定位符号化的显示性结论提炼为旅游口号。然而,从某一目的地出发提炼具体旅游口号的此类传统研究范式缺乏外推效度。

(2) 平稳成长期(2003年至今)。在这一阶段,旅游口号才真正作为专门性研究对象进入学界视野。与此同时,如雨后春笋般涌现的旅游口号暴露出"语言夸张、定位雷同、面面俱到、庸俗平淡、语言晦涩"等设计误区,因此学者们尝试从设计流程、设计原则、创意模式等视角去减小旅游口号设计偏差。从设计流程方面看,李天元等通过明晰品牌化框架下的旅游口号的概念、双向沟通作用,提出旅游口号设计要经过"确定口号设计思想、统筹实施设计过程、评测各方案并甄选"的三阶段模型。从设计原则方面看,金颖若提出旅游形象定位及口号设计应遵循独特性、社会性、吸引性、认同性、整体性、层次性、艺术性七项要求。马跃东则认为有效的旅游口号应达到包含价值命题、信息量适度、反映利益诉求、独特性、情感性、创新性和艺术性七项标准。然而,此类文章理论基础薄弱,局限于笼统且肤浅的设计原则总结。从创意模式方面看,现有文献选取的指标大多与语言学特征有关,如文字长度、短语结构、诉求倾向、地名信息、口号导向等,忽略了旅游口号的交叉学科特性,缺乏对旅游口号多学科理论联动机制的深度探究。

鉴于此,本研究秉持旅游口号设计中多特征和多学科原理互动的视角,创新性地采用扎根理论,以我国省域、城市、景区的1133个旅游口号为例,挖掘并开发旅游口号设计模式,以期为编制旅游口号测量量表等提供基础。

三、研究设计

(一) 研究方法

扎根理论起源于20世纪60年代,是一种自下而上建立理论的质性研究方法,其主要特点在于从经验事实中抽象出新的概念和思想。从资料中产生理论、保持理论敏感性、不断比较、理论抽样是扎根理论的核心思想。其主要操作程序如下：① 逐级登录资料；② 将资料和概念不断进行比较和质询；③ 建立概念间的联系；④ 理论性抽样；⑤ 通过故事线来联系范畴以建构理论。其中，对资料进行逐级编码是扎根理论中最重要的环节，包括一级编码（开放式登录）、二级编码（关联式登录）和三级编码（核心式登录）。扎根理论很好地解决了理论性研究与经验性研究之间严重脱节的问题，适用于梳理零散和多样的旅游口号设计研究，如图3.9所示。

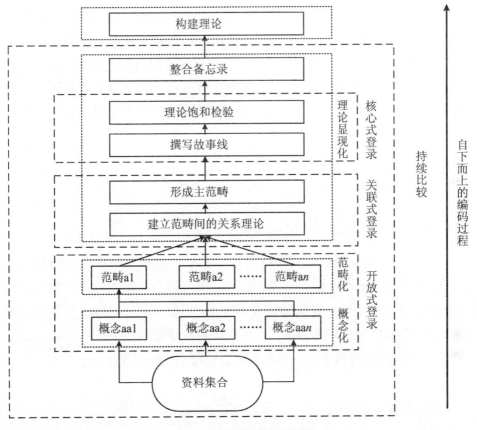

图3.9 扎根理论研究流程

（二）研究对象确定

1. 研究对象典型性

笔者通过网络搜索并登录我国各目的地的旅游政务网、资讯网等网站，搜集省级行政区域、优秀旅游城市和5A级景区3个层次的旅游口号。需要强调的是,5A 级景区在此被认定为一类旅游目的地是因为它具备单独吸引游客来访、为其提供完整旅游经历的能力。省域级别的优秀旅游目的地的判定标准主要基于其旅游业兴盛程度、旅游营销投入水平等因素。这些目的地是我国当前积极进行旅游品牌化营销实体的代表,其口号设计理念和成果往往成为其他目的地学习或效仿的对象。

2. 样本代表性

此次共收集样本旅游口号 1 133 条,对应目的地包括 34 个省级行政区域、333 个优秀旅游城市和 202 个 5A 级旅游景区。样本地覆盖率分别为 100%、98.23% 和 81.78%,总覆盖率达 91.77%,显示出良好的代表性和广泛性。数据情况可参见表 3.2。需要注意的是,有 2 个优秀旅游城市和 18.22% 的 5A 级景区的旅游口号缺失,这表明即便是高度重视旅游发展的优秀目的地也并非都有效利用了口号的品牌形象塑造潜力。

(三) 信度效度

为了保证结论的科学性和过程的严谨性,我们收集了丰富的原始资料以提高结论效度。其次,以同意度百分比(percentage agreement)检测编码信度。相互同意度百分比＝相互同意的编码数量/(相互同意的编码数量＋相互不同意的编码数量),两位编码者间的信度都高于 70%(82%)。另外,扎根理论要求把饱和作为标准应用到类属中。当样本旅游口号收集到 1 133 条时,类属已经"饱和",即搜集新鲜数据也不会再产生新的理论见解。

(四) 数据分析策略

Nvivo 是一种组织和分析无序信息的软件,其最终目的是帮助使用者做出更好的决策。因此,本研究的重点和难点是数据分析。本研究采用 Nvivo 11.0 处理数据以便于在纷繁复杂的数据分析中建立和发展理论。

四、研究发现

(一) 一级编码——开放式登录

这是一个通过不断比较将资料打散、赋予概念的操作过程,其目的是从资料中逐级编码以定义现象(概念化),挖掘范畴并确定范畴的性质和维度(范畴化)。在具体操作过程中,本研究对原始口号文本进行逐句编码,反复在资料、概念和范畴之间进行求同性和求异性比较,再将其性质和内容相近的要素重新综合形成范畴。编码后,在开放性登录阶段得到了 254 个概念,经过对类似概念整合和剔除后,保留了对举结构、奇音步+奇音步、供给导向型和功能性利益等 113 个概念。进一步对其进行比较,按其逻辑关系归纳为 26 个范畴(a1—a26),分别为文字长度、词性、名词类别、动词类别、晦涩字词、语言呈现、句式结构、词语结构、修辞手法、语气类别、尾字音韵、韵脚整齐、声调协调、音步结构、音节对称、地理信息、旅游目的地的名称分类、旅游目的地的名称位置、内容导向、价值命题、价值命题数量、利益承诺、独特性、语言风格、语义内涵和情绪倾向。开放式编码的主要结果见表 3.3 部分示例。

概念和范畴的命名及其判断标准大多来自文献资料,部分由笔者确定,如表 3.4 所示。例如,利益承诺是指判断旅游目的地向旅游者做出的某一特定利益诺言。功能性利益依托用途、功效等具体属性来体现,具有实用性的特征。旅游地所能提供的功能性利益主要表现为为旅游者提供旅游、休闲、度假、求知等功能性享受等。享乐性、体验性利益是指与一个品牌相联系的感官愉悦和体验刺激。情感性利益可在很大程度上击中旅游者的心灵,形成品牌忠诚。象征性利益是指某一品牌给消费者带来的价值感,消费者往往更钟情于那些与其"自我概念""自我价值"相一致的品牌。

表 3.3 开放式编码举例

旅游口号	概念化	范畴化
S23:诚义燕赵,胜境河北	aa1:微型口号	a1:文字长度
S24:这么近,这么美,就在河北	aa2:短型口号	a2:词性
S25:京畿福地,乐享河北	aa3:中型口号	a3:名词类别
……	……	……
C61:热情鞍山	aa38:比喻	a7:句式结构
C62:金玉之都,魅力鞍山	aa39:复辞	a8:音步结构
C63:清代王朝发祥地,北方山水魅力城	aa40:嵌字	a9:词语结构
……	……	……
C702:哈密,比传说更甜蜜	aa66:平仄相间	a12:尾字音韵
C703:西域古镇,人文新市	aa67:一平到底	a13:声调协调
C704:文化哈密,能源之都	aa68:一仄到底	a14:音节对称
……	……	……
J32:中华第一关——雁门关,三边冲要无双地,九塞尊崇第一关	aa89:常见共有属性	a19:内容导向
J33:中国沙漠休闲度假地	aa90:独特的重点属性	a20:价值命题
J34:这里的沙子会唱歌	aa91:唯一的吸引属性	a21:价值命题数量
……	……	……
J101:天台山,佛教天台宗发祥地,五百罗汉总道场,唐诗之路目的地	aa102:功能性利益	a23:独特性
J102:山水神秀,佛宗道源	aa103:享乐性或体验性利益	a24:语言风格
J103:摘星揽月,天上人间	aa104:情感性利益	a25:语义内涵
……(计1133条旅游口号)	……(计113个概念)	……(计26个范畴)

表 3.4 范畴的判断标准

范畴	范畴性质
a1:文字长度	通过计算口号的字数来判断口号长度类型
a2:词性	计算虚词(无意义字词,如副词、介词、连词、助词、叹词、拟声词等)和实词(有意义字词,如名词、动词、形容词、数词、量词、代词等)的数量
a3:名词类别	计算旅游口号中名词的类型,其中具体词不需要通过联想,可以直接联系到实物;抽象词需要通过联想,表示状态、品性、感情等一些抽象概念

续表

范畴	范畴性质
a4:动词类别	判断旅游口号中动词的类别
a5:晦涩字词	判断旅游口号中是否含有不常用字词或者需要查阅相关信息后才能理解的字词
a6:语言呈现	判断旅游口号中语言的使用情况
a7:句式结构	判断旅游口号的句式结构
a8:音步结构	判断旅游口号句内的音步结构,其中奇数音节是奇音步,偶数音节是偶音步
a9:词语结构	判断旅游口号的词语组合方式
a10:修辞手法	判断旅游口号使用的修辞手法
a11:语气类别	判断旅游口号使用的语气类别
a12:尾字音韵	判断句末字的平仄声,平声含一声和二声,仄声含三声和四声
a13:声调协调	以旅游口号的平仄使用情况判断其声调的协调性
a14:音节对称	判断旅游口号的音节对称情况
a15:韵脚整齐	判断上下句中的句尾是否使用相同的韵母或者与韵母相近的音节
a16:地理信息	综合考虑各个层次的旅游目的地的地理位置信息,识别文本中具有特定地理意义的实体,主要包括地名、代表人物、景区名、方位词等
a17:名称分类	判断旅游目的地名称类别,如成都市的缩略名称是成都,别称是蓉城
a18:名称位置	判断旅游目的地的名称是否包含在口号中及其具体位置
a19:内容导向	判断口号是否试图突出目的地的某些特性,或是呼吁游客行动
a20:价值命题	判断口号传递的核心信息类型,包括主要景点、旅游资源特色和旅游产品等信息
a21:价值命题数量	判断旅游口号传达的价值命题的信息数量
a22:利益承诺	判断旅游目的地向旅游者做出的某一特定利益诺言。功能性利益依托用途、功效等具体属性来体现,具有实用性的特征。旅游地所能提供的功能性利益主要表现为为旅游者提供旅游、休闲、度假、求知等功能性享受等。享乐性、体验性利益是指与一个品牌相联系的感官愉悦和体验刺激。情感性利益可在很大程度上击中旅游者的心灵,形成品牌忠诚。象征性利益是指某一品牌给消费者带来的价值感,消费者往往更热衷于那些与其"自我概念""自我价值"相一致的品牌
a23:独特性	判断旅游口号提供的资源、利益为该目的地独有或自身为最佳提供者,避免"同质化"现象的出现

续表

范畴	范畴性质
a24:语言风格	判断旅游口号通过哪种类型的语言风格来煽动旅游者的情绪
a25:语义内涵	判断口号的语义,同时考虑旅游口号所表达的认知诉求、情感诉求和意动诉求
a26:情绪倾向	判断旅游口号表达的语义是积极情绪、中性情绪,还是消极情绪

(二)二级编码——关联式登录

关联式登录的主要任务是发现和建立范畴间的联系,这些联系可以是因果关系、时间关系、语差异关系、对等关系、策略关系等。通过分析26个范畴之间的相互关联和逻辑顺序,归纳出6个呈现对等关系的主范畴,分别为字词选用、句法表达、韵律节奏、目的地识别、独特销售主张和语义诉求。这6个主范畴及26个范畴即为旅游口号核心设计模式的维度及各维度指标,如表3.5所示。

表 3.5 关联式登录结果

副范畴	主范畴
a1:文字长度;a2:词性;a3:名词类别;a4:动词类别;a5:晦涩字词;a6:语言呈现	A1 字词选用
a7:句式结构;a8:词语结构;a9:修辞手法;a10:语气类别	A2 句法表达
a11:尾字音韵;a12:韵脚整齐;a13:声调协调;a14:音步结构;a15:音节对称	A3 韵律节奏
a16:地理信息;a17:旅游目的地的名称分类;a18:旅游目的地的名称位置;a19:内容导向	A4 目的地识别
a20:价值命题;a21:价值命题数量;a22:利益承诺;a23:独特性	A5 独特销售主张
a24:语言风格;a25:语义内涵;a26:情绪倾向	A6 语义诉求

(三)三级编码——核心式登录

核心式登录的主要任务是明确资料的故事线。本研究确定了"旅游口号设计模式"这一核心范畴,围绕核心范畴的"故事线"可概括为:字词选用、句法表达、韵律节奏、目的地识别、独特销售主张和语义诉求。这6个主范畴是构建我国旅游口号设计模式的主要维度。字词选用、句法表达、韵律节奏是内源性语言因素,它直接决定旅游口号的语言模式;目的地识别、独特销售主张作为外源性刺激驱动因素,调节着旅游者的意识-行为之间的联结关系。以此"故事线"为基础,本研究建构和发展出一个全新的旅游口号设计模式理论构架,我们称之为"旅游口号的设计模式",简称"内源性-外源性模型"。质化软件的处理结果展现了编码之间彼此连接的网络关系,如图3.10所示。

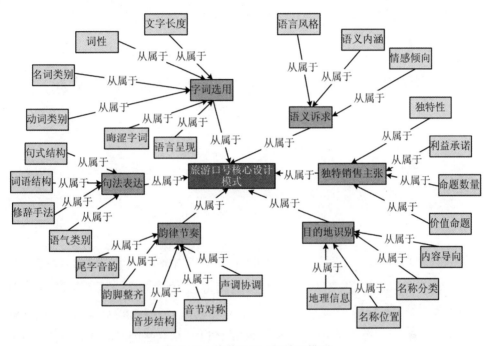

图3.10 旅游口号三级编码模型

五、研究结论与局限

本研究首次运用扎根理论在旅游口号领域开展研究,构建我国旅游口号的核心设计模式的理论框架,即"内源性-外源性模型"。具体包括字词选用、句法表达、韵律节奏、目的地识别、独特销售主张和语义诉求6个主要维度。其中,字词选用、句法表达、韵律节奏是内源性语言因素,目的地识别、独特销售主张是外源性刺激驱动因素。

本研究的局限主要在于所采用的非概率抽样法得到的数据与静态截面数据可能产生偏差。首先,口号样本仅源自我国优秀旅游目的地而非是对所有旅游口号分层随机抽样的结果。但是,本研究旨在对我国旅游口号的较高水平代表者进行批判性分析,以便为其他旅游口号的设计树立借鉴和模仿典范。当前抽样设计恰好便于实现这一目标。其次,本研究口号取自一个特定的营销截面,其分析结果可能与平衡分析多年动态口号数据的结果有所不同。未来研究可考虑做"横截面-纵贯性"数据的对比研究,这便于更清晰地把握我国口号核心设计模式的成因和走势。

第四节 基于"衰减器"模型的旅游口号设计框架构建

一、引言

目的地品牌化是品牌竞争时代的重要课题。旅游口号作为目的地在旅游者抢夺战中的"战斗号角"(battle cry),未获得应有的关注。从营销的意义上讲,旅游口号、旅游目的地营销组织(destination management organizations,DMO)和旅游者间存在着重要的相互联系。口号是目的地形象的浓缩和直接展示手段,有助于提升旅游者形象感知,影响其旅游决策。此外,DMO 也可以通过"有意识地谋划"旅游口号来塑造形象认同,激发旅游欲望。然而,在不同视角下旅游口号的预期质量和感知质量可能产生三类偏差:

(1) 在旅游口号设计阶段,DMO 对旅游口号的设计预期产出与口号设计者的实际产出之间的偏差。

(2) 在旅游口号传播阶段,DMO 对旅游口号传递的预期效果与潜在旅游者的实际接收效果之间的偏差。DMO 并不完全掌握旅游者的需求,旅游者也不一定能如 DMO 预期的方式去感知旅游口号,甚至头脑中还会产生"屏障",抑制信息的传递,从而导致不同的旅游决策。

(3) 在旅游体验阶段,到访旅游者对旅游口号的心理预期与实际感知的偏差。其中，旅游口号传播阶段的偏差是拟合各项"预期-感知"偏差的重要中介环节，对构建旅游口号设计规则、解决沟通障碍和塑造品牌形象具有重要指导意义。

鉴于此，本研究以此为核心关注点，积极探索受众头脑中处理旅游口号信息的"黑匣子"，以期实现以下研究目标：① 探索受众对旅游口号的注意力衰减机理，以拟合旅游口号的"预期-感知"偏差（图 3.11 中的偏差 2），指导旅游口号设计规则的框架构建；② 应用此设计规则，开展不同地域尺度旅游口号的偏离程度和偏离分布的比较分析，评析旅游者与 DMO 之间的认知偏差现状。

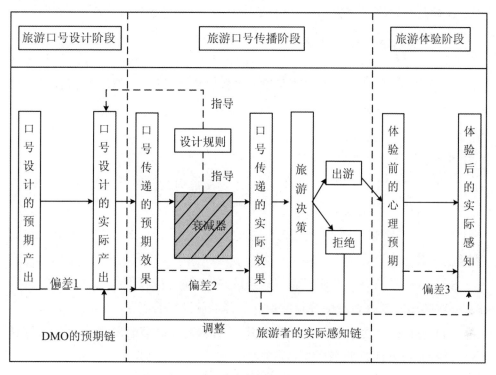

图 3.11 旅游口号链及"预期-感知"偏差

二、文献综述及框架构建

（一）旅游口号研究

旅游口号是向旅游者传达目的地品牌的描述性和说服性信息的简短语言，

其核心价值是利用简短有力的短句实现沟通过程中 DMO 对潜在或实际的旅游消费者的"触及"(reach)，充当供给与需求双方对接的技术性链条。

国外文献以有利于"口号回想""口号说服"和"口号形象打造"为切入点，借用独特销售主张(unique selling propositions, USP)和利益相关者等理论，测量和分析口号的设计特点及其有效性。美国学者 Richardson 和 Cohen 是最早关注旅游口号的研究者，创新性地将 USP 应用到旅游目的地口号评价中，将口号划分为"没有主张"到"独特的销售主张"的 7 个等级。在此基础上，Gyehee 等进一步简化并奠定了旅游口号评价的 5 个基本标准。另外，Pike 基于利益相关者的角度提出了一套公认的口号标准。随后，Klenosky 和 Gitelson 提出了最佳的旅游口号应具有易于记忆、传递目的地形象、吸引理想的目标市场和巧妙有趣 4 个特点。Lee 等的研究则发现大多数口号追求简洁，但没能正确表达目的地的具体属性和利益承诺。国外旅游口号研究在研究方法和理念上较为前沿，但整体关注广度不够。

相比之下，国内旅游口号研究侧重不一，大致存在以下研究范式：

(1) 形象要求类。基于旅游形象设计正反案例的探讨，具体阐述旅游形象定位及口号设计原则或要求。

(2) 形象批判类。借用上述的标准做实证统计，进行设计误区分类和错位根源探索。

(3) 口号提炼类。服务于某一具体目的地实际规划需要，从目的地旅游资源、游客感知或竞争者状况等角度设计具体的旅游口号。

(4) 设计探讨类。通过明晰品牌化框架下旅游口号的概念、作用，来探讨设计流程及设计注意原则。

(5) 跨学科探索类。营销学、心理学和语言学等相关领域的独特销售主张理论、格式塔原型理论等被引入旅游口号的评价、设计和分类中。

旅游口号的研究格局从描述性和阐释性到创造性转变的关键是李燕琴和吴必虎引入"过滤器"概念探究旅游口号衰减机理。该研究侧重于探讨接触屏障、认知屏障、个性屏障、客观屏障等若干"过滤器"的衰减作用导致可作用目标群体比例(从 100% 到 6%)的锐减过程。针对每一阶段，李燕琴等提出降低文字难度、缩短文字长度和切合个体倾向的设计要求，这一作用机理较为清楚地呈现了某一旅游口号在营销宣传全过程中因各种屏障导致可触及目标群体的比例衰减趋势，但仍存在以下缺陷：① 未指出过滤器位于信息加工过程中的具体位置,与前后环节的关联性作用不明确;② 该研究的四道屏障分别强调利用媒介、吸引注意、产生兴趣以及衡量时间和财力,却未从体系化和全面化的旅游口号特征入手深入探究过滤器的内部的筛选机制。过滤标准停留在文字特征描述(如文字长度、字词晦涩等)和客观个体倾向(如人口统计特征、购买动机、社会地位和经济收入等)的初始阶段,无法解释人们对旅游口号的有意义材料的加工;③ 该研究实际上是以某一条旅游形象口号能多大程度上刺激目标群体的购买行为来展开的,这种以"全或无"(只有通过或不通过两种可能性)的工作方式选择待加工信息的单通道加工模型,无法解释不同的注意分配现象。

发轫于20世纪90年代的旅游口号研究,文献数量有所增加但研究进展有限,国内研究尤其明显。主要存在以下不足:① 口号材料缺乏广泛性和代表性,大多是零碎语料的整理总结;② 旅游口号研究缺乏深度探究,大多数是描述性或阐释性的经验总结,脱离了相关理论的前沿性研究成果;③ 旅游口号能有效影响受众的决策倾向,但鲜有文献深入探讨受众对旅游口号等具有语义倾向的注意是如何分配的。鉴于注意的分配不是"过滤器"所宣称的二分有无现象,而是呈梯状的衰减,本研究借鉴"衰减器模型"积极探索旅游者头脑中执行内部筛选机制的"黑匣子",以构建能拟合旅游者心理需求和目的地形象塑造的旅游口号设计规则框架。通过1 133条优秀旅游目的地口号,实证分析不同地域尺度旅游口号的偏离分布和偏离程度差异,旨在关注"衰减器模型"指导口号设计规则构建的探索性研究,以及多目的地偏离分布差异的比较研究的学术空白。

(二)注意力衰减模型作用机理

针对过滤器模型忽略了前后环节联系、信息具有不同程度的衰减等致命缺点,衰减模型(attenuation model)进行了有效修正。面对信息的大爆炸,大脑基于其"有限性"本能地建立起一种防卫系统,具体包括5个环节(或"作用器官"):信息输入、感觉登记、衰减控制器(亦称"衰减器")、知觉分析器和短时记忆,衰减器位于所有环节的"咽喉要道"。相比于过滤器停留在初始的过滤标准阶段,"衰减器"基于旅游口号的物理属性(长度等)、语言属性(语音、语法、修辞、语用等)和意义属性(对个体有意义的部分)等特征,发生衰减作用。同时,与过滤器完全过滤信息的工作方式不同,所有信息都可通过"衰减控制器",它们将经由注意程度不同的通道进入高级分析阶段,如图 3.12 所示。不同信息在高级分析阶段具有不同的兴奋阈限,只有超过阈限强度的信息才能被识别。当发生衰减的信息与个体倾向一致时,劣势信息仍能激活某些阈限较低的单元,进而被识别。这一点也很好地揭示了同一个旅游口号对不同旅游消费者产生不同作用效果的原因。

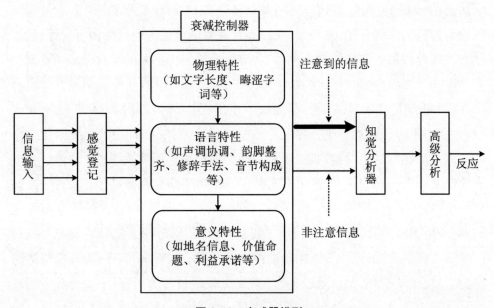

图 3.12　衰减器模型

伴随个体倾向作用,神经系统中的神经元对诸如文字长度和韵脚整齐等涵盖物理属性、语言属性和意义属性的旅游口号特征做出反应,信息由衰减强度不同的通道输送至高级分析阶段。具体包括两个作用阶段:

(1) 特征抽取阶段(前注意阶段)。注意系统从刺激中抽取特征,这是一种自动化的、平行的过程。通过对旅游口号进行指向性搜索后抽取独立的特征,形成"特征集合"。例如,文字长度、晦涩字词、声调协调、韵脚整齐、对称结构、修辞手法、语用目的、地理信息、价值命题、利益承诺等个别特征形成的"旅游口号特征集合"。此阶段的各个特征间无法检测相互的关联,只能分别对其值进行独立编码。

(2) 口号衰减阶段(整体知觉阶段)。这是一种非自动化的处理过程。此阶段将彼此独立的、原始的特征进行关联,形成某一旅游口号的表征。旅游者头脑中对不同特征的任意整合可构成无数条旅游口号,形成"口号集合"。由于注意系统给旅游口号表达式的各个构成部分（物理属性、语言属性和意义属性等）分配了不同程度的注意。不同的旅游口号将分别落入集中性注意部分或者非集中性注意部分中。某一旅游口号表征落在集中性注意部分则进入被注意的强势通道，反之则进入发生不同衰减程度的其他劣势信息通道，出现资源限制。需要指出的是，劣势通道不止一条，其劣势程度也不相同，图 3.13 所标示的是最简单的双通道情形。

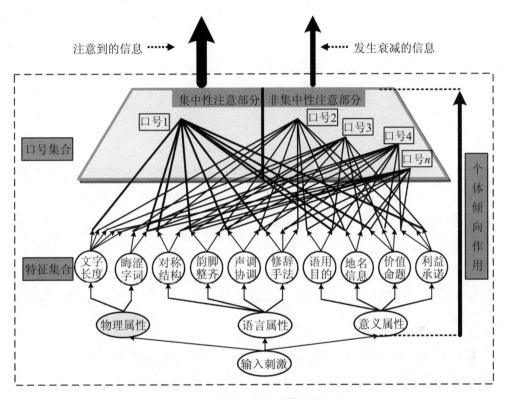

图 3.13　旅游口号衰减器作用机理

（三）基于衰减器理论的旅游口号设计规则构建

由于受众对口号的注意是相当有限的心理资源，向受众输入的信息并非如旅游目的地营销组织（DMO）所期望的那样被旅游者所接受。把握衰减器作用原理，可以窥探注意力配置和刺激选择的过程，实现对旅游者相对行为的调节。该理论向我们提供了三点重要启示：

（1）个人倾向作用不可忽视。旅游口号设计应重点围绕旅游者感知，而非实践中强调的以目的地为中心。

（2）受众注意力有限。旅游口号设计应重点争取稀缺性的注意力资源，强调"极简性""刺激性""互动性"和"定制性"的设计原则。设计旅游口号的关键点就是抓取符合集中性注意通道内的特征组合，以获取受众注意、引起兴趣和产生记忆。

（3）注意力受物理属性、语言属性和意义属性的影响，涉及字词、语法、修辞、语音、意义和语用，从这几个方面入手可使旅游者对旅游口号产生一定强度和持续度的关注。

本研究将以此为理论指导构建旅游口号设计规则的分析框架。同时，鉴于现有研究成果有限，本研究将借鉴其他学科理论和口号等相关文献确定一系列规则。

1. 规则一

由衰减器理论可知，受众的注意力容量有限。简单的旅游口号吸引和维持受众关注的可能性更大，但过短的口号无法传递足够信息。同时，注意力的吸引又增加了高阶信息处理的可能性，从而增强记忆。Bradley 和 Meeds 的研究结果表明，句法简单的口号具有更佳的识别效果。上述论述可归纳出规则一：受众的"认识广度"有限，复杂冗长的信息会增大接收难度。换言之，旅游口号应使用简短型旅游口号，不含有晦涩字词，即坚持字数的简短性和字词的简单性。

2. 规则二

依据完形心理学对输入刺激进行对称性编码的观点，人们习惯于整合、圆满、匀称、协调的感受。对偶是最习惯的表达形式，促进受众对信息的深化处理。另外，当旅游口号具有押韵特征或含有韵律节奏时，也会对回忆和识别产生积极影响。上述论述可归纳出规则二：韵脚协调、结构对称、平仄相间符合受众心理偏好。换言之，旅游口号应具有音节对称性、韵脚整齐性和声调协调性。

3. 规则三

富有变化的刺激是注意发生的一般客观条件。旅游口号采用多种辞格手法，有效地增加了语言符号的负载量和附加值，唤起受众的思维和情感活动。修辞手法等语言学特征的变化有利于促进口号回想。Reece 等的研究进一步发现，修辞手法的数量对口号的正确识别率有显著正面影响，其中最利于回想的口号主要运用了押韵、隐喻和熟语等手法。同时，必须指出数量过多的修辞手法可能会扰乱口号核心主题的传递,分散受众的有限注意力。上述论述可归纳出规则三:一定数量和类别的修辞会使得表达更加鲜活、生动。换言之,旅游口号应使用2—3种修辞手法,即保持修辞的多样性。

4. 规则四

语用的目的主要包括信息储存和信息反馈。陈述句和感叹句的目的在于将信息储存,而疑问句和祈使句要求受众有所反应或行动。旅游口号在唤醒情感和感觉时,是最能有效激起正面情绪的,从而吸引注意力和形成记忆点。同时,传播学中的"交易论"的概念也强调,在信息传播中接收者与传播者同处平等地位,要求平等互动。信息储存句虽然传达的信息直接、完整,但缺乏双向互动和行动暗示,而信息反馈句则可实现双向交流,唤起情感共鸣。更进一步看,祈使句带有命令特征,而疑问句带有"提问"功能性,都是以行为交际为主要目的。上述论述可归纳出规则四:信息反馈模式具有较好的语用效果。换言之,旅游口号应使用包括疑问句和祈使句的信息反馈句,即信息互动性。

5. 规则五

一种有助于实现回想和正确识别的口号组织技术是将品牌名称列入口号中。整合旅游目的地名称不仅有助于品牌回忆和品牌联想,并且增添了不可仿效的识别元素。肖敏等、谢朝武、Gali 等都发现,大多数的旅游目的地利用含目的地名称的旅游口号来传递与目的地相关的概念,以熟悉度高的信息来激活阈限,特别是起步阶段的旅游目的地。上述论述可归纳出规则五:旅游口号必须含有目的地名称,即地名涵盖性。

6. 规则六

注意发生的一般条件是具有新异突出的刺激事物。因此,信息定制化和特征差异化的旅游口号可以更好地实现消费者劝说及塑造品牌差异化。同时,口号也需要与某一独特的品牌诉求相联系。国内外学者大多认同 Reeves 提出的"独特销售卖点"。包括以下要点:① 含有价值命题;② 价值命题数量应为1—2个;③ 具有利益承诺;④ 具有独特性。上述论述可归纳出规则六:聚焦的、实质的、独特的利益承诺和价值命题是打动受众的灵魂思想。换言之,旅游口号必须含有1—2个价值命题,承诺独特性利益,即价值聚焦性和利益独特性。

根据衰减器作用机理,旅游口号要获得集中性注意,进入强势注意通道,就必须符合字数简短性、字词简单性、音节对称性、韵脚整齐性、声调协调性、修辞多样性、信息互动性、地名涵盖性、价值聚焦性、利益独特性10个旅游口号设计规则,如表3.6所示。这涉及字词、语法、修辞、语音、意义和语用6个方面,分别对应衰减器对物理属性、语言属性和意义属性的多层分析与检验。

表3.6 旅游口号设计规则

衰减过程	维度	设计规则
A1 物理属性	B1 字词	C1 字数简短性
		C2 字词简单性
A2 语言属性	B2 语法	C3 音节对称性
	B3 语音	C4 韵脚整齐性
		C5 声调协调性
	B4 修辞	C6 修辞多样性
A3 意义属性	B5 语用	C7 信息互动性
	B6 意义	C8 地名涵盖性
		C9 价值聚焦性
		C10 利益独特性

三、旅游口号设计规则的应用:偏离分析

(一)研究设计

1. 口号收集

为了从"点、线、面"三个地域尺度全方位揭示我国旅游口号的特征及其偏离状态,我们选取分别代表我国三类旅游目的地发展水平的旅游目的地口号,即省级行政地域、优秀旅游城市、5A级旅游景区三个地域尺度的旅游口号开展研究。

2. 偏离层级定义

本研究以表3.6所示的设计规则为评价标准,将其应用至偏离分析测算中。通过与相应的10个评价指标的比较,实现对我国优秀旅游目的地的口号

进行偏离程度和偏离分布的差异性分析,具体评价指标及其统计标准如表3.7所示。在偏离程度测算中,假设 P_i 表示在某一评价指标中最符合设计规则的标准选项所占的比例,即口号长度指标的"短型口号"选项、晦涩字词的"无"选项、对称结构的"对称"选项、韵脚整齐的"是"选项、平仄协调的"平仄相间"选项、修辞手法的"2—3次"选项、语用目的的"信息反馈"选项、地名信息的"信息涵盖型"选项、价值命题的"1—2个"选项和利益承诺的"独特性利益承诺"。D_i 表示在某一指标上的偏离程度,则有 $D_i = 100\% - P_i$。例如,与"字数简短性"相对应的"口号长度"这一评价指标,含有微型口号、短型口号、中型口号、长型口号和超长口号5个选项,分别占比6.6%、51.8%、25.9%、10.6%、5.1%。为满足字数简短的设计规则,P_1(短型口号)为51.8%。因此,偏离程度 D_1 为48.2%。在偏离程度的测算基础上进行偏离分布分析,根据旅游口号评价指标与设计规则的分歧倾向的比例定义偏离级次,包括弱偏离级($0.1\% < D_i \leqslant 20.0\%$) < 较弱偏离级($20.0\% < D_i \leqslant 40.0\%$) < 一般偏离级($40.0\% < D_i \leqslant 60.0\%$) < 较强偏离级($60.0\% < D_i \leqslant 80.0\%$) < 强偏离级($80.0\% < D_i \leqslant 100.0\%$)。对弱偏离级赋值为 -2,较弱偏离级赋值为 -1,……,强偏离级赋值为2。假设 F_i 表示某一指标(D_i)对应的偏离级次的值,T_i 表示不同地域尺度的总偏离程度,则有 $T_i = \sum_{i=1}^{n} F_i$。以口号长度指标为例,D_1 对应一般偏离级,则 $F_1 = 0$。最后以各个指标所对应的偏离级次为根据得出总偏离程度并绘制偏离分布图。所得值越小表示该地域尺度偏离程度越小,反之则越大。为保证数据处理过程的系统化,采用SPSS软件辅助数据分析工作。

表3.7 旅游口号评价指标的分析框架

设计规则	评价指标	指标性质	指标来源	选项
C1 字数简短性	c1 口号长度	根据字数来判断口号长度类型。含微型口号(5字及以下)、短型口号(6—8字)、中型口号(9—12字)、长型口号(13—16字)和超长型口号(17字及以上)	参考:Garrido 等(2006),Ortega 等(2006),Pike(2004),Donaire 等(2012),Gali 等(2016),肖敏(2011),贾垚焱(2016)	微型口号/**短型口号**/中型口号/长型口号/超长口号

续表

设计规则	评价指标	指标性质	指标来源	选项
C2 字词简单性	c2 晦涩字词	判断旅游口号中是否含有不常用字词或者需要查阅相关信息后才能理解的字词	曲颖	有/无
C3 音节对称性	c3 对称结构	判断旅游口号的对称情况	参考：马梅（2004），石岩（2008），谢朝武（2010）	单句结构/**对称结构**
C4 韵脚整齐性	c4 韵脚整齐	判断上下句中的句尾是否使用相同或相近的韵母	参考：李晓群（2012）	**是**/否
C5 声调协调性	c5 平仄协调	判断整句口号的平仄声。平声含一声和二声，仄声含三声和四声	参考：张斌（2008），董皓（2013）	**平仄相间**/一平到底/一仄到底
C6 修辞多样性	c6 修辞手法	判断旅游口号使用的修辞手法数量，如比喻、复辞、嵌字、夸张、列锦、双关等	参考：李晓群（2012），马如彪等（2013），董皓（2013）	0—1次/**2—3次**/4次及以上
C7 信息互动性	c7 语用目的	判断口号的用途和语气。信息反馈类包括祈使、疑问，信息储存类包括陈述、感叹	参考：谢朝武（2010），李晓群（2012），马如彪（2013）	**信息反馈**/信息储存
C8 地名涵盖性	c8 地名信息	判断旅游口号是否含有地名、景区名等	参考：Garrido 等（2006），Donaire 等（2012），Galí 等（2016），谢朝武（2010），肖敏等（2011）	信息脱离型/**信息涵盖型**
C9 价值聚焦性	c9 价值命题	判断口号传递的、对旅游者有价值的核心信息数量。核心信息包括主要景点、旅游资源特色和旅游产品等	参考：Richardson 等（1993），Lee 等（2006），Galí 等（2016），李天元等（2010），范小华等（2014）	0个/**1—2个**/3个及以上
C10 利益独特性	c10 利益承诺	判断口号中是否向旅游者做出某一特定的、独特的利益诺言。利益诺言包括功能性、享乐性、体验性、情感性、象征性利益承诺	参考：Stanley C. Plog 和李天元等（2007），戴维·阿克（2013），曲颖等（2007），吴俊（2014）	无利益承诺/非独特性利益承诺/**独特性利益承诺**

(二) 偏离分析

1. 口号样本情况

通过网络搜索各目的地旅游政务网,共搜集到1 133条样本旅游口号。其中包括123条省域(省级行政地域)旅游口号,713条市域(中国优秀旅游城市)口号和297条景域(5A级旅游景区)口号。可以发现,旅游口号的使用活跃度与地域范围成正比。地域范围越大的,目的地会更频繁地使用旅游口号来建立品牌认知和投射品牌形象。

2. 旅游口号偏离的实证结果

我国旅游口号在字数简短性方面存在一般偏离(51.8%=0,百分比表示在某一评价指标中最符合设计规则的选项所占的比例,0表示一般偏离级次);在字词简单性规则上存在弱偏离(94.1%=-2);在音节对称性上存在较弱偏离(60.8%=-1);在韵脚整齐性上存在强偏离(19.6%=2);在声调协调性上存在弱偏离(84.5%=-2);在修辞多样性上存在较弱偏离(66.3%=-1);在信息互动性上存在强偏离(9.8%=2);在地名涵盖性上存在较弱偏离(65.8%=-1);在价值聚焦性上存在较弱偏离(65.9%=-1);在利益独特性上存在较强偏离(35.8%=1)。

具体来看,省域(55.4%=0)和市域(56.9%=0)尺度在字数简短性方面存在一般偏离,景域(38%=1)尺度存在较强偏离;在字词简单性规则上,省域(94.3%=-2)、市域(93.7%=-2)和景域(94.9%=-2)三个地域尺度均存在弱偏离;在音节对称性上,省域(60.2%=-1)和市域(68.2%=-1)旅游口号存在较弱偏离,景域(43.4%=0)旅游口号存在一般偏离;在韵脚整齐性上,省域(18.4%=2)和市域(17.3%=2)旅游口号存在强偏离,景域(26.6%=1)旅游口号存在较强偏离;在声调协调性上,省域(95.5%=-2)、市域(81.0%=-2)和景域(87.9%=-2)三个地域尺度存在弱偏离;在修辞多样性上,省域(65.1%=-1)和市域(69.7%=-1)旅游口号存在较弱偏离,景域(58.6%=0)旅游口号存在一般偏离;省域(13.0%=2)、市域(9.7%=2)和景域(8.8%=2)旅游口号在信息互动性上均存在强偏离;在地名涵盖性上,省域(65.0%=-1)和市域(69.3%=-1)旅游口号存在较弱偏离,景域(57.6%=

0)旅游口号存在一般偏离;在价值聚焦性上,省域(58.6%=0)、市域(61.0%=-1)和景域(80.8%=-2)旅游口号偏离程度递减,分别处于一般偏离、较弱偏离和弱偏离层级;在利益独特性上,省域(19.5%=2)、市域(33.4%=1)和景域(48.5%=0)旅游口号分别处于强偏离、较强偏离和一般偏离层级。

3. 旅游口号的偏离原因分析

根据偏离层级对各指标进行赋值后比较发现,各尺度旅游口号在偏离程度上相对差异明显,偏离分布也存在一定差异,如图3.14所示。

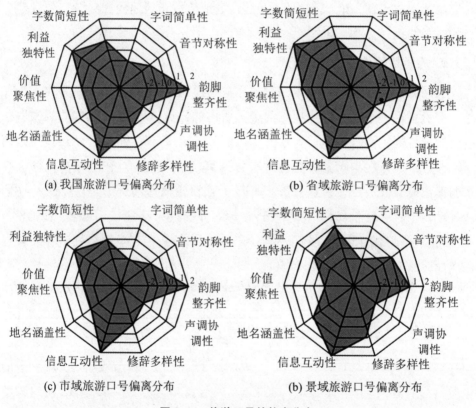

图3.14 旅游口号的偏离分布

首先,我国旅游口号的偏离分布与市域旅游口号偏离分布一致,与省域旅游口号偏离分布大体一致。这可能是由于处于品牌化时代,省域和市域旅游口号普遍倾向于斥巨额营销资金公开征集和打造,更高的知名度使其设计亮点更易成为人们相互模仿的对象。同时,各地域尺度口号创作也会受到文学创作的影响,呈现出一定的趋同性。

其次,景域旅游口号与省域、市域旅游口号相比,呈现出差异性较大的偏离分布,主要表现在字数简短性、音节对称性、韵脚整齐性、修辞多样性、地名涵盖性、价值聚焦性和利益独特性7个方面。这可能是由于景域旅游口号的推广营销资金较少,公共熟悉度较低,更愿意另辟蹊径选择不同的识别要素特征。

最后,由于所得值越小表示该地域尺度偏离程度越小,省域旅游口号的总偏离程度最高(-1),其次是景域旅游口号(-2),最次是我国旅游口号(-3)和市域旅游口号(-3)。其差异性体现在价值聚焦性和利益独特性两个方面,这可能是由于省域旅游口号致力于打造综合形象,文本内容无法如景域和市域旅游口号那样聚焦于1—2个利益承诺。另外,省域目的地拥有相较更多的旅游资源,与其他目的地口号所强调的资源属性可能趋于同质,因此在利益独特性上表现较差。

四、研究结论及局限

(一) 研究结论

本研究基于"衰减器"作用机理,构建包含6个维度、10条旅游口号设计规则的分析框架。以此框架包含的设计规则为标准,以评价指标与设计规则的分歧倾向比例定义偏离级次,包括:弱偏离级＜较弱偏离级＜一般偏离级＜较强偏离级＜强偏离级。通过实证分析省域、市域和景域三个地域尺度旅游口号,得到以下基本研究结论:

(1) 由于高级分析阶段的容量有限,过滤控制器承担着分配注意力的重要作用。不同于传统过滤器完全阻止非目标信息,衰减器模型认为注意力可在衰减程度不同的通道间分配,所有通道的信息都可基于物理属性、语言属性和意义属性的选择被送入高级分析阶段,强调了受众对旅游口号等具有语义倾向的注意分配问题。

(2) 经过本研究的积极探索,发现衰减器的内部作用过程包括两个阶段:① 特征抽取阶段。注意系统从刺激中抽取独立特征,形成"特征集合"。② 口号衰减阶段。彼此独立的、原始的特征开始关联,形成"口号集合"。不同的旅游口号将分别进入集中性注意或者非集中性注意通道。衰减器理论为我们探索旅游口号的心理加工过程提供了三点重要启示:第一,个人倾向作用不可忽视。第二,受众注意力有限。第三,注意力受物理属性、语言属性和意义属性的影响。基于衰减器对旅游口号的阶段性衰减过程,本研究提出旅游口号应遵循字词简单性、声调协调性、音节对称性、修辞多样性、地名涵盖性、价值聚焦性、字数简短性、利益独特性、韵脚整齐性和信息互动性等10条设计规则。

(3)从总偏离程度上看,各地域尺度旅游口号的相对差异明显。省域旅游口号的总偏离程度最强,其次是景域旅游口号,最后是我国旅游口号和市域旅游口号。省域和市域旅游口号在利益独特性、韵脚整齐性和信息互动性上表现出较强或强偏离,景域旅游口号在字数简短性、韵脚整齐性和信息互动性上表现出较强或强偏离。

(4)从偏离分布上看,我国旅游口号在字词简单性、声调协调性上存在弱偏离,在音节对称性、修辞多样性、地名涵盖性和价值聚焦性上存在较弱偏离,在字数简短性上存在一般偏离,在利益独特性上存在较强偏离,在韵脚整齐性和信息互动性上存在强偏离。具体来看,偏离分布具有地域尺度差异。省域旅游口号和市域旅游口号与我国旅游口号的偏离分布具有一定的趋同性,景域旅游口号的差异性最为明显。三个地域尺度旅游口号在字词简单性、声调协调性、信息互动性上表现出高度的趋同性,在价值聚焦性和利益独特性两个方面表现出显著差异性。

(二)研究局限

本研究基于经典理论来构建有效的口号设计框架,旨在阐释"衰减器"模型在旅游口号设计指导上的重要机制和意义。本研究存在两个主要局限:第一,采用非概率抽样法。样本口号源自于我国优秀旅游目的地口号而非分层随机抽样数据。本研究的主要关注点是检测我国优秀旅游目的地口号的偏离情况而非具体数据,当前样本可实现此目标。第二,理论构建基于一般情境下的典型状况,没有纳入具体旅游决策中的诸多调节变量。因此,未来研究可考虑如何在旅游口号设计指导框架中同时考虑这两个方面因素。

第五节 海滨目的地口号的"记忆"和"说服"综合有效性研究

一、引言

当今时代,口号已成为旅游目的地品牌化至关重要的工具。它主要通过两种方式贡献于目的地品牌的打造:① 充当广告运动的一致性标签来提高品牌认知,并建立品牌与特定口号表述的联系;② 作为促进消费者掌握品牌含义的"挂钩",提供旨在说服其来访的"品牌预体验"。早期口号设计主要遵循营销实践者提出的"经验准则",如口号应简短、独特、包含韵律等。但这些准则极少经过实证检验,故催生了从口号两大效用的角度("记忆"和"说服")对其进行系统测评的研究。其中,以提高口号"记忆"效应为切入点的研究数量尤多,一度成为该领域的主导型研究。然而,自基于"说服"效应视角的口号研究兴起以来,这两个研究脉络一直类似于两条平行线,极少有融合或交叉。"说服"是营销者追求的终极口号效应,因为它直接与消费者品牌购买、忠诚和口碑宣传等营销绩效挂钩。当前口号"记忆"研究与其相脱离显示出学者的两种潜在思维:① "说服"效应是口号记忆的必然产物;② 促进口号记忆产生的设计特点同时也有助于口号说服。作为学界的逻辑猜想,这两种思维若得不到实证数据支持就信以为然地应用于实践,会误导口号设计。在品牌化时代,诸多目的地在通过"核心展示载体"营造其品牌形象上都耗资不菲。但如果口号开发的主导理念存在偏差,将使口号设计支出及据口号结果产生的大量后续营销支出都付诸东流。比如,现已发现相关实证结果可推翻第一种潜在思维。Dahlén 和 Rosengren 发现在竞争干预下正确的口号记忆对弱势品牌和"品牌评价"产生负面影响;Briggs 和 Janakiraman 指出,口号记忆对品牌联想和态度的影响受消费者是否进行外部信息搜寻的调节。这两项研究都说明口号记忆能否自然引致"说服"效应是依"情境"而定的。

本研究的目标是探究前述两种潜在思维(即口号的"记忆"效应和"说服"效

应受相同设计特点驱动)的科学性问题。存在能同时驱动两个效应(记忆＋说服)的设计特点吗？这一问题是否也具有情境依赖性？在潜在"调节变量"的选择上,本研究以"品牌熟悉"为分析对象。主要有如下几方面考虑:① 在营销学和消费者行为研究领域,"品牌熟悉"几乎是关于品牌传播和沟通效果方面屡试不爽的一个"调节变量",其带来的差异化效应得到广泛证实(跨越品牌类型和具体研究问题)。② 目前目的地口号研究领域还极少涉及施加调节变量的问题,而"品牌熟悉"这一变量更是尚未得到应用。③ 若其在当前研究中的调节效应也成立,将为相关学术研究,尤其是实践领域的口号分类设计和管理提供依据。

二、文献基础与问题开发

（一）"记忆"效应和"说服"效应视角下的口号设计研究

"记忆"效应是西方口号研究的重头戏,但国内学者目前极少涉足。其概念范畴包括口号认知、口号内容记忆、产品类别记忆、"口号-品牌"识别(又简称为"口号识别")等具体的记忆内容。为与主流研究相一致,本研究中这一效应特指"口号-品牌"的正确匹配状况。这一研究分支旨在明确驱动消费者正确识别口号的设计特点。

Reece 最早发现,在其测试中,4 个识别率最高的零售店品牌口号全部具有韵律。Reece 等根据语言、主题和投放量的不同特点从 186 条当时美国国家媒体播放的口号中择出 18 条具有高度代表性的口号为分析素材,证实了修辞格的数量和类型对识别率有显著影响。Kohli 等从先前文献中发现对口号记忆有潜在影响的 4 类设计特点(复杂性、长度、修辞、韵律),并以洛杉矶市市民现实识别的 150 条口号(涵盖各行业)为验证对象,但只确认了"长度"要素的相关性。Lehto 等单独研究"口号-目的地"情感形象相一致这一变量,发现其极大提高了消费者对美国 10 大旅游经济强市口号"正确识别"的可能性。就笔者所接触到的文献来看,目前国内关注口号识别的研究只有钱明辉对"高识别度"产业园区品牌口号设计特点的归纳。钱明辉将潜在的作用特点划归于 3 级指标之下,将各指标自设权重、计分的结果与问卷调查结果相比较,以判断其开发指标体系的科学性。该研究是目前涉及具体口号特点数量最多(共 10 个)的研究。

以上研究的缺陷在于:① 研究设计要素的变异性较大(如品牌类型涉及店面、目的地、产业园区、不限定等;受众涉及儿童、市民、学生等;分析的口号特点在数目和内容上皆不一致),使研究结论缺乏比较探讨的共同平台;② 忽略了探究其发现的有效口号设计特点是否同样奏效于"说服"效应,以便实现营销的终极诉求。

就口号"说服"效应的研究分支而言,国内外现有文献主要着眼于形成此效应的心理机制或应用其相关指标对口号进行评价。直接以口号特点对"说服"效应的实现情况作为其评价、甄选依据的研究则较少。最广泛接受的口号"说服"效应指标包括:口号态度、品牌态度和受众购买意愿。尽管在具体表述上不尽一致,但学界对各领域品牌此效应的判别都是从这些角度出发的(1 个或多个指标的组合)。Strutton 和 Roswinanto 对消费性品牌口号的实验研究发现,口号字数和模糊性的管理操纵可帮助产生除"购买意愿"外的 3 个理想品牌化效果:激发信息想法、品牌态度和强说服感。Zhang 等考察"比喻口号"的 3 个维度对中国国内潜在游客的旅游说服效应。研究发现尽管各维度都发挥一定影响,但就"访问意愿"这一终极说服指标而言,只有"极端性"维度和高认知需要情境下的"相关性"维度对其施加显著作用。Dass 等特别关注"口号态度"这一说服指标,通过对大量真实口号(涵盖各领域)的田野调查发现,"信息清晰""陈述利益""押韵"和"创新"是消费者喜爱口号的关键驱动因素。目前国内学者关于口号的研究中只有 1 篇文献能归入到此研究分支下,即张攀等对品牌口号汉语言文学特点的扎根理论分析。张攀以 2011 年世界 100 强企业和中国 50 强企业的品牌口号(即现实中具有高"说服"效应的口号)为样本,提炼关键的口号"说服"效应驱动特点。"复杂性""顺畅性"和"易联想性"作为重要特点被识别出来。

这些研究存在以下缺点:① 对于口号特点的分析和归纳多源于学者的自身兴趣,缺乏系统性,故该领域未形成具有明显共识性的成果积累;② 现有的分散成果皆未考虑或证实其强调的口号特点对"访问意愿"这一终极说服指标的驱动价值,说明须强化关于该指标的前置性口号特点研究;③ 这些研究同样未考虑与口号记忆研究领域成果的呼应与兼容问题。

（二）品牌熟悉对口号特点有效性的影响

如前所述，大量研究皆显示"品牌熟悉"在受众信息处理和反应中发挥重要的调节作用。以下从"记忆"效应和"说服"效应两大设计诉求的角度分别阐述其对口号特点有效性的影响。

1. 基于"记忆"效应的分析

"熟悉品牌"拥有强大、精致的"品牌结构"，其产品属性在自身独有的品牌节点整合下与产品类别紧密相连。这不仅使熟悉品牌具有信息易接触、易处理、易储存等直接优势；更重要的是，其完善的品牌联想网络在系统化吸纳新口号信息的过程中会提供与其互动的丰富联想素材，在先前知识与新口号的多重元素之间建立起关联痕迹，也即提供了实现口号"记忆"效应的多重线索。若以"内容"和"表述方式"两个维度来囊括口号的所有设计特点，以上阐述意味着对于熟悉品牌，促使消费者正确识别口号的贡献者可能源自这两个维度下的多重口号特点。

不熟悉品牌的情况则恰恰相反，其品牌结构有限、薄弱和零散。对于输入的口号信息，消费者是以一种"猜想"而非自信的方式进行处理，且其处理行为容易较早地穷尽，因为没有先前品牌知识的积极印证与互动。也就是说，因缺乏多渠道记忆链接，不熟悉品牌的识别任务将在相当有限的线索下进行。根据 Yalch 的研究，记忆线索不足时，韵律等助记器对正确识别的贡献更大。因此，对于不熟悉品牌，可预料其识别将主要依靠"表述方式"维度下的口号设计特点。

2. 基于"说服"效应的分析

受众头脑中的"信息详尽处理"资源有限，其会根据处理情境自动分配这一资源。当接触到熟悉品牌的口号信息时，大量先前品牌知识将从"未激活"状态转移到"激活"处理系统中与新信息进行互动和整合。这些先前知识的转移和利用本身将耗费一定认知资源。因此，对于熟悉品牌的口号，消费者会尽量减少详尽处理，使得其对受众"访问意愿"的说服将主要遵循 Petty 和 Cacioppo 提出的"详尽可能性模型"中的"外周处理路径"（Keller 提出）。相反，对于不熟悉品牌口号的信息，消费者知之甚少，能激发消费者详尽处理的兴趣，且不存在大量品牌联想占用认知资源的情况，故更可能通过"中央处理路径"实现其"说服"效应。

另外,"详尽可能性模型"中具体路径的作用水平受信息处理动机的调节。因知识基础不同,人们往往倾向于尽可能地学习、评价不熟悉品牌,并对不熟悉品牌的属性形成精确认知,而对熟悉品牌的口号信息旨在确认、更新和整合。动机类似于"详尽可能性模型"中两种处理路径的控制器:随受众旨在认真掌握和评价品牌信息的动机增强,"中央处理路径"对品牌态度形成的影响将会提高,"外周处理路径"的影响则会逐渐减少。由此推断,在受众熟悉的品牌口号的设计特点中,使受众产生"访问意愿"的主要说服力源于属于外周线索的"表述方式"特点,而不熟悉品牌的主要说服力源于口号"内容"本身。

(三)研究问题

基于对以上文献的述评与探讨,本研究特别关注国内海滨旅游目的地这一特定品牌类型的口号样本。笔者以系统化程序择出若干(共8条)潜在的重要设计特点,通过考察这些特点同时在"记忆"效应(口号识别)和"说服"效应(受众"访问意愿")上的表现情况回答以下研究问题:① 总体上看,哪些设计特点显著影响口号的正确识别?哪些设计特点显著影响口号的访问意愿激发能力?两者存在重合吗?② "品牌熟悉"对口号设计特点的效度及"品牌熟悉"对于设计特点具备"双驱动功效"(即同时贡献于"记忆"效应和"说服"效应)的情况是否具有调节性影响?

三、研究方法

(一)调研方法

为明确国内海滨目的地口号"记忆"效应和"说服"效应的驱动性设计特点(尤其是其中同时具有"双驱动功效"的设计特点)及"品牌熟悉"对此问题的调节性影响,笔者进行了如下调研设计准备和实际调研工作。

1. 目的地、口号特点和口号选择

对这3个要素的确立是调研设计的首要准备环节。研究共涉及6个国内海滨目的地（3个熟悉品牌及3个不熟悉品牌）。这一数量的同类目的地预期可在最小化受众认知负担的情况下产生一定的混淆记忆效果。熟悉品牌选择了三亚、厦门和青岛，遵循原则如下：① 网络十大国内最美海滨目的地排名靠前者；② 旅游业发展水平相当，相互构成国内市场上的积极竞争者；③ 能检索到公众口号征集素材（以确保获取受众"接触度"低而又高度"真实"的口号）。不熟悉品牌全部选自海南的临海县级市：万宁、琼海和陵水，主要因本研究受一项关于海南全域旅游课题的资助。针对28名参与调研的学生所获样本的预测试显示，3个熟悉品牌中，"熟悉度"最低均值显著高于3个不熟悉品牌的"熟悉度"最高均值（3.23/2.08，$P<0.001$），且同组品牌之间这一均值无显著差异。

为平衡"考虑较多口号特点"和"最小化被访者疲劳"的研究设计目标，"德尔菲法"被用来择定纳入分析的口号特点。以从国内外大量文献中提炼的27条口号特点（分2个维度）为基础，本研究设计问卷向7名相关专家征集关于这些口号特点"重要性"的意见。经过对一些特点的归并、分解或重分类，两轮反馈后专家意见趋于一致。2个维度中"重要性"分列前4位的口号特点（内容：独特性、包含利益、可信性、激发情感；表述方式：简洁性、易记性、使用修饰性词语、包含目的地名称）被作为本研究的自变量。

6个城市的120条口号被首先根据"是否使用修饰性词语"和"是否包含目的地名称"分成四大类。邀请85名潜在游客对口号在另6项特点上的具备情况打分，根据"平均总分"识别出每类口号中的高分组和低分组。为纯化反映各口号对本研究关注的口号特点的具备情况，这里使用的测试受众是通过"滚雪球"方式获得的确定"无访问经历"人群。最终，以反映多元化设计质量为宗旨，从8个细分类别中综合挑选出6条口号予以采用，如表3.8所示。测试同时证实绝大多数人（89.4%—96.5%）对于这6条口号为首次接触。

表3.8 本研究中选用的海滨目的地口号样本

熟悉程度	城市	口号
熟悉海滨目的地	三亚	美丽无界限，浪漫无止境
	厦门	休闲海都，温情厦门
	青岛	千山万水，青岛醉美
不熟悉海滨目的地	万宁	温情海岸，如家万宁
	琼海	每个人的琼海
	陵水	天涯海角处，陵水一湾情

2. 问卷开发及测量

为提高获取信息的便利性和准确性,调查问卷包含如下 5 个部分:第 1 部分测量被访者对 6 个海滨目的地的"先前态度"。第 2 部分为口号展示和目的地"访问意愿"测量。允许被访者以其乐于投入的程度逐一阅读 6 条口号,并回答针对各目的地访问意愿的问题。第 3 部分测量各口号在(除"使用修饰性词语""包含目的地名称"外)6 项特点上的具备情况,每页中针对一项特点让被访者对各口号予以评分。第 4 部分关注"口号-目的地"识别,要求被访者凭记忆为每条口号(去掉目的地名称)圈出其归属目的地,不允许向前翻阅问卷。以上部分的基本信息(口号、口号特点、目的地)均为随机排序。第 5 部分考察社会人口统计特点。调查中涉及的主要变量的测量方式、题目及题目来源如表 3.9 所示。

表 3.9 调查中涉及的主要变量的测量方式、题目及题目来源

主要变量	测量方式	测量题目	克朗巴哈系数(Cronbach's alpha)	题目来源
先前目的地态度	5 点量表	总体上,我对这个目的地持有积极态度		Lee 等(2012)
目的地访问意愿	5 点量表	我想在未来的某天访问此目的地		
独特性	5 点量表	口号反映了最能描述目的地特点的属性	0.76	Dass 等(2014)、Gali 等(2017)、自行开发
		口号避免了目的地营销同质化		
包含利益	5 点量表	口号陈述了产品或服务提供的利益		
可信性	5 点量表	口号信息的可信度较高		
激发情感	5 点量表	口号可唤起积极情感或情绪	0.87	
简洁性	5 点量表	口号简短		
		口号结构复杂(反向编码)		
		口号用词简单、不生僻		
易记性	5 点量表	口号易于记忆		
使用修饰性词语	笔者自行观察:编码为"0—1 哑变量"			
包含目的地名称	笔者自行观察:编码为"0—1 哑变量"			

3. 实际调研工作

上述问卷的结构及其管理安排是在2017年9月对162名广州市民实地预测试的基础上确定的。预测试显示先前设计的缺陷在于：问卷偏长、公众参与率低、被访者对大量统一顺序的问题有习惯性作答倾向。正式调查中有针对性地做了如下修改：① 调整问题排版方式，压缩问卷所占篇幅；② 对作为报酬的纪念品精美包装，激发民众参与热情；③ 对问卷主要信息作随机排序，以减少习惯性作答的概率并均摊可能的"认知超载"效应。因预测试中未明显识别到增、减测量题目的需要，所有题目未作更改。

总体上看，因东北、华中和华南为本研究涉及目的地的三大重要国内客源市场，故正式调研选择在三个区域中最具出游潜力的城市中开展：沈阳、武汉和广州。每个城市分配5名经培训的调研人员，于2017年11月15日至2017年12月30日，在当地人流最集中的地点（如步行街、商场、公园、图书馆等）招募处于休息或放松状态的（超过18周岁）个体开展调研。多地点设计旨在尽量获取近于整体人群的多元化样本，使"系统方差"最大化。被访者在了解调研目标和流程后，随机获得一个版本的问卷，在调研人员的协助下填写完毕并被赠予小礼品。正式调查共分发问卷1902份，回收可用问卷1533份（沈阳510份、武汉502份、广州521份），有效问卷回收率为80.6%。

最理想的做法是，正式调研样本仅锁定"无先前目的地访问经历"的人群，以严格剔除其"先前目的地态度"对受众口号特点感知及反应的影响。但因所需样本量较大、多地调研管理的不便利性等原因，当前研究无力实现这一抽样效果。笔者意识到这可能给研究结果带来一定偏差，故在问卷中专门设立了"先前目的地态度"的测量条目，并将其作为"控制变量"之一参与后续统计分析。其目的在于通过剥离这一变量的影响效果使研究实际关注变量的作用效果更真实、清晰。

（二）分析方法

为回答研究问题1，两个针对整体口号样本的"逻辑斯特回归"被开展。因变量分别是以"0—1"二分的"口号-品牌"识别（正确识别＝1，不正确识别＝0）和"目的地访问意愿"（高意愿＝1，低意愿＝0）。其中"目的地访问意愿"对原先的 5 点测量以均值(≥均值或<均值)进行了重分类。自变量除本研究关注的 8 项口号特点外,还包括以控制变量纳入的被访者社会人口统计特点(性别、年龄、受教育程度、年家庭收入)和先前目的地态度。对两个回归模型的分析结果进行比较,判断总体上是否存在具有"记忆"和"说服"双驱动功效的口号特点。

为回答研究问题 2,对属于"熟悉品牌"和"不熟悉品牌"的两类口号数据分别执行如上总体口号样本的两个"逻辑斯特建模"。比较各口号特点对两类口号样本的"记忆"和"说服"驱动效度之差异,包括系数方向和显著性两个方面。最后,分别汇集驱动两类口号样本"记忆"效应和"说服"效应的显著口号特点,判断它们之间的聚合或分歧。据此明确"品牌熟悉"调解下口号特点的"双驱动功效"兼具情况。

四、研究发现与探讨

(一)被访者概况

系列卡方检验显示就主要社会人口统计特点(性别、年龄、受教育程度、年家庭收入)而言,3 个抽样点所获样本未在 $p=0.05$ 水平上存在显著差异;同时,系列方差分析显示,就"先前目的地态度"而言,3 地样本无论是在目的地总体均值还是在"熟悉品牌"和"不熟悉品牌"的各自均值下均未达到 $p=0.05$ 水平的显著差异,如表 3.10 所示。显示出各地样本存在相当程度的"同质性",故可将对其汇总的整体样本用于后续数据分析。其综合情况概括如下:

在包含 1 533 名个体的总样本中,男性(50.8%)与女性(49.2%)的数量大体均等。绝大多数被访者都归属"36—55 岁"(79.7%)的年龄群,其中尤以 45 岁以下者居多(51.2%)。拥有本科及以上较高学历者超过 64.3%,另有约 30% 的大专学历拥有者,而高中以下学历者的比重值最小(4.5%)。绝大多数(超过 75%)被访者的年家庭收入水平在"150 001—250 000 元"之间,属于其他收入范畴的人数明显较少,其中以"50 001—150 000 元"群组者最多(近 15%)。另外,被访者的"先前目的地态度"整体均值较高(3.86),但独立样本 T 检验显示熟悉品牌和不熟悉品牌的这一数据在 $p=0.000$ 水平上形成显著差异。

表 3.10 各城市样本社会人口统计特点及先前目的地态度概况

特点		客源地			χ^2	Sig.
		沈阳 ($N=510$)	武汉 ($N=502$)	广州 ($N=521$)		
社会人口统计特点						
性别	男	259	252	268	0.158	0.924
	女	251	250	253		
年龄（岁）	18—25	65	66	70	4.261	0.833
	26—35	23	20	25		
	36—45	272	248	265		
	46—55	140	150	147		
	≥56	10	18	14		
受教育程度	高中及以下	30	17	22	7.431	0.283
	大专	160	166	152		
	本科	230	215	248		
	硕士及以上	90	104	99		
年家庭收入(元)	50 000 及以下	20	18	18	14.617	0.067
	50 001—150 000	72	70	86		
	150 001—250 000	385	370	395		
	250 001—350 000	24	28	17		
	≥350 000	9	16	5		
先前目的地态度均值		3.82	3.88	3.85	单因素方差分析 (One-Way ANOVA) $F=7.332$ Sig. 0.865	
品牌均值		熟悉品牌 4.85 / 不熟悉品牌 2.39	熟悉品牌 4.93 / 不熟悉品牌 2.66	熟悉品牌 4.89 / 不熟悉品牌 2.77	熟悉品牌: $F=1.228$ Sig. 0.922 不熟悉品牌: $F=1.308$ Sig. 0.987	
独立样本 T 检验 (Independent T-Tests)		Sig. 0.000***	Sig. 0.000***	Sig. 0.000***		

注：*** $p<0.01$。

海滨目的地传统上是高端消费人群（如"长时度假游客"）的专属地，年龄和年收入水平偏高是这类群体的典型特征。但随着知名海滨目的地纷纷步入其生命周期的"成熟期"以及全域旅游的兴起，国内海滨目的地出现客源日益"大众化"的趋势。如海南省旅游委宣告正在积极迎接"大众旅游时代"的新挑战。当前样本中有约70％的人群年龄在"18—45岁"之间,属于中青年的范畴。年家庭收入的绝对比例数据"150 001—250 000元"虽然较高,但分解一下便知这些人群仍属于典型的大众消费者。王文锦指出,中国"中产阶级"的一个重要评判标准是个人而非家庭年收入达到20万元以上。考虑到当前样本来源地均属典型的大城市,其家庭收入反映的应主要是夫妻双方的共同收入(含自由职业者),而非个人收入。综上说明当前样本在反映海滨目的地游客"大众化"变化趋势上具有较好的表征性。

(二) 口号有效性的驱动特点:整体口号样本

如前所述,针对整体口号样本,两个"逻辑斯特回归"被分别用来将由"口号-品牌"识别和"目的地访问意愿"表征的口号有效性与13个自变量(口号设计特点、被访者社会人口统计特点和先前目的地态度)建立联系。模型拟合程度(－2log likelihood)、模型卡方值(model, chi-square)、模型拟合优度(nagelkerke R^2)、总体预测率(overall prediction rate)等指标显示两个模型的诊断效果良好,如表3.11所示。

就"口号-品牌"识别模型而言,显著的影响变量按其对口号正确识别的贡献率依次为易记性(β=2.033)、包含目的地名称(β=1.960)、激发情感(β=1.213)、性别(β=－1.183)、使用修饰性词语(β=1.018)和年家庭收入(β=0.324)。口号特点中,"易记性"和"包含目的地名称"具有最可观的"优势比"。"易记性"提高1个测量单位,口号正确识别的概率将提升近7.7倍;而包含目的地名称的口号要比不包含的口号具有7.099倍的可能性被正确识别。被访者特征中,性别编码"男性"为1,故其负面显著系数表明女性比男性正确识别口号的"优势比"为3.268∶1(1/0.306);年家庭收入微弱的正显著效应说明其增加1个单位水平可带来略微(1.383倍)的口号识别水平提升。

就目的地访问意愿模型而言,显著的影响变量按其对口号激发"访问意愿"的影响率依次为可信性(β=2.061)、使用修饰性词语(β=1.307)、先前目的地态度(β=1.282)、包含目的地名称(β=1.201)、独特性(β=－0.899)和年家庭收入(β=0.505)。口号特点中,"可信性"最突出的"优势比"说明其与近8倍的口号催发访问意愿能力提升相关,而次之的"使用修饰性词语"要比未使用的口号拥有3.695倍的更高访问意愿激发概率。被访者特征中,先前目的地态度的提升也能带来3倍以上(3.604倍)的访问意愿增长,而年家庭收入在此情境下的"优势比"较口号识别模型中略有提高,但未达到显著提高(1.657倍)。

观察到"使用修饰性词语"和"包含目的地名称"同为两个模型中的显著变量,展现出两者对"记忆"效应和"说服"效应的"双驱动功效"潜力。"使用修饰性词语"的重要性在于其以精炼的艺术性词汇传递目的地典型特性,但因同类目的地往往选择相同或相似的语义联想,这一美好设计初衷可能适得其反。当前口号样本即存在这种雷同倾向,故修饰语的"双驱动功效"还有待深入探究。类似地,因口号设计助记器的效用与记忆线索的多寡有关,包含目的地名称的"双驱动功效"多大程度上受两类口号数据(熟悉/不熟悉)的"中和"影响也有待调节分析后才能更清晰。

表3.11 基于整体口号样本的口号有效性驱动特点

自变量 N=1 533	模型1:"口号-品牌"识别		模型2:目的地访问意愿	
	β	优势比(odds ratio)	β	优势比(odds ratio)
性别	−1.183**	0.306	−0.085	0.919
年龄	−0.071	0.932	−0.046	0.955
受教育程度	0.103	1.109	0.096	1.101
年家庭收入	0.324*	1.383	0.505*	1.657
先前目的地态度	0.226	1.254	1.282**	3.604
独特性	0.067	1.069	−0.899*	0.407
可信性	0.293	1.340	2.061***	7.854
包含利益	0.042	1.043	0.205	1.228
激发情感	1.213**	3.364	0.433	1.542
简洁性	0.332	1.394	0.082	1.086
易记性	2.033***	7.637	0.315	1.370
使用修饰性词语	1.018**	2.768	1.307**	3.695
包含目的地名称	1.960***	7.099	1.201**	3.323
常数	−17.031***	0.000	−15.766***	0.000
模型适配度	模型拟合程度=277.833 模型卡方值=373.405($P<0.001$) 模型拟合优度=0.602 总体预测率=84.2%		模型拟合程度=215.462 模型卡方值=304.196($P<0.001$) 模型拟合优度=0.714 总体预测率=86.8%	

注:* $p<0.05$,** $p<0.01$,*** $p<0.001$。

（三）"品牌熟悉"的调节性影响

对基于"品牌熟悉"划分的两类口号样本分别以"口号-品牌"识别和"目的地访问意愿"为因变量建立"逻辑斯特回归模型"。模型适配度指数显示 4 个模型的数据拟合情况均较佳，如表 3.12 所示。

1. "记忆"效应的驱动方面

在"口号-品牌"识别模型中，"熟悉品牌"主要受使用修饰性词语（$\beta=3.605$）、激发情感（$\beta=2.017$）、包含目的地名称（$\beta=1.408$）、性别（$\beta=-1.272$）和年家庭收入（$\beta=0.572$）变量的驱动。就显著的口号特点而言，与前文的理论预期相符，其范围兼跨"内容"和"表述方式"两个维度。在被访者的特征中，与总口号样本的情况相同，性别和年家庭收入在此依然是显著的驱动变量。易记性（$\beta=3.577$）、包含目的地名称（$\beta=3.208$）、使用修饰性词语（$\beta=-2.057$）和性别（$\beta=-0.920$）构成了"不熟悉品牌"口号识别的显著影响变量。其中，口号特点聚焦在"表述方式"单一维度上，再次验证了先前理论预期。然而，被访者特征中，只有性别变量依然显著。

本研究关注的具体口号特点效度变化情况如下：对于熟悉品牌，"使用修饰性词语"的"优势比"从总体样本中的 2.768 跃至 36.782。观察到不熟悉品牌的口号中该变量发挥了一个可观的负显著效应（反向优势比为 7.752），这可能恰好印证了先前学者关于相似营销陈述易引致记忆混淆的结论。然而，Kent 和 Kellaris 的研究显示熟悉品牌在涉及品牌名称的记忆时同样未能幸免于"竞争干预"。本研究中两类口号的迥异效应可能源于"修饰性词语"这种独特记忆线索与品牌熟悉的耦合机制：作为目的地丰富品牌联想的集中"浓缩"，修饰语可激发受众对熟悉品牌的细腻感受与共鸣，而非不熟悉品牌。"激发情感"的"优势比"在熟悉品牌的口号中较总体样本也提升了近 2 倍，而其对不熟悉品牌的口号未形成显著影响。由此，总口号样本中"使用修饰性词语"和"激发情感"的显著正效应主要源于熟悉品牌。

"易记性"在不熟悉品牌口号中的"优势比"高达 35 以上，但其对熟悉品牌口号的效应却不显著。"包含目的地名称"在熟悉品牌口号中尽管依然发挥显著效应，但"优势比"较不熟悉品牌形成大幅跌落（24.730/4.088）。这支持了

Yalch 关于在记忆线索丰富时,口号助记器对其正确识别的效用不突出这一结论。同时可知,不熟悉品牌的口号是总样本中"易记性"和"包含目的地名称"显著正效应的主要贡献者。

2. "说服"效应的驱动方面

在目的地访问意愿模型中,"熟悉品牌"的口号激发访问意愿主要依靠使用修饰性词语($\beta=2.706$)、包含目的地名称($\beta=2.026$)、先前目的地态度($\beta=1.427$)和年家庭收入($\beta=0.487$)变量。其发挥显著作用的口号特点聚焦在"表述方式"维度下,呼应于前文的理论设想。在被访者特征中,总口号样本情境下的先前目的地态度和年家庭收入在此依然是显著的驱动变量。"不熟悉品牌"的口号在驱动访问意愿上主要受可信性($\beta=2.277$)、独特性($\beta=-1.212$)和年家庭收入外($\beta=0.536$)变量的影响。口号特点的两个变量均归属于"内容"维度下,再次印证了先前推断。在被访者特征中,只有年家庭收入作为显著变量依然成立。

本研究关注的具体口号特点效度变化情况如下:对熟悉品牌口号影响率排名 1、2 的"使用修饰性词语"和"包含目的地名称"分别与近 20 倍和 8 倍的口号驱动访问意愿提升相联系。然而,在不熟悉品牌的口号中,两个变量则仅发挥了微弱的负面/正面不显著效应。很显然,熟悉品牌的口号是总样本中两个变量显著正效应的缔造者。此外,Dahlén 和 Rosengren 的研究发现相似口号干扰下的熟悉和不熟悉"口号-品牌"错配对不熟悉品牌的态度评价利大于弊,而熟悉品牌则反之。本研究的相反数据说明这种"干扰"仅发生在不熟悉品牌之间,并进一步显示出"修饰语"对熟悉品牌规避竞争干预和资产溢出的独特功效。

在不熟悉品牌的口号中,"可信性"以其近于 10 的"优势比"数值强烈激发游客的访问意愿,而此变量在对立口号样本中的效应下降为不显著。这说明游客是否愿意造访某不熟悉目的地,主要关注其口号承诺的可兑现性。然而,他们对熟悉目的地的这一敏感性则微乎其微,因为强大的品牌资产就是信誉保障。这种心理反差在"独特性"数据中得到了极端反映。熟悉品牌宣称的独特性被视为平常(或原本如此),未对其激发游客来访注入显著能量。反观之,不熟悉品牌的中等负效应则显现出受众对其陈述的猜疑和反感。这种不知名目的地会提供真正"独特"的体验吗?应该只是营销炒作。Laran 等的研究发现了类似效果,消费者视口号为商家的"说服工具",会在潜意识间采取旨在纠正其偏差性影响的"反启发效应"。此外,由上可知,不熟悉品牌的口号主要驱动了总样本中两个变量的显著(正面/负面)效应。

表 3.12 "品牌熟悉"对口号特点有用性的调节

"口号-品牌"识别				
自变量 $N=1\,533$	模型 3 口号类型:熟悉品牌		模型 4 口号类型:不熟悉品牌	
	β	优势比(odds ratio)	β	优势比(odds ratio)
性别	-1.272^{**}	0.280	-0.920^{**}	0.399
年家庭收入	0.572^{*}	1.772	0.122	1.130
激发情感	2.017^{***}	7.516	0.672	1.958
易记性	0.128	1.137	3.577^{***}	35.766
使用修饰性词语	3.605^{***}	36.782	-2.057^{***}	0.129
包含目的地名称	1.408^{**}	4.088	3.208^{***}	24.730
模型适配度	模型拟合度=283.636		模型拟合度=256.808	
	模型卡方值=390.665 ($P<0.001$)		模型卡方值=361.454 ($P<0.001$)	
	模型拟合优度=0.726		模型拟合优度=0.737	
	总体预测率=82.4%		总体预测率=88.3%	
目的地访问意愿				
自变量 $N=1\,533$	模型 5 口号类型:熟悉品牌		模型 6 口号类型:不熟悉品牌	
	β	优势比(odds ratio)	β	优势比(odds ratio)
年家庭收入	0.487^{*}	1.627	0.536^{*}	1.709
先前目的地态度	1.427^{**}	4.166	0.226	1.254
独特性	0.336	1.399	-1.212^{**}	0.298
可信性	0.281	1.325	2.277^{***}	9.747
使用修饰性词语	2.706^{***}	14.969	-0.815	0.443
包含目的地名称	2.026^{***}	7.584	0.723	2.061
模型适配度	模型拟合度=236.883		模型拟合度=208.664	
	模型卡方值=343.076($P<0.001$)		模型卡方值=294.002($P<0.001$)	
	模型拟合优度=0.772		模型拟合优度=0.734	
	总体预测率=81.6%		总体预测率=90.2%	

注:表中只包含显著的自变量;$^{*}p<0.05, ^{**}p<0.01, ^{***}p<0.001$。

3. 调节效应下的"双驱动"变量

综上，就口号设计的"记忆"效应和"说服"效应兼顾而言，熟悉品牌存在具有"双驱动功效"的口号特点，即"使用修饰性词语"和"包含目的地名称"。总口号样本中两个变量的"双驱动功效"在熟悉品牌口号亚样本中依然成立，且效应趋势为更突出。不熟悉品牌驱动"记忆"效应和"说服"效应的口号特点则分属"表述方式"和"内容"两个维度下，未形成交集。总口号样本中"使用修饰性词语"和"包含目的地名称"的"双驱动功效"在该亚样本中不成立。此外，顺便提及，被访者特征中年家庭收入变量在熟悉品牌口号样本中兼具记忆和说服驱动力，但在不熟悉品牌口号样本中这一双功效则不成立。

五、研究总结、启示与局限

（一）研究总结

基于对当前口号研究不足及其实践影响的观察和思考，本研究开展以国内海滨目的地口号样本为素材的口号"记忆"效应和"说服"效应整合研究。主要致力于探究"两效应受相同口号设计特点驱动"这一学界潜在思维的科学性。研究从整体意义上和按"品牌熟悉"分类口号的调节分析意义上分别检验这一潜在思维是否成立。

本研究主要有以下几个方面发现：

（1）就总体口号样本而言，口号识别模型和目的地访问意愿模型各自有6个显著驱动变量，但在两模型中均显著的口号特点只有"使用修饰性词语"和"包含目的地名称"。

（2）"品牌熟悉"对诸多口号特点的效度都产生了显著调节，如使用修饰性词语、激发情感、易记性、包含目的地名称、可信性和独特性。这些特点在"口号识别模型"和/或"目的地访问意愿模型"中的效度大小因品牌熟悉度形成了明显差别。

（3）"熟悉品牌"同时有效调节了口号特点的记忆和说服"双驱动功效"。总体口号样本中"使用修饰性词语"和"包含目的地名称"的"双驱动功效"在熟悉品牌口号中成立,在不熟悉品牌口号中则不成立。

(二)研究启示

1. 理论启示

(1)总体而论,本研究的发现不支持基于单一效应视角(记忆或说服)确立口号设计指导原则的做法。清晰可见,不熟悉品牌两个效应的显著驱动变量没有交集,仅依靠单方面测量得到的研究结论会使口号设计顾此失彼。尤其是仅强调"口号识别"的研究范式,因其未触及品牌化的终端诉求(购买偏好与忠诚),易落入重表象、轻实质的误区。熟悉品牌的确在两个口号特点上具备"双驱动功效",但不应将此结论扩大化,认为该情境下基于单一效应视角的口号指导研究是适用的。因为"修饰语"和"品牌名称"的双信息处理(细致记忆链接和"格式塔")耦合本身就意味着当前结论在转用其他口号特点时难以复制。

(2)纳入"品牌熟悉"这一调节变量后,本研究发现学界对一些口号特点作用的常规认识存在片面性。修饰语雷同、泛化一直被国内旅游学者所诟病,但本研究发现传统认识中与此相关的不良效应(如庸俗平淡、记忆混淆)仅显现在不熟悉品牌中,熟悉品牌则会突出记忆和说服功效。丰富的品牌联想使得"雷同"修饰语用在熟悉品牌上也能使其形象鲜明,折射出巨大的信息容量和张力。此外,被奉为口号设计金科玉律的"独特性"也显现出异于常规认识的效应:在访问意愿模型中,其对熟悉品牌呈微弱正效应,对不熟悉品牌呈中等负效应,这使笔者猜想可能其独特性的显著正效应主要发挥在中等熟悉程度品牌的口号中。

2. 实践启示

(1)熟悉品牌存在发挥"双驱动功效"的口号特点,代表其口号设计具有"灵活性强"这一重要优势。在使用1或2个口号特点实现记忆和说服目标后,其他方面(如语义内容、表述风格等)只要不错选削弱或背离以上效应的口号属性,设计上便有较大的自由裁量权。为享有这一独特优势,熟悉目的地应尽量在口号中融入"修饰语"或"目的地名称"。两个变量均是利用"品牌资产的剥落物"而在口号中发挥奇妙的杠杆功效。修饰语的选用尤其要注意"贴切",因为这是触发受众共鸣的前提立足点。修饰语并非完全不能重合,品牌熟悉会帮助受众从真正契合的语义联想中厘清细微差异。"目的地名称"作为更广泛品牌联想的吸纳器,若与修饰语并用,预期更能促进口号耦合效果的实现。

(2) 不熟悉品牌若要在设计上实现口号的"双驱动功效",则需同时纳入"内容"和"表述方式"维度下分别驱动"记忆"效应和"说服"效应的设计特点。这给口号设计增添了禁锢,使其缺乏灵活性,甚至可能出现"鱼与熊掌不可兼得"的矛盾。比如,口号识别往往需采用艺术化(如韵律、多重修辞)、夸张或醒目的措辞,而访问意愿激发又要求不熟悉品牌用语严谨、具体、可信,切忌言过其实而招致受众反感,实现两者兼顾的"度"有时很难把握。或可考虑在口号特点的选用上"两者折一",而对另一效应的实现再辟蹊径。有研究显示,品牌偏好可独立于信息意识而产生,且"单纯展示效应"更利于不熟悉品牌的沟通。因此,不熟悉品牌可采取"少涉实质内容、强化艺术表述"的设计手法,即先以口号识别提高受众的熟悉和感知流畅程度,进而实现"含蓄记忆处理"自然引致的态度提升和购买考虑。

(三) 研究局限

本研究主要存在以下两个方面的研究局限:

第一,为纯化口号的产品类别来源,本研究仅选用了国内海滨目的地的口号样本,这便于确立此情境下的结论效度,但也构筑了效度外推的障碍。海滨目的地具有不同于实体性品牌及一般目的地品牌的明显特性,其重要口号特点(如情感密集对修饰语耦合效应的强化)极有可能在其他品牌身上失效或效应弱化。故本研究结论在应用和推广上必须开展"相同研究设计-不同品牌类型"的验证研究。

第二,就具体国内海滨目的地样本的选择而言,出于便利性考虑,3个不熟悉品牌的目的地皆选自海南的临海县级市。从抽样逻辑的角度看,这种做法可能会弱化样本的代表性,致使研究结论出现偏差。最科学的做法是分别从3个与"熟悉品牌"相同的省份中各选一个典型的"不熟悉海滨目的地",如形成"陵水(海南)、福清(福建)、荣成(山东)"的"不熟悉品牌"组合。这将更便于在地理方位上凸显出"熟悉和不熟悉"目的地品牌的综合竞争态势。笔者拟在后续相关研究中采取如上所述的海滨目的地选择组合对本研究发现进行"复检验"。

参 考 文 献

[1] 艾尔巴比.社会研究方法[M].邱泽奇,译.北京:华夏出版社,2009.

[2] 白凯,孙天宇,谢雪梅.旅游目的地形象的符号隐喻关联研究:以陕西省为例[J].资源科学,2008,30(8):1184-1190.

[3] 陈向明.质的研究方法与社会科学研究[M].北京:教育科学出版社,2000.

[4] 戴维德·阿克.管理品牌资产[J],奚卫华,董春海,译.北京:机械工业出版社,2006.

[5] 丁锦红,张钦,郭春彦,等.认知心理学[M].北京:中国人民大学出版社,2014.

[6] 董皓.旅游目的地品牌推广口号的语言学构成分析:以省域及重点旅游城市为例[J].人文地理,2013(2):148-153.

[7] 范晓.汉语的句子类型[M].太原:书海出版社,1998.

[8] 高静,肖江南,章勇刚.国外旅游目的地营销研究综述[J].旅游学刊,2006(7):91-96.

[9] 高静,章勇刚.旅游目的地品牌化若干基本问题的探讨[J].北京第二外国语学院学报,2007(9):73-78.

[10] 龚箭,李苗,胡静.海南国际旅游岛发展模式研究[J].中南财经政法大学学报,2012(5):15-20.

[11] 胡幸福.论城市形象表述词与旅游地形象主题词的关系:兼说广州旅游地形象主题词[J].广州大学学报(社会科学版),2009,8(12):48-51.

[12] 黄震方,李想.旅游目的地形象的认知与推广模式[J].旅游学刊,2002(3):65-70.

[13] 贾垚焱,胡静,许贤棠,等.旅游口号创意模式的共时差异和历时演变研究[J].华中师范大学学报(自然科学版),2016,50(6):952-958.

[14] 金颖若.旅游地形象定位及形象口号设计的要求[J].北京第二外国语学院学报,2003(1):45-47.

[15] 凯文·雷恩·凯勒. 战略品牌管理[J], 李乃和, 吴瑾, 邹勤, 等, 译. 北京: 中国人民大学出版社, 2006.

[16] 李佰帆, 谢合明. 旅游目的地品牌建设中景区口号及其与其他要素的一致性研究: 基于四川省4A级旅游景区官方网站的内容分析[J]. 西部经济管理论坛, 2014(1): 39-44.

[17] 李蕾蕾. 城市旅游形象设计探讨[J]. 旅游学刊, 1998(1): 46-48.

[18] 李蕾蕾. 旅游目的地形象口号的公共征集: 误区与思考[J]. 桂林旅游高等专科学校学报, 2003, 14(4): 43-47.

[19] 李山, 王铮. 旅游地品牌化中的旅游形象与旅游口号[J]. 人文地理, 2006, 21(2): 5-11.

[20] 李天元, 曲颖. 旅游目的地定位主题口号设计若干基本问题的探讨: 基于品牌要素视角的分析[J]. 人文地理, 2010(3): 114-119.

[21] 李天元. 旅游目的地定位研究中的几个理论问题[J]. 旅游科学, 2007, 21(4): 1-7.

[22] 李燕琴, 吴必虎. 旅游形象口号的作用机理与创意模式初探[J]. 旅游学刊, 2004, (1): 82-86.

[23] 刘锋. 区域旅游形象设计研究: 以宁夏回族自治区为例[J]. 经济地理, 1999(3): 96-100.

[24] 苗雅杰, 吕帅. 区域旅游形象口号类型及其影响因素分析[J]. 旅游论坛, 2010, 3(3): 314-318.

[25] 尼格·摩根, 安耐特·普瑞查, 尧格·普瑞德. 旅游目的地品牌管理[M], 杨桂华, 田世政, 姚娟, 译. 天津: 南开大学出版社, 2006.

[26] 牛永革, 赵平. 品牌主题语回想研究探析[J]. 外国经济与管理, 2009, 31(8): 36-45.

[27] 钱明辉. 产业园区品牌口号识别特征及其实证研究[J]. 桂林: 社会科学家, 2016(12): 78-84.

[28] 曲颖, 李天元. 基于旅游目的地品牌管理过程的定位主题口号评价: 以我国优秀旅游城市为例[J]. 旅游学刊, 2008, 23(1): 30-35.

[29] 曲颖. 旅游目的地定位: 理论与实践层面的探索[M]. 北京: 中国社会科学出版社, 2017.

[30] 塞姆·赫尔, 克瑞思·莱德瑞. 品牌资产[M]. 白长虹, 等, 译. 北京: 机械

工业出版社,2004.

[31] 施特劳斯·A,科尔真·J.质性研究入门:扎根理论研究方法[M].吴芝仪,廖梅花,译.嘉义:涛石文化事业有限公司,2001.

[32] 斯坦利·帕洛格.旅游市场营销实论[J].李天元,李曼,译.天津:南开大学出版社,2007.

[33] 田大江,刘家明,钟林生,等.生态旅游形象定位研究:以青海湖为例[J].干旱区资源与环境,2012,26(4):181-188.

[34] 田里,徐尤龙.旅游口号名实相符度和接受度测量[J].思想战线,2015(1):112-116.

[35] 王甦,汪安圣.认知心理学[M].北京:北京大学出版社,1992.

[36] 王文锦.尴尬中产:被房子捆绑的中产阶级[J].郑州:理财(市场版),2016(11):17-19.

[37] 王艳平,程玉.国际旅游度假的行为特征与知识意义[J].旅游论坛.2015(4):45-50.

[38] 威尔伯·施拉姆,威廉·波特.传播学概论[M].2版.何道宽,译.北京:中国人民大学出版社,2010.

[39] 维克多·密德尔敦.旅游营销学[J].向萍,等,译.北京:中国旅游出版社,2000.

[40] 肖敏,李山,徐秋静,等.旅游口号创意模式的尺度差异研究[J].旅游学刊,2011,26(3):50-55.

[41] 谢朝武,李玉红.基于网络知名度分析的我国优秀旅游城市的形象口号设计研究[J].人文地理,2010(3):134-138.

[42] 徐尤龙,田里,唐夕汐,等.两种旅游口号评价方法比较研究:以云南16个地州口号为例[J].桂林:旅游论坛,2014(6):79-83.

[43] 杨文全.新闻标题语言与受众心理[J].云南民族大学学报(哲学社会科学版),2003,20(6):107-110.

[44] 约翰·安德森.认知心理学及其启示[M].秦裕林,等,译.北京:人民邮电出版社,2012.

[45] 张立建,甘巧林.旅游形象定位词面面观及错误根源剖析[J].旅游学刊,2006,21(6):48-51.

[46] 张攀,郭昱琅,周星.基于扎根理论的品牌口号汉语言学特征研究[J].北

京:管理现代化,2014,34(4):41-43.

[47] ANDSAGER J L, DRZEWIECKA J A. Desirability of differences in destinations[J]. Annals of Tourism Research,2002(29):401-421.

[48] BOUSH D M. How advertising slogans can prime evaluations of brand extensions[J]. Psychology & Marketing,1993,10(1):67-78.

[49] BRADLEY S D, MEEDS R. Surface-structure transformations and advertising slogans: the case for moderate syntactic complexity[J]. Psychology & Marketing,2002,19(7/8):595-619.

[50] BRENNAN I, MCCALMAN D. Word-of-author advertising in textbooks: the role of brand familiarity and placement repetition on recall and recognition[J]. Academy of Marketing Studies Journal, 2011, 15(1):125-138.

[51] BRIGGS E, JANAKIRAMAN N. Slogan recall effects on marketplace behaviors: the roles of external search and brand assessment[J]. Journal of Business Research,2017(80):98-105.

[52] BRITTON B K, TESSER A. Effects of prior knowledge on use of cognitive capacity in three complex cognitive tasks[J]. Journal of Verbal Leaning and Verbal Behavior,1982,21(4):421-436.

[53] BURKE R R, SRULL T K. Competitive interference and consumer memory for advertising[J]. Journal of Consumer Research,1988,15(1):55-68.

[54] CACIOPPO J T, PETTY R E. Effects of message repetition and position on cognitive response, recall and persuasion[J]. Journal of Personality and Social Psychology,1979,37(1):97-109.

[55] CAMPBELL M C, KELLER K L. Brand familiarity and advertising repetition effects[J]. Journal of Consumer Research,2003,30(2):292-304.

[56] CHAN Y Y. Unconscious processing of web advertising: effects on implicit memory, attitude toward the brand, and consideration set[J]. Journal of Interactive Marketing,2008,22(2):2-18.

[57] DAHLÉN M, LANGE F. Advertising weak and strong brands: who gains? [J]. Psychology & Marketing,2010,22(6):473-488.

[58] DAHLÉN M, ROSENGREN S. Brands affect slogans affect brands? competitive interference, brand equity and the brand-slogan link[J]. Journal of Brand Management,2005,12(3):151-164.

[59] DASS M, KOHLI C, KUMAN P, et al. A study of the antecedents of slogan liking[J]. Journal of Business Research, 2014, 67(12): 2504-2511.

[60] DELGADO-BALLESTER E, NAVARRO A, et al. Revitalising brands through communication messages: the role of brand familiarity[J]. European Journal of Marketing,2012,46(1/2):31-51.

[61] DINOFF B L, KOWALSKI R M. Reducing AIDS risk behavior: the combined efficacy of protection motivation theory and the elaboration likelihood model[J]. Journal of Social & Clinical Psychology,1999,18(2):223-239.

[62] DONAIRE J A, GALí N. Tourism slogans: an analysis of the slogans of catalan destinations[J]. Bulletin of the Association of Spanish Geographers,2012,60(1):521-533.

[63] DRÖGE C. Shaping the route to attitude change: central versus peripheral processing through comparative versus noncomparative advertising [J]. Journal of Marketing Research,1989,26(2):193-204.

[64] ERFGEN C, ZENKER S, SATTLER H. The vampire effect: when do celebrity endorsers harm brand recall? [J]. International Journal of Research in Marketing,2015,32(2):155-163.

[65] FARH J L, LIANG J, CHEN Z J. The design and evaluation of empirical research[C]//CHEN X P, TSUI A S, FARH J L. Empirical methods in organization and management research. Beijing: Peking University Press,2012:121.

[66] FURTES-OLIVERA P A, VELASCO-SACRISTÁN M, ARRIBAS-BAÑO A, et al. Persuasion and advertising English: metadiscourse in slogans and headlines[J]. Journal of Pragmatics, 2011, 33(8): 1291-1305.

[67] GALE T. Modernism, post-modernism and the decline of British seaside

resorts as long holiday destinations: a case study of Rhyl, North Wales [J]. Tourism Geographies, 2005, 7(1): 86-112.

[68] GALÍ N, CAMPRUBÍ R, DONAIRE J A. Analyzing tourism slogans in top tourism destinations[J]. Journal of Destination Marketing & Management, 2016.

[69] GOOSSENES C. Tourism information and pleasure motivation[J]. Annals of Tourism Research, 2000(2): 301-321.

[70] HILTON J L, DARLEY J M. The effects of interaction goals on person perception [C]//Zanna M P. Advances in experimental social psychology. New York: Academic Press, 1991.

[71] HOLBROOK M B, HIRSCHMAN E C. The experiential aspects of consumption: consumer fantasies, feelings and fun[J]. Journal of Consumer Research, 1982(9): 132-140.

[72] HOLDEN S J S, VANHUELE M. Know the name, forget the exposure: brand familiarity versus memory of exposure context[J]. Psychology & Marketing, 1999, 16(6): 479-496.

[73] HYDE K F, LAWSON R. The nature of independent travel[J]. Journal of Travel Research, 2003(42): 13-23.

[74] JANISZEWSKI C. Preconscious processing effects: the independence of attitude formation and conscious thought[J]. Journal of Consumer Research, 1988, 15(2): 199-209.

[75] KAMINS M A, MARKS L J. The perception of kosher as a third party certification claim in advertising for familiar and unfamiliar brands[J]. Journal of the Academy of Marketing Science, 1991, 19(3): 177-185.

[76] KATZ M, ROSE J. Is your slogan identifiable? [J]. Journal of Advertising Research, 1969, 9(1): 21-43.

[77] KELLE K L. Cue compatibility and framing in advertising[J]. Journal of Marketing Research, 1991, 28(1): 42-57.

[78] KELLER K L. Conceptualizing, measuring and managing customer-based brand equity[J]. Journal of Marketing, 1993, 57(1): 1-22.

[79] KENT R J, ALLEN C T. Competitive interference effects in consumer

memory for advertising: the role of brand familiarity[J]. Journal of Marketing,1994,58(3):97-105.

[80] KENT R J,KELLARIS J J. Competitive interference effects in memory for advertising:are familiar brands exempt? [J]. Journal of Marketing Communications,2001,7(3):159-169.

[81] KETELAAR P,MAESEN S,LINSSEN L. The effectiveness of openness in advertising for familiar and unfamiliar brands in different nationalities[J]. Journal of Euro-marketing,2013,22(1):5-23.

[82] KLENOSKY D B,GITELSON R E. Characteristics of effective tourism promotion slogans[J]. Annals of Tourism Research, 1997, 24(1): 235-238.

[83] KOHLI C, LEUTHESSER L, SURI R. Got slogan? guidelines for creating effective slogans[J]. Business Horizons;2007,50(5):415-422.

[84] KOHLI C, THOMAS S, SURI R. Are you in good hands?: slogan recall:what really matters[J]. Journal of Advertising Research,2013,53(51):31-42.

[85] LARAN J, DALTON A N, ANDRADE E B. The curious case of behavioral backlash: why brands produce priming effects and slogans produce reverse priming effects[J]. Journal of Consumer Research, 2010,37(6):999-1014.

[86] LEE G, CAI L A, O'LEARY J T. Www. branding. states. us: an analysis of brand-building elements in the US state tourism websites [J]. Tourism Management,2006,27(5):815-828.

[87] LEE H R, BAN S Y, YOON Y S. Analysis of convention tourism destination brand slogans: focusing on international convention cities [J]. Korea Science & Art Forum,2016,26(12):339-351.

[88] LEE S,RODRIGUEZ L,SAR S. The influence of logo design on country image and willingness to visit:a study of country logos for tourism[J]. Public Relations Review,2012,38(4):584-591.

[89] LEHTO X Y, LEE G, ISMAIL J. Measuring congruence of affective

images of destinations and their slogans[J]. International Journal of Tourism Research,2014,16(3):250-260.

[90] LIM B C,CHUNG C M Y. Word-of-mouth:the use of source expertise in the evaluation of familiar and unfamiliar brands[J]. Asia Pacific Journal of Marketing & Logistics,2014,26(1):39-53.

[91] MACKENZIE S B,SPRENG R A. How does motivation moderate the impact of central and peripheral processing on brand attitudes and intentions? [J]. Journal of Consumer Research,1992,18(4):519-529.

[92] MCQUARRIE E F,MICK D G. Visual rhetoric in advertising:text-interpretive, experimental, and reader-response analyses[J]. Journal of consumer research,1999,26(1):37-54.

[93] MIKHAILITCHENKO A,JAVALGI R G,MIKHAILITCHENKO G, et al. Cross-cultural advertising communication:visual imagery, brand familiarity,and brand recall[J]. Journal of Business Research,2009,62(10):931-938.

[94] MOLIAN D. "I'm a doughnut":lessons for the sloganeer[J]. European Business Journal,1993,5(2):40.

[95] MORRIN M, RATNESHWAR S. The impact of ambient scent on evaluation,attention,and memory for familiar and unfamiliar brands[J]. Journal of Business Research,2000,49(2):157-165.

[96] ORMEROD R J. Is content analysis either practical or desirable for research evaluation? [J]. Omega,2000,28 (2):241-245.

[97] PETTY R E, CACIOPPO J T. The elaboration likelihood model of persuasion[J]. Advances in Experimental Social Psychology, 1986, 19(4):123-205.

[98] PIKE S. Destination brand positioning slogans-towards the development of a set of accountability criteria[J]. Acta Turistica, 2004, 16 (2):102-124.

[99] PRENTICE R. Evocation and experiential seduction:updating choice-sets modeling[J]. Tourism Management,2006(27):1153-1170.

[100] PRYOR K, BRODIE R J. How advertising slogans can prime evaluations of brand extensions: further empirical results[J]. Journal of Product & Brand Management,1998,7(7):497-508.

[101] REECE B B, VAN DEN BERGH B G, LI H. What makes a slogan memorable and who remembers it[J]. Journal of Current Issues & Research in Advertising,1994,16(2):41-57.

[102] REECE B B. Children's ability to identify retail stores from advertising slogans[J]. Advances in Consumer Research,1984,11(4):320-323.

[103] RICHARDSON J, COHEN J. State slogans: the case of the missing USP[J]. Journal of Travel & Tourism Marketing, 1993, 2(2/3):91-109.

[104] ROBERTSON K. Strategically desirable brand name characteristics[J]. Journal of Consumer Marketing,1989,6(4):61-71.

[105] ROSWINANTO W, STRUTTON D. Can vague brand slogans promote desirable consumer responses?[J]. Journal of Product & Brand Management,2014,23(4/5):282-294.

[106] SIRAKAYA E, WOODSIDE A G. Building and testing theories of decision making by travelers[J]. Tourism Management, 2005(26): 815-832.

[107] STERN E, KRAKOVER S. The formation of composite urban image[J]. Geographical Analysis,1993(2):130-146.

[108] STRUTTON D, ROSWINANTO W. Can vague brand slogans promote desirable consumer responses?[J]. Journal of Product & Brand Management,2014,23(4/5):262-267.

[109] SUPPHELLEN M, NYGAARDSVIK I. Testing country brand slogans:conceptual development and empirical illustration of a simple normative model[J]. Journal of Brand Management, 2002, 9(4): 385-395.

[110] SUTHERLAND S, GABBOTT M, JACKSON K. A preliminary study investigating the mere exposure effect using divided and full attention conditions[J]. Australasian Marketing Journal,1999,7(2):39-48.

[111] WOODSIDE A G, MACDONALD R. General system framework of consumer choice processes of tourism services[C]//Gasser R V, Weiermair K. Spoilt for choice, decision-making processes and preference change of tourists: intertemporal and intercountry perspectives. Thaur: Kulturverlag, 1994: 30-59.

[112] YALCH R F. Memory in a jingle jungle: music as a mnemonic device in communicating advertising slogans[J]. Journal of Applied Psychology, 1991, 76 (2): 268-275.

[113] ZHANG H, GURSOY D, XU H. The effects of associative slogans on tourists attitudes and travel intention: the moderating effects of need for cognition and familiarity[J]. Journal of Travel Research, 2017, 56 (2): 206-220.

第四章 海南国际旅游岛纵深发展的助推器：全域旅游

"全域旅游"的概念最早缘起于 2008 年浙江省绍兴市制定的发展战略规划。之后，2011 年大连市在其旅游沿海经济圈产业发展规划中正式使用了"全域旅游"的概念，但未引起关注。2013 年，由厉新建等以北京为例提出了全域旅游对世界一流城市建设的理念创新，并首次就该概念进行了理论阐释，但同样未引起学界的过多关注。触发"全域旅游"研究成为一种显学的是原国家旅游局局长李金早于 2016 年 4 月在《人民日报》上撰文，从全域旅游思想、理论和实践三个视角清晰勾勒全域旅游的基本构架。随后，大量学者对全域旅游思想进行了深入探索和完善，直至当前研究热度依然在延续。

我国旅游业的发展历来在理论和实践上有"狭义旅游"（及小旅游）和"广义旅游"（即大旅游）之间的取舍争议，即以下两种声音：一部分学者认为旅游业应该明确旅游产业边界，做深做精旅游，提升旅游品质；另一部分学者则主张要更广义地看待旅游业，主张发展泛旅游（大旅游或大产业）。全域旅游理论就是要解决狭义旅游和广义旅游这一既矛盾又统一的辩证发展关系，实现旅游二维视角兼容发展和融合发展，对中国未来旅游业的发展进行战略再定位。厉新建认为："全域旅游就是把一个行政区作为一个旅游景区,旅游产业全景化、全覆盖,全社会、全员积极参与旅游的发展方式。"李金早认为："全域旅游是中国旅游业从景区(点)发展模式向全域旅游发展模式的转变,是以旅游业带动和促进经济社会协调发展的一种新的区域协调发展理念和模式。"可见,全域旅游通过若干个"精细"的"小旅游"实现了带动宏观经济各相关行业联动发展的"大旅游"。全域旅游的确有效地融合了两者。

2016年,原国家旅游局将海南确定为全国首个"全域旅游创建省",旨在为中国本土提供"全域旅游发展"理论和实践创新的经典范例。海南是我国旅游发展的重要桥头堡和风向标,浓缩了我国旅游业发展的主要特征,选择海南创建全域旅游示范省,具有典型性、代表性和紧迫性。海南的全域旅游建设采取"点、线、面"的全范围项目覆盖计划,"全域景观化"的目标可以说和"乡村旅游"景点质量、环境质量的提升密不可分。2017年2月5日,中共中央国务院发布的《关于落实发展新理念加快农业现代化实现全面小康目标的若干意见》中,明确提出了乡村旅游是我国旅游发展的一种新业态,乡村旅游的发展为实现城乡一体化起着重要作用。党的十八大提出美丽中国的畅想,随着"美丽中国、美丽乡村"的建设,乡村旅游已成为旅游产业转行升级的重阵,更是海南"国际旅游岛"建设纵深推进的有力"助推器"。

从概念上看,郭琦认为："乡村旅游以具有乡村性的自然和人文客体为旅游吸引物,以村庄野外为空间,依托农村区域的优美自然环境、特色建筑和区域文化等资源,在传统农村休闲游的基础上,拓展休闲观光等项目的新兴旅游方式。"它具有"农业与第三产业的融合""打造农村景区建设"和"农民多业化"3个典型发展特征。但从当前看海南乡村旅游各市县之间极不平衡,三亚市和海口市因主流旅游活动的带动,收入相对较高,中西部地区乡村旅游则收入偏低,并且乡村旅游存在以下3点明显缺陷：

(1)基础设施不完善。海南乡村旅游地主要集中在城市郊区,缺乏投入资金,旅游基础设施较差。以农户个体经营为主,受当地资源条件制约,农户提供的住宿、餐饮等条件也相对较差。

(2)产品同质化现象严重。目前海南的乡村旅游资源开发过于依靠自然资源,仍然停留在"吃农家饭,住农家院,水果采摘"的水平上。乡村旅游项目还比较少,产品单一,同质化现象严重。

(3)缺乏专业管理人才。海南乡村旅游的大部分经营者和管理者是当地乡村居民，他们没有接受过正规的旅游管理培训，从业人员整体素质相对较差。

本章针对以上乡村旅游的弱点和缺陷，在谋划海南乡村旅游与主流城市旅游齐头并进，使乡村旅游能够成为"国际旅游岛建设"重要助推器方面贡献发展思路。目前海南真正意义上的城市旅游地只有三亚和海口，其他正在积极建设旅游资源和相关设施的城市因知名度欠佳，其实主要走的也是乡村旅游的发展思路和模式，故本章的分析内容对海南绝大多数城市和乡村地皆适用。本章共含3节内容：第一节从四大角度深入剖析全域旅游新发展战略如何成为海南国际旅游岛建设纵深推进的"有力抓手"，聚焦于阐释两者内在相融合发展理念所引导的一致性战略方针和行动计划，即剖析两者之间如何建立互促互进、协同发展的内在链接机制。海南特色地域文化和资源特色体现最明显的地方在诸多知名度欠佳的城市，尤其是乡村旅游地，而非形象上"高大上"的三亚和海口。这是海南国际旅游岛发展纵深推进战略创新的关键实现地，也是全域旅游发展战略的主要着眼点。因此本章后两节就从整合地域资源、促进统筹联动发展和提升乡村旅游设施弱项的全域旅游首要行动角度进行建设性的探索。其中，第二节对海南省19个城市的旅游资源竞争力进行综合比较研究，以便摸清家底，有效地组合、搭配以实现城市间的联合发展，以成熟旅游模式驱动知名度欠佳城市的旅游协同发展。第三节针对乡村旅游发展中民宿这一至关重要的接待设施，基于全国范围内游客的网上文本点评挖掘游客对其"信誉"进行评价的感知维度。该研究旨在启发海南民宿经营者瞄准服务弱项，进行改进，为提升海南乡村旅游标准化程度、激活全维度目标市场响应（国际＋国内）做好基础性准备工作。

第一节　全域旅游助推海南国际旅游岛建设的四大抓手

一、引言

海南国际旅游岛建设时间进度上已过大半，目前正处于战略攻坚阶段，展现出在实现"全岛旅游业转型升级""成果全面惠及海南经济、社会、民生发展"和"充当全国经济转型样板"关键战略目标上的四大发展困境：① 国际和国内市场号召力皆不强；② 旅游业支柱性产业的地位尚不稳固；③ 旅游企业同质化发展严重；④ 生态环境破坏加剧。要解决这些问题，单靠旅游目的地品牌化的科学视野和策略还不够，还要能巧妙借势于国家社会经济发展方面的重要战略导向，与其形成联动发展、水乳交融、相得益彰的效果。"全域旅游"就是这一应时应景的新发展理念，它源于创建区域旅游新战略格局的思路，但不局限于解决旅游问题，其思想精髓在于借助旅游业的转型升级对区域经济社会资源、相关产业、生态环境、公共服务等进行全方位、系统化的融合发展和优化提升。可以说，全域旅游发展理念涵盖了海南旅游业进一步发展的绝大多数战略方针。它的终极追求目标和必经发展模式与国际旅游岛建设有着相当大的交叉或重叠，完全可以借助这些交叉点助推海南国际旅游岛建设向纵深推进。以下将具体剖析"全域旅游"涉及的战略部署和措施、方针对海南国际旅游岛纵深推进目标的促进机制。

二、助推的四大关键抓手

（一）加大改革开放程度

国家关于以海南为首个"全域旅游创建示范省"的战略决定必将使海南以站在中国旅游最前沿的身份步入世界旅游大舞台中心。要想实现全域旅游对"小旅游"和"大旅游"发展目标的统筹兼顾，使海南在迎合国际和国内旅游市场上皆有落脚点，没有开放的视野是不行的。开放是岛屿经济体的生命线，也是支撑全域旅游建设中海南旅游业转型提质，实现更大程度、更高层次的贯通、整合效果的强大动力。海南的视野绝不能仅局限于一岛一地，而是要超越国界，不断强化"世界性、全球化"思维意识，呈现更加宽广、更具雄心的愿景和追求。具体而言，全域旅游主要通过以下途径进一步加大海南改革开放的程度：扩大旅游贸易与服务供给，提升要素、资源聚集能力，加快旅游产业全区域、全要素、全产业链发展。

（二）促进旅游标准体系设立

建立旅游标准体系是全域旅游建设的技术基础。只有所有地域和级别的旅游企业都做到服务规范化、经营管理信息化、旅游环境透明化、保障体系完善化，才能实现资源优化、空间有序、产品丰富、产业发达的科学旅游工作模式，并改变以往"头痛医头、脚痛医脚"的旅游业工作模式。海南全域旅游发展的标准体系应由旅游基础标准子体系、旅游要素系统标准子体系和旅游支持系统标准子体系三大子体系构成。旅游基础标准子体系应设置包括标准化指南、术语标准、图形符号标准三类标准。旅游要素系统标准子体系的构成应在"吃住行游购娱"旅游六大基本要素的基础上，围绕旅游区标准、旅游产品标准、旅行社标准、旅游住宿标准、旅游交通标准、旅游餐饮标准、旅游购物标准、文化娱乐标准、旅游翻译标准等进行多元标准设立。旅游业支撑系统应涉及信息化、安全、环境、人力资源、组织经营管理等诸多方面。该建设对海南提高旅游岛旅游国际化水准和乡村旅游基础设施皆有益处。

（三）推进新型城镇化建设

新型城镇化建设是一条极具特色的全域旅游发展之路。海南个别城市，如琼海在这方面已经做了积极的尝试。原国家旅游局在《全域旅游大有可为》的文章中写道：通过田园小道、景观通道、慢行车道等设施，琼海把景点、公园、村庄、民居风情、生态景观等很好地串联起来。全市这个大景区没有边界、没有围墙、没有门票、主客共享、居旅相宜，实现了农业和旅游业融合发展。乡村旅游建设不砍树、不拆房、不占田，演奏了一曲婉转动听的田园小夜曲，描绘出一幅美丽的山水画……达到"城在园中、村在景中、人在画中"的境界，让市民感受乡村田园气息，让农民享受城市生活品质。这对海南知名度欠佳城市提高旅游服务标准、促进其乡村旅游发展、挖掘其国际和国内市场潜力皆有益处。

（四）注重生态环境建设

开创全域旅游发展模式，需要变革传统旅游业，改革产业革命的管理思想和方法,改变先污染后治理的行为,实现科学治理,防止环境污染,将科学开发与生态保护结合,杜绝先开发后补救的"掠夺式"的旅游资源开发方式。需要强化生态文化理念,规范旅游发展的活动范围和程度,严格保证不违背资源的环境承载力,维持目的地生态平衡,推动生态经济的可持续发展。现如今,在全域旅游发展理念的引导下,海南遵循生态资源规律、重视生态旅游资源和环境保护、发展以生态保护为内核的生态科普旅游、防止节庆活动对旅游景区的环境破坏与污染、克服发展生态旅游业与满足国内外游客需求的矛盾、克服资源保护与游客"反亲环境"的"大众旅游价值导向"的矛盾已蔚然成风。这对海南在国内旅游目的地生命周期已进入成熟期的新阶段培育游客的"大众亲环境行为"无疑是莫大的助力。

第二节 基于加权 TOPSIS 法的海南内部旅游资源竞争力比较

一、引言

旅游资源是旅游业发展壮大的前提,也是区域旅游中最具魅力的部分。旅游资源竞争力表示区域旅游资源在特定阶段与其他区域相比在旅游资源品质、规模以及使用效率上所具有的优势,这同旅游业的竞争实力紧密关联。所以,这属于探究旅游竞争力的关键内容。为了实现我国旅游产业由数量竞争转向质量和效益竞争的目标,应提高旅游资源的质量和使用效益,分析区域旅游资源的比较优势,评价旅游资源的竞争力,制定区域旅游资源开发策略,从而提升区域旅游资源的品质与效益水平,推动区域旅游业的持续壮大,强化中国旅游业综合竞争力。

中国旅游资源探究是从20世纪80年代开始的,具体涉及旅游资源的理论、类型、特点、价值与开发保护等方面,大体上已初步构建起旅游资源的理论与方法系统。其中,针对旅游资源展开评估分析属于该领域探究的关键构成内容,具体牵涉旅游资源品质的评估、环境影响评估、资源开发情况与日后前景的评估。具体涉及的探究方式分为两大类：一是定性类的评估方式，诸如经验评估法、资源和环境综合评估法以及三三六评估法等。二是定量类的评估方式，诸如问卷调研法、层次分析法等。各省、自治区、直辖市的旅游资源是以上研究者们所研究的内容，但是他们没有针对区域旅游资源展开全方位的探究，没有对旅游资源所具有的竞争优势及其有效性方面展开评价，也没有全方位探究不同地区的旅游资源品质、数量以及使用状况。

本研究选取了海南19座城市(海口、三亚、定安、琼海、万宁、琼中、儋州、文昌、昌江、乐东、保亭、东方、三沙、五指山、陵水、澄迈、白沙、临高、屯昌，除海口和三亚均为县级市)为研究对象，运用TOPSIS法创建旅游资源竞争力的综合评价与效度两大模型，以此来展开定量探究，从而客观评价19个城市的旅游资源开发利用态势，为海南旅游资源开发利用提供战略指导。

二、旅游资源区际竞争力指标体系的构建

本研究研究了自然、人文、综合类的12大旅游资源：一是自然旅游资源，涉及国家级与省级自然保护区、国家森林公园与地质公园4处；二是人文旅游资源，涉及国家重点文物保护单位、国家历史文化名城(镇)、世界/国家级非物质文化遗产4处；三是综合旅游资源，包括国家重点风景名胜区、中国优秀旅游城市、5A/4A级旅游区及3A/2A级旅游区。根据旅游资源属性，建立旅游资源区域间竞争力三级指标体系。

（一）国家地质公园

国家地质公园是联合国教科文组织在针对"地质公园计划"展开可行性探究的过程中提出的全新名称。我国的地质公园是指由具备高度审美价值与独特国家地质意义的地质遗迹与其他自然景观和人文景观相结合，从而形成的独特自然地带。

（二）国家森林公园

国家森林公园是指以森林自然环境为基础，拥有特定景观以及科教与观赏价值的区域。其利用合理的保护与建设措施，为旅游观光、科教等提供了特定的地点。本研究选择拥有最优资源的国家森林公园作为探究对象。

（三）自然保护区

《自然保护区条例》中提到，设置自然保护区旨在对自然资源与环境加以维护，并界定自然区域和自然区域生态系统、稀有生物自然生存环境、其他自然场所及重要水源的边界所提供的特别保护的自然区域。本研究只选择国家和省级自然保护区作为研究对象。

（四）重点文物保护单位

重点文物保护单位在历史、科学以及艺术领域均拥有相当重要的价值，以古文化遗址、古墓、古建筑、石窟寺、悬崖石刻等为重点的不可移动文物，具有重要的教育意义和历史价值。

（五）国家级历史文化名城（镇）

历史文化名城是指在历史上占有一定地位、在历史发展中占有重要地位或发生过重大历史事件的城市，这些城市大多保存了能够见证历史的历史文物。

（六）非物质文化遗产

根据联合国教科文组织的定义，非物质文化遗产是指被各群体、团体、有时为个人所视为其文化遗产的各种实践、表演、表现形式、知识体系和技能及其有关的工具、实物、工艺品和文化场所。本研究只选择世界级和国家级非物质文化遗产作为研究对象。

（七）风景名胜区

风景名胜区是指在文化、审美以及科学等领域拥有相当重要的价值，拥有集中化的自然与文化景观，拥有特定的范围，可以开展科教、旅游以及文娱活动的场所。本研究挑选国家级的风景名胜区作为探究对象。

（八）优秀旅游城市

1995年，当时的国家旅游局开启了创建和评选国内优秀旅游城市的活动，并颁布和陆续修订了《中国优秀旅游城市检查标准》。

（九）A级旅游区（点）

旅游景区是一个独立的管理区域，具有观光、休闲、健身等功能，同时拥有对应的旅游设施，并可为游客提供一些旅游方面的服务。我国旅游景区依据其品质分成5个级别，即1A—5A。2007年5月，我国第一批被评定为5A级的景区总计66个。

三、评价方法

TOPSIS法是Hwang和Yoon提出的多属性决策方法，在决策评价中的应用范围非常广。该方法的原理是建立决策问题中每个指标的最优解以及最差解，然后再计算最优解附近的比较对象和最差解的程度，最后得出比较对象的排序，并以此作为决策的基准。该方法对指标有一定的要求，也就是其需要具备单调性。本研究的指标为旅游资源的数量，具备单调性这一属性，因此可以用这种方法展开分析。

为更好地展现各个指标的功能强度，一般都会对指标展开赋权。确定权重的方法主要有：主观权重法（如AHP法、Delphy法）和客观权重法（如信息熵法）。客观赋权法比主观赋权法更客观。本研究利用信息熵来赋权，从原始数据中客观地得到指标的权重。具体而言,信息熵的值越小,表明提供的信息量就越多,权重就大,反之亦然。

(一) 评价矩阵的建立及标准化处理

本研究采用基于频率的 TOPSIS 方法建立评价矩阵,其中 m 的评价对象为城市,n 的评级指标为旅游竞争力,$m \times n$ 表示某一城市的旅游竞争力,均用旅游资源的数量来替代。由于各维度指标的统一性,故无需再进行标准化处理。

(二) IEW 法为指标赋权

按照矩阵 $X' = (x'_{ij}) \, m \times n$ 计算信息熵:

$$H_i = -(\sum_{i=1}^{m} f_{ij} \ln f_{ij}) \quad i=1,2,\cdots,m; j=1,2,\cdots,n$$

式中,为避免 $\ln f_{ij}$ 无意义,规定 $f_{ij} = \dfrac{1+x_{ij}}{\sum\limits_{i=1}^{m} 1+x_{ij}}$。在明确各个指标的信息熵后,结合数值的变异程度畸形指标差异系数的计算,也就是指标的差异度,用 G_j 表示:$G_j = 1 - H_j (j=1,2,\cdots,n)$。

G_j 值越高,其实就是 H_j 值越小,说明了指标的差异度比较大。通常而言,在对某指标展开综合评价时,如果其值的变化程度比较大,表明该指标的信息熵就比较小,提供的信息量就较多,对应的权重就越大;反之亦然。所以,能够按照每个指标值的变异程度,确定其信息熵权重,用 w_j 表示。其公式为

$$w_j = \frac{G_j}{\sum\limits_{j=1}^{n} G_j} = \frac{1 - H_j}{n - \sum\limits_{j=1}^{n} H_j}$$

(三) TOPSIS 法对评价对象展开排序

把矩阵 $X = (xij)_{m \times n}$ 中各指标的最大值对位评价对象为最优解,最小值即为最差解:$X^+ = (X^+j) 1 \times n \; X^- = (X^-j) 1 \times n$,也就是:$X^+ = (\max x_{i1}, \max x_{i2}, \cdots, \max x_{in})$,$X^+ = (\max x_{j1}, \max x_{j2}, \cdots, \max x_{jn})$,在综合

考量权重后,运用加权欧氏距离来计算每个比较对象和最优解之间的距离,用 d_i^+ 表示,比较对象和最差解间的距离,用 d_i^- 表示。

$$d_i^+ = \sqrt{\sum_{j=1}^n w_j(x i_j - x_j^+)^2} \quad i=1,2,\cdots,m \quad 0 \leqslant d_i^+ \leqslant 1$$

$$d_i^+ = \sqrt{\sum_{j=1}^n w_j(x i_j - x_j^+)^2} \quad i=1,2,\cdots,m \quad 0 \leqslant d_i^+ \leqslant 1$$

上式中,d_i^+ 越小,说明比较对象越靠近最优解,对应的结果越好;d_i^- 越大,说明比较对象越偏离最差解,对应的结果越好。

为全面反映比较对象的状态,本研究使用贴近度 c_i 来阐述两者间的关系

$$c_i = \frac{d_i^-}{d_i^- + d_i^+} \quad i=1,2,\cdots,m \quad 0 \leqslant c_i \leqslant 1$$

c_i 越大,说明评价对象的状态越好,如果评价对象的每个指标都在最理想状态,则 $c_i=1$;反之则为 0。可见,针对每个评价对象的贴近度展开排序,能够得出每个评价对象在某一层次的排序,同时还能够在该层次上对其展开对比和评价。

(四)评价对象的综合排序

评价对象的指标体系是由各个层次构成时,应该使用多层次评估模型对其展开评价。基于纯粹水平的评估模型,就会得到评估矩阵层次结构的层次结构,继续使用前述的 3 个步骤,最终得到评估对象的全面排序,并在综合比较的基础上进行评估。

四、实证研究

(一)研究区域概况

海南位于中国最南端,旅游资源丰富,旅游知名度极高。截至 2016 年年底,海南共有国家地质公园 1 个;国家级森林公园 13 个;国家级自然保护区 8 处,省级自然保护区 24 处;国家重点文物保护单位 5 处;历史文化名镇(国家级)24 座;非物质文化遗产(国家级)2 处;风景名胜区(国家级)1 处;优秀旅游

城市 5 座;4A、5A 级景区共 18 个。2016 年,海南共接待游客 6 023.59 万人,旅游总收入达 669.62 亿元,占海南 GDP 的 16.56%,为海南的经济发展做出了巨大的贡献。

(二)数据来源与评价

本研究分析时使用的数据来自国家公园网、中国文化资源局和中国非物质文化遗产官网。采用前述评价方法,计算出各大城市自然类、人文类以及综合类三种旅游资源和最优解 d^+ 与最劣解 d^- 之间的距离以及贴近度。计算结果和单独排序如表 4.1—表 4.3 所示,总排序如表 4.4 所示。

表 4.1　海南省 19 个城市自然类旅游资源竞争力比较

资源类型	国家地质公园	国家森林公园	国家自然保护区	省级自然保护区	d^+	d^-	C_i	单排序
海口	1	1	1	0	0.141 1	0.591 3	0.807 4	1
三亚	0	0	1	1	0.591 5	0.166 5	0.219 6	7
儋州	0	2	0	2	0.591 6	0.159 0	0.211 8	8
三沙	0	0	0	0	0.617 6	0	0	14
五指山	0	1	0	1	0.599 5	0.079 5	0.117 1	11
琼海	0	0	0	2	0.611 3	0.039 4	0.060 6	12
文昌	0	0	1	2	0.588 5	0.169 9	0.224 1	6
万宁	0	2	1	6	0.562 5	0.255 0	0.311 9	2
东方	0	0	1	1	0.591 5	0.166 5	0.219 6	7
定安	0	0	0	0	0.617 6	0	0	14
屯昌	0	0	0	0	0.617 6	0	0	14
澄迈	0	0	0	0	0.617 6	0	0	14
临高	0	0	0	0	0.614 1	0.019 7	0.031 1	13
白沙黎族自治县	0	0	0	2	0.611 3	0.039 4	0.060 6	12
昌江黎族自治县	0	1	1	0	0.579 9	0.182 4	0.239 2	5
乐东黎族自治县	0	1	1	2	0.573 2	0.186 6	0.245 6	4
陵水黎族自治县	0	1	0	2	0.596 5	0.086 5	0.126 6	10

续表

资源类型	国家地质公园	国家森林公园	国家自然保护区	省级自然保护区	d^+	d^-	C_i	单排序
保亭黎族苗族自治县	0	2	0	0	0.598 1	0.154 0	0.204 8	9
琼中黎族苗族自治县	0	2	1	2	0.568 0	0.229 3	0.287 6	3

表4.2　海南省19个城市人文类旅游资源竞争力比较

资源类型	国家重点文物保护单位	国家历史文化名城（镇）	世界/国家级非物质文化遗产	省级非物质文化遗产	d^+	d^-	C_i	单排序
海口	1	7	8	15	0	0.610 1	1	1
三亚	1	3	5	9	0.194 3	0.523 7	0.729 4	2
儋州	1	3	2	3	0.210 6	0.519 1	0.711 4	4
三沙	0	3	0	0	0.546 8	0.141 4	0.205 5	6
五指山	0	0	4	10	0.600 2	0.070 7	0.105 3	8
琼海	0	1	3	5	0.581 2	0.055 7	0.087 4	12
文昌	1	3	3	5	0.204 1	0.520 2	0.718 2	3
万宁	0	0	0	1	0.609 4	0.005 5	0.008 9	18
东方	0	0	3	3	0.604 1	0.037 2	0.058 1	16
定安	1	0	3	4	0.34	0.500 3	0.595 4	5
屯昌	0	0	1	2	0.607 2	0.015 6	0.025 1	17
澄迈	0	1	2	3	0.580 9	0.054 7	0.086	13
临高	0	1	2	3	0.580 9	0.054 7	0.086	13
白沙黎族自治县	0	0	4	6	0.601 6	0.055 4	0.084 3	14
昌江黎族自治县	0	1	3	5	0.578 6	0.064	0.099 5	11
乐东黎族自治县	0	0	3	4	0.603 6	0.04	0.062 1	15
陵水黎族自治县	0	1	2	7	0.578 8	0.064 7	0.100 6	10
保亭黎族苗族自治县	0	0	5	7	0.600 5	0.067 6	0.101 2	9
琼中黎族苗族自治县	0	0	5	9	0.599 8	0.074 4	0.110 4	7

表 4.3　海南省 19 个城市综合类旅游资源竞争力比较

资源类型	国家级重点风景名胜区	中国优秀旅游城市	5A/4A级旅游区	3A/2A级旅游区	d^+	d^-	C_i	单排序
海口	0	2	15	6	0.518 5	0.374 4	0.374 4	2
三亚	1	1	9	8	0.142 3	0.797 4	0.797 4	1
儋州	0	1	3	2	0.550 3	0.211 2	0.211 2	4
三沙	0	0	0	0	0.612 2	0	0	18
五指山	0	0	10	1	0.606 1	0.051 3	0.051 3	8
琼海	0	1	5	6	0.538 1	0.257 6	0.257 6	3
文昌	0	0	5	1	0.606 5	0.038 0	0.038	10
万宁	0	0	1	2	0.602 7	0.062 9	0.062 9	7
东方	0	0	3	0	0.611 8	0.012 5	0.012 5	16
定安	0	0	4	2	0.602 3	0.064 7	0.064 7	5
屯昌	0	0	2	0	0.611 9	0.008 4	0.008 4	17
澄迈	0	0	3	2	0.602 4	0.063 8	0.063 8	6
临高	0	0	3	0	0.611 8	0.012 5	0.012 5	16
白沙黎族自治县	0	0	6	0	0.611 4	0.024 7	0.024 7	13
昌江黎族自治县	0	0	5	0	0.611 5	0.020 7	0.020 7	14
乐东黎族自治县	0	0	4	0	0.611 7	0.016 6	0.016 6	15
陵水黎族自治县	0	0	7	1	0.606 3	0.042 7	0.042 7	9
保亭黎族苗族自治县	0	0	7	0	0.611 4	0.028 7	0.028 7	12
琼中黎族苗族自治县	0	0	9	0	0.611 2	0.036 6	0.036 6	11

表 4.4　海南省 19 个城市旅游资源竞争力综合比较

资源类型	自然类	人文类	综合类	d^+	d^-	C_i	综合排序
海口	0.807 4	1	0.374 4	0.236 3	0.446 9	0.654 1	2
三亚	0.219 6	0.729 4	0.797 4	0.196 8	0.503 8	0.719 1	1
儋州	0.211 8	0.711 4	0.211 2	0.384 5	0.257 9	0.401 4	3
三沙	0	0.205 5	0	0.565 7	0.061 6	0.098 2	13
五指山	0.117 1	0.105 3	0.051 3	0.544	0.054 6	0.091 3	14
琼海	0.060 6	0.087 4	0.257 6	0.472 9	0.147 2	0.237 3	6
文昌	0.224 1	0.718 2	0.038	0.467 8	0.233 3	0.332 8	4
万宁	0.311 9	0.008 9	0.062 9	0.536	0.100 6	0.158	7
东方	0.219 6	0.058 1	0.012 5	0.557 7	0.068 5	0.109 4	12
定安	0	0.595 4	0.064 7	0.493 1	0.187 3	0.275 1	5
屯昌	0	0.025 1	0.008 4	0.589 2	0.006 9	0.011 6	19
澄迈	0	0.086	0.063 8	0.556 4	0.043 1	0.071 8	16
临高	0.031 1	0.086	0.012 5	0.573 9	0.026 8	0.044 7	18
白沙黎族自治县	0.060 6	0.084 3	0.024 7	0.565 4	0.032 9	0.055	17
昌江黎族自治县	0.239 2	0.099 5	0.020 7	0.545 4	0.078 5	0.125 9	9
乐东黎族自治县	0.245 6	0.062 1	0.016 6	0.552 7	0.076 6	0.121 8	10
陵水黎族自治县	0.126 6	0.100 6	0.042 7	0.547 3	0.053 5	0.089	15
保亭黎族苗族自治县	0.204 8	0.101 2	0.028 7	0.544 9	0.070 2	0.114 1	11
琼中黎族苗族自治县	0.287 6	0.110 4	0.036 6	0.532	0.094 8	0.151 2	8

五、评价结果的分析与讨论

(一)按照单排序展开对比分析

由表 4.1 可知,在自然旅游资源上,海口(1)、万宁(2)、琼中(3)、乐东(4)、昌江(5)竞争力强,分列前 5 名;文昌、三亚、儋州、保亭、陵水、五指山竞争力较弱;琼海、临高、定安、屯昌、澄迈、三沙 6 项指标均低于 0.1,竞争力最弱。

由表 4.2 可知,在人文类旅游资源方面,排名前 5 位的是海口(1)、三亚(2)、文昌(3)、儋州(4)、定安(5),后 5 位是万宁(18)、屯昌(17)、东方(16)、乐东(15)、白沙(14)。海口 4 项指标均为第一,在人文旅游资源竞争中具有绝对优势;三亚除省级非物质文化遗产外,其余均排名第二,具强竞争优势;儋州的国家重点文物保护单位、国家历史文化名城(镇)数量相对较多,在人文旅游资源竞争中具有潜在竞争优势,排名第三;三沙与五指山分别在国家历史文化名城(镇)、省级非物质文化遗产方面具有突出优势,分别居第四、第五位;排名后五位的城市在文化旅游资源方面没有特别突出的地方,因此也没有这方面的优势。

由表 4.3 可知,在综合类旅游资源方面,排名前 5 位的是三亚(1)、海口(2)、琼海(3)、儋州(4)、定安(5),而其他城市的综合类旅游资源贴近度均较低,可见海南省在综合类旅游资源竞争方面强弱分化大,除三亚、海口有明显优势外,其他城市均处于中低等竞争水平。

(二)根据总排序进行比较分析

第一层次($C_i>0.6$):三亚、海口在旅游业上具有绝对的优势,所具有的旅游资源也远超其他城市,具有较强的旅游竞争优势。三亚以自然旅游资源和综合旅游资源为主要竞争优势。海口以其文化和自然资源为主要景点,与其他城市形成了明显的互补资源,并进一步发挥了其在旅游中的主导作用。

第二层次($0.2 \leqslant C_i<0.6$):儋州、文昌、定安、琼海属于旅游业竞争力强市。儋州、文昌、定安均以人文类旅游资源为主,故此三地要采取不同的发展与竞争

策略,进而达到资源互补、合作双赢的目的。

第三层次（$0.1 \leqslant C_i < 0.2$）：琼海、万宁、琼中、昌江、乐东、保亭、东方属于中等旅游业竞争力城市。其中琼海以综合类旅游资源为主,而万宁、琼中、昌江、乐东、保亭、东方的旅游资源竞争力主要来自于自然类旅游资源。在制定旅游发展规划时,需要强化与周围城市的合作力度,进而推动自身旅游业的平稳发展。

第四层次（$C_i < 0.1$）：三沙、五指山、陵水、澄迈、白沙、临高、屯昌属于竞争力最弱的城市,要注重找到独特的优势旅游资源,应充分利用现有的一切有利条件,加大开发力度。

（三）结论

首先,本研究在了解旅游概念界定和城市旅游竞争力内涵的基础上,构建了具有逻辑和层次性的城市旅游竞争力评价指标体系,体现了较为完整的内容,拥有明显的数字化特点。其次,借助TOPSIS法,在实际数据当中取得评估指标的权重值,防止权重值在明确的过程中运算繁杂或者受主观影响。所取得的权重大小对于旅游业的竞争实力有指导性的作用。最后,把19座城市所具有的旅游竞争力划分成四个层级,以此探究不同城市在相关指标上的优劣势,同时给出有关加强区域合作与强化竞争实力的策略与意见。

第三节 游客对"乡村民宿"的在线信誉评价指标关注度研究

一、引言

在生态旅游观念的推动、国际旅游的示范和脱贫致富政策的促进下,乡村旅游形成超速发展的态势,并已经成为乡村经济的重要组成部分。乡村旅游的发展催生了大批民宿的诞生且市场前景广阔。民宿作为一种多利用自家闲置房屋,由家庭经营,提供多种特色服务的接待设施,不仅增加了乡村的接待能力,而且维护了乡村景观特色。据中国产业调研网,2017年国内的民宿行业市场规模超过200亿元,预计在2020年能够达到362.8亿元。

在线预订是民宿预订的主要方式。据市场调研发现,近90%的民宿来客走的都是在线旅行社(online travel agent,OTA)渠道。然而,因供需时空分离而产生的在线预订信任匮乏显著制约着民宿业的发展。为此,建立在线信誉评价系统成为民宿预订网站的首选,旨在利用先前游客的电子化口碑为潜在消费者提供信息参考,辅助他们进行购买和消费决策。

目前,民宿在线预订网站的信誉评价系统主要由两个部分构成:第一部分是消费者根据自己的消费体验对民宿整体信誉进行评分,部分网站兼有对指定的一些评价指标进行评分的功能;第二部分是消费者表述消费体验的文本评论。其一,信誉总值或指定的评价指标内涵太过宽泛,造成无法具体反映卖家信誉;其二,文本评论无法完全转化为相应指标或指标的分值,信誉数值上遗漏了消费者关注的重要内容。很多其他学者也指出,文本评论中隐含着更多能量化应用的精确消费者感知信息。

在"民宿-游客"关系管理的相关研究中,学者多从满意度、服务质量、评价指标体系等传统范畴和研究方法入手,缺乏对在线民宿信誉的深入探讨。在电子商务环境下,在线信誉是"民宿-游客"关系管理的重要组成部分,对传统研究范畴具有深刻影响。在线信誉机制的设计可以激励卖家诚信交易,使欺诈最小化,进而提高顾客满意度;通过打破信息不对称,规避"柠檬"问题(低质量产品驱逐高质量产品),迫使民宿从业者提升服务质量;完善消费者关注的反馈信息结构,在某种程度上可以完善评价指标体系。本研究尝试通过文本聚类找到隐含在消费者评论中更全面、具体的评价指标,以便对目前的信誉评价系统进行优化,进而深化对"民宿-游客"关系管理的认识和思考。

二、在线民宿信誉评价指标的挖掘思路和过程

本研究的数据处理分为两个部分:第一部分为文本—数值转换,目的是将文档转化为可以被计算机直接处理的数值矩阵,包含4个步骤:① 文本获取,获得民宿在线评论文本;② 文本预处理,将评论文本中无用词剔除;③ 特征项

选择,筛选出能代表文本真正含义的词语,即"特征项";④ 特征项编码与词义相似度计算,量化词语(特征项)的词义相似度。第二部分为聚类分析,目的是得到消费者对民宿进行点评时最关注的指标。分为两个步骤:① 以词义相似度为尺度进行聚类,得出聚类结果;② 对聚类结果进行评价。

(一)文本获取

文本数值转换的初始数据是由多个文本个案组成的文本集合,本研究的文本个案便是民宿预订网站的单个用户评论。携程网作为中国访问量最大的民宿预订网站,设有"客栈民宿"分类专栏。其规定必须最近3个月中有交易记录的人员才能够评论,并切断了用户在评论过程中与商家发生直接联系的渠道,这有效地防止了商家大量刷单或让消费者给予好评的情形。陆丹乔等的研究也表明较之去哪儿网,携程网评论的可信度更高。因此,本研究选取携程网的已有评论作为数据来源。Pavlou 和 Dimoka 的研究发现大多数用户只关注评论首页的内容。

综上,本研究以如下标准进行评论文本选取:① 评论时间为2016年7月至2017年6月;② 选择分布在丽江、嘉兴、大理、成都、深圳、桂林、黄山、湘西、北京、阿坝(根据2016年度中国客栈民宿品牌发展报告,此为截至2017年4月全国民宿数量规模前10名城市)的100家民宿,并抽取其在携程网的前10条满足条件的评论;③ 评论字数在30字以上,内容完整;④ 评论无明显刻意赞美或恶意诋毁。最终获取1 000条评论。因单个评论文本价值稀疏,不宜进行聚类分析,故将其合并为一个文档作为其源文档。

(二)文本预处理

这项工作是把原始文本进行初步处理,方便进行特征项选择。包含两个步骤:① 分词,将原始文本切分成词语,得到特征项全集;② 无用词剔除,将特征项全集中对文本内容没有意义的词剔除,包括:(a) 停用词过滤,将介词、副词、感叹词、助词等停用词剔除;(b) 文档频率筛选,通过设定阈值将出现频率低的词语剔除;(c) 词义过滤,将一些人名、地名、物品名以及一些与民宿领域毫无关系的词去掉。

本研究采用 Hlssplit 智能分词软件对原始文本进行分词,其在封闭语料中的查准率达到了 99%,以此保证了分词的准确率和效率。在无用词过滤中,首先,使用《哈工大信息检索研究室同义词词林(扩展版)》(简称《扩展版》)所提供的停用词表进行停用词过滤;其次,经过文档频率筛选将词频低于 0.043 的词语剔除(统计所有词语词频的平均值为 0.043);再次,利用人工筛选的方法进行词义过滤。最终得到初步的特征项集合。

(三)特征项选择

特征项选择的目的是从初步的特征集合中选出部分贡献度较高、能够表达评论实际内容的词语作为特征项集合,其核心是特征项权重的计算。传统的计算方法是 TFIDF 法:用 TFIDF 值来度量一个词或短语能够代表一个文本的能力大小,其受词频 TF(某一给定词语在该文件中出现的频率)和逆文档频 IDF(总文档数/含给定词语的文档数,再取对数)的影响。核心理念为:一个特征项在相应的文档中的频率越高,则在区分这个文档自身属性时的准确度越大(TF);在大多数文档中都出现的特征项不如只在小部分文档中出现的特征项更能区分文档的内容属性(IDF)。

传统的 TFIDF 方法未考虑特征项分布出现偏差的状况,也就是若是某个特征项在集合 C_i 出现的次数很多而在其余的类别中很少产生时,TFIDF 方法就会减少 IDF 值降低该特征项的权重。为解决上述问题,采用改进的 TFIDF 方法来计算特征词的权重。具体如下:

假设总体文档数是 N,其中含有词条 t 的文档数是 n,而 C_i 中含有词条 t 的文档数是 m,除 C_i 类外包含词条 t 的文档数为 k,则 t 在 C_i 类中的计算公式为

$$IDF = \log\left(\frac{m}{n} \times N\right) = \log\left(\frac{m}{n}\right) \times N$$

IDF 值会伴随 m 增加而随之提高,而 k 减少时而会随之降低,达到了改进的目的:若某类 C_i 中具有词条 t 的数量较大,而其余类中比较少时,那么此时的 t 就可以有效地表示 C_i 类特征。

需要说明的是,本研究引入语料库当作比较文档。语料库是建立在实际的语言信息基础上通过电子网络获取的数据库。原因如下:① 强化民宿相关常用词的特征项权重,如"房间"等词就往往会在住宿业中出现,而很少出现在经

济、娱乐等方面的评论中,其 IDF 值进而 TFIDF 值都将增加;同时一些没有代表能力或表达能力不足的词语因在其他类别文档存在,其 IDF 值进而 TFIDF 值都将降低。② 单个文档无法计算特征项的 TFIDF 值(前已述将所有评论合并为一个文档),而语料库中的其他文档与本研究的评论文档共同组成了文档集合(文档数量即 TFIDF 公式中的 N)。

选用谭松波、王月粉的"中文文本分类语料库——TanCorp V1"作为对比文档,它包括财经、汽车、地域等 12 个类别,共计 1 000 多篇涉及其他行业的文本。然后通过改进的 TFIDF 方法计算初步特征项集合中每个词语的 TFIDF 值,对其设定一个阈值,最终筛选出有效的特征项 215 个。

(四) 特征项编码与词义相似度计算

词义相似度就是两个词语在不同的段落中能够交换使用,而不会更改文本自身的句法语义的程度。其衡量方式有:① 通过大规模的语料库进行统计;② 基于某一类全球性常识,往往是一个知识比较完善的词典中的层次构造关系实施计算。汉语言中使用较多的是"知网"和《扩展版》,本研究选用后者。《扩展版》同义词词林按照五层树状结构把收录的词条组织到一起(图 4.1),自上而下为大类(12 个)、中类(97 个)、小类(1 400 个)、词群、原子词群。随着级别的递增,词义刻画越来越细,同一原子词群的词语词义相同或相关,如"萝卜""胡萝卜"和"青萝卜"。对应于五层结构,《扩展版》还提供了 5 层编码对收录的词进行表示,编码规则如表 4.5 所示。

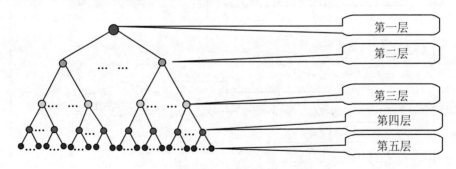

图 4.1 《扩展版》同义词词林的五层结构

表 4.5 《扩展版》编码规则

编码位	1	2	3	4	5	6	7	8
符号举例	D	a	1	5	B	0	2	=\#\@
类别	第一级	中类		小类	词群		原子词群	
级别	第一级	第二级		第三级	第四级		第五级	

注：为有效地划分第五级词语中所属的三类关系："相等""同义""同类"，用"＝""@""♯"对应标注。

本研究依照图 4.2 的步骤对每个特征词进行五级编码标注，并据此编码计算词语间的词义相似度。由于差值在越高的编码位上表示其距离越远，因此我们给第一级编码位赋以最高的权重（10000），第二级编码位次之，以此类推，共五级编码（最后一位是标示位，因此被赋以权重0）。如表4.6所示，以"安静"和"轻松"为例计算其词义相似度。

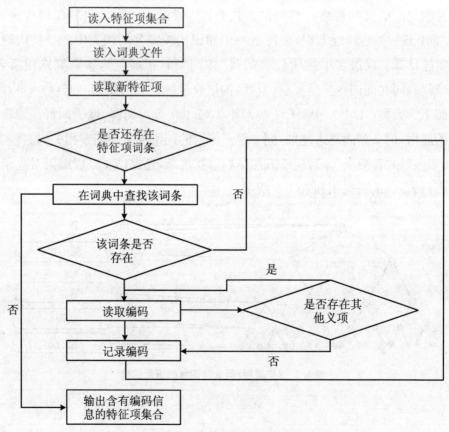

图 4.2　特征项编码标注流程图

表 4.6 词义相似度计算表

编码位	1	2	3	4	5	6	7	8
编码(安静)	G	a	0	9	b	0	0	=
编码(轻松)	G	a	0	6	c	0	2	=
编码距离	0	0	3	1	1	0		
级别	第一级	第二级	第三级	第四级	第五级			
权重	10000	1000	100	10	1	0		
聚类距离	0×10000+0×1000+3×100+1×10+0×1=311							

三、聚类分析

（一）词语聚类

聚类指在无类别标记信息下将事物自动分组，使每个分组能进行自我识别并且区分于其他分组。本研究采用词义相似度作为表征词语之间区别的数值进行词语聚类。目前常用的文本聚类算法有 K-means 算法和 DBSCAN 算法。K-means 算法是基于距离的划分式聚类算法，要求聚类之前必须明确聚类个数和聚类中心。DBSCAN 算法的原理是：计算可通过最小连接距离连接的范围内的每个节点(本研究中是各特征项)的密度，并将达到规定密度的区域划分成簇，故而称其为基于密度的聚类算法。由于无法事先确定聚类个数和聚类中心，因而选择后者作为本研究的聚类方法。

由于 DBSCAN 算法需要反复选取不同参数进行聚类实验，故采用 MATLAB 语言来编写聚类过程，最终将聚类半径与最小聚类成员数定为 500、4。经过对聚类结果的详细探究后得出，TFIDF 值低于 0.020 的簇会产生表意不清的状况，故将这样的簇舍弃，得到初步聚类结果(表 4.7 中"初步聚类结果"部分)。

表 4.7 聚类结果

大类	小类	特征项	TFIDF值	TFIDF总值
设施设备	设施要素	客房、卫生间、前台、洗手间、街、餐厅、楼层、窗户、房间、马路、浴室、窗、院子、建筑、厕所、前台、套房、过道、走廊	0.056 3	0.127 8
	客房寝具	床、床单、毛巾、被子、挂钩、床垫、枕头	0.026 8	
	硬件总体评价	设施、硬件、整体、设备、用品	0.022 9	
	设备要素	空调、灯、电话、电视、吹风机	0.021 8	
服务	服务态度	热情、亲自、亲切、耐心、礼貌、主动、友善、热心、积极、不耐烦、客气、蛮横	0.040 6	0.089 7
	服务项目	接送、接站、推荐、介绍、建议、自助	0.028 4	
	服务质量	周到、温馨、贴心、实在、方便	0.020 7	
娱乐文化因素	文化风情	古典、民族、风格、文化、复古、情调、文艺、幽静、别致、清幽、典雅、格调	0.030 9	0.051 6
	娱乐设施与项目	喝茶、喝酒、酒吧、聊天、唱歌、桌球	0.020 7	
卫生舒适	卫生舒适	安静、舒服、吵、干净、乱、整洁、舒适、嘈杂、静、闹	0.040 2	0.040 2
位置	位置	位置、周围、附近、火车站、对面车站、机场、交通、直达、旁边	0.038 6	0.038 6
价格	价格	价格、价钱、实惠、贵、超值、值、划算、不值	0.025 3	0.025 3
餐饮	餐饮	早餐、早饭、味道	0.021 2	0.021 2

（二）聚类评价

聚类效果评价是指对聚类结果的科学性和合理性进行检验。评价原则为：同一簇内数据应尽可能紧密，不同簇间数据应尽可能分散。用一个簇内离其他点平均距离最小的点当作这个簇的中心，通过这个点到其他点的平均距离衡量这个簇内的紧密性，以此求出它的簇间离散程度。最终获得的结果见表4.8。各个簇中的总平均距离（对角线上的数值）都小于簇间总平均距离，这意味着簇

表 4.8 聚类结果评价表

类	1	2	3	4	5	6	7	8	9	10	11	12	13
1	150	58 870	159 420	68 730	49 710	54 300	413 50	97 560	14 570	105 470	54 330	97 530	65 270
2	25 430	290	62 130	15 380	9 460	18 630	10 570	13 260	45 130	20 250	13 250	41 570	18 390
3	18 490	14 430	140	31 270	4 310	22 500	4 260	16 330	1 950	34 830	14 320	740	22 310
4	14 640	7 650	58 130	330	13 740	2 180	10 350	21 740	41 370	3 150	13 370	27 510	2 160
5	55 980	28 530	38 230	63 460	120	59 320	6 740	24 930	30 280	82 310	61 250	25 830	65 880
6	15 310	9 700	48 140	2 790	16 390	140	9 640	27 580	36 290	6 370	10 890	27 950	150
7	87 990	71 320	81 290	132 510	21 150	103 840	40	72 850	65 840	175 160	105 320	48 420	97 580
8	23 210	6 920	31 110	23 700	3 510	19 250	6 130	270	22 590	25 790	143 720	20 010	21 640
9	27 370	19 460	4 100	39 330	5 890	35 330	6 590	25 350	240	67 360	22 540	2 030	39 260
10	10 890	6 210	39 920	1 930	10 390	3 170	8 370	14 880	31 470	260	13 320	31 410	2 520
11	18 430	5 960	31 180	21 330	15 130	16 340	8 930	20 190	25 640	27 480	160	19 580	15 470
12	29 440	24 610	2 100	49 830	7 930	42 580	6 150	27 950	1 860	62 110	27 420	130	296 450
13	24 370	21 730	5 700	51 300	6 410	39 490	6 920	28 470	1 730	63 740	30 150	21 040	90

内的数据有着十分密切的联系并且不同数据是彼此独立的,表明以上的聚类工作是可行的。

四、研究结果及分析

为便于表述,对每个簇命名以概括簇中成员的含义,见表 4.7。通过和相关领域的专家进行研讨后得出 13 个小类可划分为 7 大类:设施设备(设施要素、客房寝具、硬件总体评价、设备要素)、服务(服务质量、服务项目、服务态度)、娱乐文化因素(娱乐设施与项目、文化风情)、卫生舒适、位置、价格、餐饮。对比携程网中客栈民宿的评价指标(位置、设施、服务、卫生),本研究新增了娱乐文化因素、餐饮、价格 3 个指标,同时丰富和具化了各个指标。如"服务"中包括服务质量(如是否感到服务周到)、服务项目(如是否提供接送服务)、服务态度(如民宿主人是否亲切、友善)3 个小类。

TFIDF 值排名第一的是硬件设施(0.127 8)。其中,设施要素(0.056 3)的特征项涵盖了客房设施(卫生间、浴室、窗户等)、公共区域(走廊、前台等)、餐饮设施(餐厅)3 个方面,表明顾客要求民宿具有居住功能的完整性。客房寝具(0.026 8)表明了顾客对优质睡眠的功能性需求。硬件总体评价(0.022 9)和设备要素(0.021 8)包括对设施设备整体情况的评价和对部分辅助用具的评价。

服务(0.089 7)是仅次于硬件设施的顾客关注指标。其中,位居首位的是服务态度(0.040 6),表明顾客注重民宿主人具有亲切友善、能热忱为其服务的特质;其次是服务项目(0.028 4),说明顾客希望民宿能提供附加服务,如接送服务、邻近地区或附近景点的游览推荐、对当地民俗风情的介绍;服务质量(0.020 7)则说明顾客希望得到亲友般的感受以及家的温馨氛围。

排名第三的娱乐文化因素(0.051 6)包含文化风情(0.030 9)和娱乐设施与项目(0.020 7)两个簇。文化风情的特征项大多表现了由建筑特色、室内装修风格及庭院环境等综合营造的文化氛围,娱乐设施则包含了一些极具参与性的娱乐活动。表明顾客对当地的文化特色及娱乐项目具有强烈的体验需求。

卫生舒适(0.040 2)和地理位置(0.038 6)分别居于第 4、5 位。卫生舒适的特征项涵盖了舒适(如特征项舒适、舒服)、清洁状况(如干净、卫生)、隔音效果(如吵、嘈杂)3 个方面;位置维度的特征项大体包含两个方面:一方面是交通通达性(如特征项火车站、机场、交通、直达),另一方面是周边环境(如周围、附近、对面、旁边)。表明顾客希望民宿用具舒适、卫生、隔音效果好,且交通便利、周边环境优越。

TFIDF排名第6、7位的分别是价格(0.025 3)和餐饮(0.021 2)。价格维度中的实惠、划算等特征项说明顾客追求"物有所值"之感;而餐饮则说明顾客对当地饮食文化的体验需求。

更进一步地,设施要素(0.056 3)、服务态度(0.040 6)和卫生舒适(0.040 2)是顾客最为关注3个方面,其次是位置(0.038 6)和文化风情(0.030 9)。地理位置、文化风情、个性化服务项目3个类别都具有很强的地方色彩和体验价值,而设施要素、卫生舒适是物质实体要素范畴。说明顾客希望民宿能够兼顾"物质追求"和"精神追求",从而实现个性化体验与舒适度并重。

五、案例应用

本研究随机选取携程网上排名靠前的"三亚WWW海景公寓"在线信誉系统进行案例研究。如图4.3所示,该在线信誉评价系统由4个部分组成:定量的信誉总值,整体刻画了卖家信誉;定性的文本性评论,提供了除信誉总值之外的更详细的卖家信誉信息;住客印象,包含了评论中的部分高频词,顾客可以通过点击查看含有该高频词的评论;搜索框,可以通过在搜索框中输入文字查看含有该文字的评论。

该信誉评价系统有如下明显缺陷:① 无法全面、具体地展现卖家各信誉评价指标分值:信誉总值模糊地提供了卖家整体信誉;而"高频词"仅能间接地展现部分信誉评价指标。② 信誉总值仅是顾客对信誉评分的叠加,未体现出顾客对各指标关注度的不同。③ "高频词"仅能帮助查找到直接包含这些词的评论,对于一些隐含表达相同意义但不包含这些词的评论,顾客无从发现,将遗漏部分重要信息。

该民宿应按照本研究结论对其信誉评价系统进行优化,即将本研究得到的7个大类评价指标和13个小类评价指标(分指标)按照顾客关注程度分权重系统地纳入信誉评分机制。可实现以下效果:① 顾客可以通过各分指标更准确地表达用户感受,全面、具体、直观地展现卖家信誉;② 民宿信誉总评的由来清

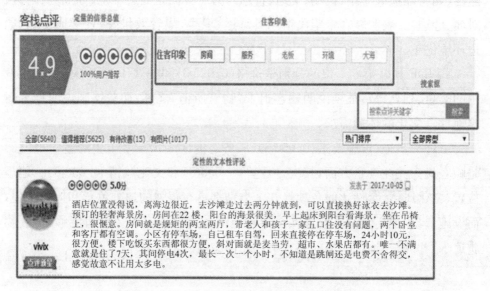

图 4.3 "三亚 WWW 海景公寓"在线信誉系统

晰可见,使其更加科学、可信;③ 便于民宿经营者根据各具体指标的打分情况,更精细地提升自身信誉。

例如,通过阅读该民宿其他评论发现:该民宿在娱乐设施与项目、服务、位置等方面表现优异;但由于靠近海滨,寝具和家具潮湿,部分设施设备维修不及时且陈旧。上述情况在新的信誉评价系统中将能得到清晰展现:服务、娱乐文化因素、位置的得分高,而设施设备和卫生舒适得分低,且可进一步发现是由于"设备因素"(而非设施设备中的其他三个分指标)造成设施设备的分值较低。两者作为排名第 1 位和第 4 位的顾客关注指标,在较大程度上影响着顾客满意度。这样该民宿信誉的信息评价者和参考者都能获取对自身价值最大的内容,在住宿决策和民宿营销上做到关注要害、有的放矢。

六、总结与展望

本研究从消费者的视角,利用文本聚类技术对民宿评论文本进行知识提取,最终得到内涵更具体、范围更全面、消费者更关注的民宿在线信誉评价指标体系。据此,消费者可以消除"信息超载"问题带来的过高搜寻成本,快速了解其对民宿某个更具体指标的态度倾向,以便根据自己的喜好来搜索和过滤交易对象;民宿营销者可以通过更精细的评价指标提升自身信誉,向买家展示自身竞争力和信用,使信誉"溢价"成为其核心竞争力的重要组成部分。

消费者决策需要参考多维度的信誉信息,因而商业信誉是一个包括法律声誉、诚信交易声誉、质量信誉、执行声誉等多个维度的概念,而目前的在线信誉评价系统仅是诚信交易信誉的反馈。因此,向分散式多维度反映信誉的模式转变,着力研究构建科学、合理的信誉值计算模型是进一步研究的方向。

参 考 文 献

[1] 2016—2017 中国客栈民宿行业发展研究[EB/OL]. http://res.meadin.com/HotelData/.

[2] 曾依灵,许洪波,白硕. 改进的 OPTICS 算法及其在文本聚类中的应用[J]. 中文信息学报,2008,22(1):51-55.

[3] 陈鹰. 旅游资源评价体系、方法与实证研究[D]. 上海:复旦大学,2006.

[4] 戴斌,周晓歌,梁壮平. 中国与国外乡村旅游发展模式比较研究[J]. 江西科技师范大学学报,2006,26(1):16-23.

[5] 丁蕾,吴小根,丁洁. 城市旅游竞争力评价指标体系的构建及应用[J]. 经济地理,2006,26(3):511-515.

[6] 董斌彬,郑向敏. 景区家庭旅馆服务质量分析:基于艺龙网的网友评论[J]. 旅游研究,2014,25(4):65-71.

[7] 高军,马耀峰,李创新,等. 区域旅游资源开发战略理论阐释[J]. 资源开发与市场,2010,26(2):148-150.

[8] 龚敏,何学欢. 景区家庭旅馆服务质量、顾客满意对顾客忠诚的影响研究:以湖南凤凰为例[J]. 企业家天地,2014,1(6):22-25.

[9] 郭来喜,吴必虎,刘锋,等. 中国旅游资源分类系统与类型评价[J]. 地理学报,2000,55(3):294-301.

[10] 郭琦. 全域旅游视角下海南乡村旅游转型升级的路径探讨[J]. 中国高新区,2018(4):6-7.

[11] 胡丽花.家庭旅馆游客动机、服务质量、满意度与忠诚度关系研究[D].重庆:西南大学,2008.

[12] 黄细嘉,李雪瑞.我国旅游资源分类与评价方法对比研究[J].南昌大学学报(人文社会科学版),2011,42(2):96-100.

[13] 黄耀丽,李凡,郑坚强,等.珠江三角洲城市旅游竞争力空间结构体系初探[J].地理研究,2006,25(4):730-740.

[14] 纪淑娴,胡培.基于"柠檬"理论的在线信誉反馈系统有效性研究[J].中国管理科学,2010,18(5):145-151.

[15] 李柏文,曾博伟,陈晓芬.全域旅游的内涵辨析与理论归因分析[J].华东经济管理,2018,32(10):182-184.

[16] 李德梅,邱枫,董朝阳.民宿资源评价体系实证研究[J].世界科技研究与发展,2015,37(4):404-409.

[17] 李红.试论中国旅游资源的特点和类型[J].长春理工大学学报(综合版),2005(4):43-44,63.

[18] 李金早.全域旅游的价值和途径[N].人民日报,2016-03-04(7).

[19] 李新运,郑新奇.山东省旅游资源开发潜力评价研究[J].地理科学,1997(17):372-376.

[20] 李云.滇西北民居客栈游客满意度研究:以丽江古城、大理古城和香格里拉古城为例[J].重庆邮电大学学报(社会科学版),2012,24(4):116-122.

[21] 厉新建,张凌云,崔莉.全域旅游:建设世界一流旅游目的地的理念创新:以北京为例[J].人文地理,2013(3):130-134.

[22] 刘惠萍,张世英.基于声誉理论的我国经理人动态激励模型研究[J].中国管理科学,2005,13(4):78-86.

[23] 刘继韩.秦皇岛市旅游生理气候评价[J].地理与地理信息科学,1989(1):35-39.

[24] 刘群,李素建.基于"知网"的词汇语义相似度计算[C]//第三届汉语词汇语义学研讨会论文集.2002:59-76.

[25] 龙肖毅.大理古城民居客栈中外游客满意度对比研究[D].昆明:云南大学,2006.

[26] 鲁勇.广义旅游学[M].北京:社会科学文献出版社,2013:23-25.

[27] 陆丹乔,张明曦,周维维,等.不同类型酒店产品网上点评可信度的研究

[J].中国商论,2014(26):212-213.

[28] 宋子千,黄远水.旅游资源概念及其认识[J].旅游学刊,2000,15(3):46-50.

[29] 苏雅婷.家庭旅馆评价指标体系构建及实证研究[D].福州:福建师范大学,2014.

[30] 万绪才,李刚,张安.区域旅游业国际竞争力定量评价理论与实践研究:江苏省各地市实例分析[J].经济地理,2001,21(3):355-358.

[31] 王凤梅.顾客体验视角下的旅游城市家庭旅馆评价指标体系研究[D].大连:东北财经大学,2013.

[32] 王凯.中国主要旅游资源赋存的省际差异分析[J].地理与地理信息科学,1999(3):69-74.

[33] 伍燕,刘柳.丽江古城家庭旅馆游客满意度研究[J].中国商论,2011,10(28):187-188.

[34] 杨振之.论度假旅游资源的分类与评价[J].旅游学刊,2005,20(6):30-34.

[35] 姚公安,覃正.企业声誉在电子商务消费者信任建立过程的作用机制[J].数理统计与管理,2008,27(3):480-486.

[36] 于洁,胡静,朱磊,等.国内全域旅游研究进展与展望[J].中国旅游研究,2016,8(6):86-91.

[37] 翟文.宗教旅游资源价值评估研究[D].兰州:兰州大学,2007.

[38] 张巍,刘鲁,朱艳春.在线信誉系统研究现状与展望[J].控制与决策,2005,20(11):1201-1207.

[39] 周建明,蔡晓霞,宋涛.试论我国乡村旅游标准化发展历程及体系架构[J].旅游学刊,2011,26(2):58-64.

[40] 周黎安,张维迎,顾全林,等.信誉的价值:以网上拍卖交易为例[J].经济研究,2006,52(12):81-91.

[41] 李宁,邱晓燕,张华云,等.基于全域旅游理念下海南国际旅游岛旅游标准体系建设研究[J].中国标准化,2016,488(12):26-27.

[42] 王延辉,栾忠恒,王宁初,等.海南国际旅游岛全域旅游需要注重生态文化建设[J].当代经济,2017,35(12):96-97.

[43] ENRIGHT M J, NEWTON J. Tourism destination competitiveness:

a quantitative approach[J]. Tourism Management, 2004, 25(6): 777-788.

[44] HOUSER D, WOODERS J. Reputation in auctions: theory, and evidence from, eBay[J]. Journal of Economics & Management Strategy, 2006, 15 (2): 353-369.

[45] LIVINGSTON J A. How valuable is a good reputation? a sample selection model of internet auctions[J]. Review of Economics & Statistics, 2005, 87(3): 453-465.

[46] PAVLOU P A, DIMOKA A. The nature and role of feedback text comments in online marketplaces: implications for trust building, price premiums, and seller differentiation[J]. Information Systems Research, 2006, 17(4): 392-414.

[47] RESNICK P, ZECKHAUSER R. Trust among strangers in internet transactions: empirical analysis of eBay's reputation system[J]. Advances in Applied Microeconomics, 2002, 11(2): 127-157.

第五章　海南全域旅游联合营销案例分析

当前我国旅游业进入了飞速发展时期,正在迎来一个大调整、大变革、大跨越的新阶段。2016年,原国家旅游局正式确定将海南作为首个全域旅游创建省,这对推进海南省旅游业转型升级、适应正在兴起的大众旅游时代是一个有效途径。时任海南省省长刘赐贵指出,海南大力推进全域旅游,是落实习近平总书记"以国际旅游岛建设为总抓手"殷切嘱托的具体行动,是发挥"三大优势"、推动实现"三大目标""三大愿景"的迫切需要,是海南落实"创新、协调、绿色、开放、共享"五大发展理念、实现绿色崛起的有效载体,全域旅游作为一种新的旅游发展模式,打破了传统的格局,实现区域内资源整合、产业融合发展、社会共建共享。

海南作为全域旅游的先行者,首先要有统筹整合的思想,打破区域行政掣肘,实现区域间的联合发展。因此,开展旅游目的地品牌联合营销、塑造联合目的地形象受到地方政府的进一步重视。旅游品牌联合营销,就是指两个或两个以上旅游品牌在资源共享、共担共赢的原则下,向合作品牌开放旅游营销资源,借以优势互补,实现提升各自旅游品牌资产的战略目标。严格地说,市场上没有好品牌与坏品牌之分,只有强势品牌与弱势品牌之别。但目前国内最常见的旅游品牌联合营销都发生在地位、档次相同的品牌之间,以期实现"强强联手"

的效果。例如,中国四大佛教名山联合营销,中国六大名楼联盟联合营销"中国名楼旅游",泛珠三角旅游联合,湖南省内大南岳、大湘西、大湘南旅游圈的创建等。强、弱势品牌之间联合营销的必要性和潜力被忽视了,这是一个未被涉足的研究和实践领域。

三亚是海南游客接待量最多的城市,在海南旅游地品牌中长期"一枝独秀"。但随着目的地生命周期的不断演进,独特吸引力下降,逐渐转变为大众型目的地,客源市场的维护和拓展需要新的支撑点。而琼海虽然自然资源丰富,涌现了如博鳌、潭门、中原等为人们称道的乡村旅游区,但因目的地品牌塑造时间短,品牌知名度小,整体上市场号召力弱。本章探讨在三亚与琼海之间形成强、弱势目的地品牌搭配组合进行联合营销的资源和设施基础、必要性、面临挑战和应对策略,勾画其彼此之间优势互补、降低成本、分担风险、共同进步的品牌化发展前景。这可以为海南目的地之间联合营销的新模式、新途径提供应用典范和贡献营销智慧。第一节通过介绍三亚和琼海各自的旅游设施和资源(即品牌资产)概况证明两者分属海南旅游发展大局中"强势品牌"和"弱势品牌"的科学判断。第二节详细剖析两地联合营销的内在动因、必要性、挑战和应对策略。

第一节 案例地选择:三亚与琼海

一、三亚和琼海的旅游地概况

(一) 三亚旅游地概况

1. 地理位置

三亚市位于海南省南端,因三亚东、西两河在市区汇和成"丫"字形而得名。东邻陵水县,北依保亭县,西毗乐东县,南临南海。三亚市陆地总面积为

1 919.58 km², 海域总面积为 6 000 km²。三亚市概况如表 5.1 所示。

表 5.1 三亚市概况

人口	面积	地理位置	行政区划	旅游特色
58.23 万人	1 919.58 km²	海南省南端	三亚市辖海棠、吉阳、天涯、崖州 4 个行政区	三亚是具有热带海滨风景特色的国际旅游城市,又被称为"东方夏威夷"

2. 自然地理条件

(1) 地形。三亚市区三面环山,北有抱坡岭,东有大会岭、虎豹岭和海拔 393 米的高岭(狗岭),南有南边岭,形成环抱之势,山岭绵延起伏、层次分明;同时,山脉的延伸将市区分成若干青山围成的空间,为城市不同地区提供了各具特色的空间景观环境。三亚面临南海,海湾较多,主要海湾有三亚湾、海棠湾、亚龙湾、崖州湾、大东海湾、月亮湾等,众多海湾各有佳景。

(2) 气候。三亚市属于热带海洋季风气候,年均降雨量为 1 417 mm,年平均气温为 25.4 ℃,森林覆盖率为 69%,空气质量保持国内最优水平,2017 年空气良好天数达标率为 98.6%。曾经荣获"国家级生态示范区""国家园林城市""国家卫生城市""中国人居环境奖"等多项殊荣。

3. 社会经济条件

(1) 历史沿革。三亚历史悠久。1992 年 3 月,考古学家在三亚落笔洞发现了一万年前的三亚人遗址,这是目前已知海南岛最早的人类居住遗址,也是迄今为止我国旧石器文化分布最南的一处遗址。西汉元封年(公元前 110 年)设珠崖郡,在唐代称振州,宋代称崖州,后改崖州为吉将军;明代复名崖州,民国时期改成崖县。三亚于 1984 年设县级市,1987 年升为地级市。此外还有苗族、回族和其他少数民族。

(2) 当前经济发展状况。2017 年,全市实现生产总值 529.3 亿元,比上年增长 7.6%,三次产业结构为 12.6:20:67.4;固定资产投资为 868.1 亿元,增长 10.9%;社会消费品零售总额为 223.8 亿元,增长 13%。2016 年 6 月 14 日,中国科学院对外发布《中国宜居城市研究报告》,三亚宜居指数在全国 40 个城市中位居第三。2016 年 9 月,三亚入选"中国地级市民生发展 100 强"。2017 年 2 月,三亚入选第三批国家低碳城市试点之一。三亚同时入选"中国特色魅力城市 200 强"及"世界特色魅力城市 200 强"。2020 年 11 月底至 12 月初,第六届亚洲沙滩运动会将在三亚市举行。

4. 旅游市场现状

三亚是中国著名的滨海旅游胜地,是海南旅游接待人数最多,度假酒店、旅游景区等要素最集中的城市。2017 年,三亚市全年接待过夜游客人数累计 18 309 674 人次,同比上涨 10.86%,旅游总收入为 460.17 亿元,同比上涨 25.98%。由此可知,三亚不愧是海南的旅游重镇,旅游业是其经济支柱型产业,在 GDP 总增加值中占重大份额(约 22%)。另外,2018 年,"五一"小长假期间三亚旅游市场持续走热,主要景区接待游客 10.82 万人次,同比增长 32.88%;旅游饭店入住率达 70.96%。表 5.2 为 2017 年三亚市过夜旅游接待情况。

表 5.2 2017 年三亚市过夜旅游接待情况统计表

项 目	全年累计	与上年同期对比
1. 接待过夜游客人数	18 309 674(人次)	10.86%
(1) 过夜国内游客	17 616 876(人次)	9.65%
① 旅游饭店	14 446 006(人次)	9.89%
② 其他旅游住宿设施	3 163 513(人次)	9.69%
③ 国内邮轮游客	7 357(人次)	−80.17%
(2) 过夜入境游客	692 798(人次)	54.35%
① 旅游饭店入境游客	671 813(人次)	64.8%
中国台湾游客	66 102(人次)	8.45%
中国澳门游客	7 778(人次)	25.65%
中国香港游客	73 803(人次)	8.1%
国外游客	524 130(人次)	92.53%
② 入境国际邮轮游客	20 985(人次)	−49.08%
2. 旅游总收入	406.17(亿元)	25.985
(1) 国内旅游收入	370.35(亿元)	21.23%
① 旅游饭店	317.62(亿元)	21.22%
② 其他旅游住宿设施	52.66(亿元)	22.27%
③ 国内邮轮游客	0.07(人次)	−83.28%
(2) 旅游外汇收入	53 061.6(万美元)	108.28%

续表

项　目	全年累计	与上年同期对比
① 旅游饭店外汇收入	52 620.36(万美元)	113.98%
② 邮轮游客外汇收入	441.24(万美元)	−50.14%
3. 旅游饭店平均开房率	69.57%	3.55%

(1) 旅游产业要素不断扩大。据有关数据统计,截至2017年年底,全市共有旅游饭店250家,客房5.73万间,床位9.44万张。其中,五星级酒店14家,四星级酒店17家,喜达屋、希尔顿、万豪、洲际等17个国际知名酒店管理集团旗下55个品牌落户三亚。

(2) 旅游产品不断丰富。据统计,全市有A级及以上景区16家,其中5A景区3家、4A景区6家。三亚千古情、海棠湾水稻国家公园等新景点已建成开业,太阳马戏演艺节目正式上演,启迪冰雪运动中心即将开业,海棠湾水稻国家公园、中廖村、文门村等美丽乡村广迎宾客。免税购物、低空旅游、内河观光、邮轮、游艇、婚庆、亲子等新业态加快发展。

(3) 交通及基础设施不断完善。近年来,三亚加快推进"五网"基础设施建设,城市功能逐步完善;旅游铁路、海上巴士及3条"大三亚"旅游经济圈城际公交线路开通运营;凤凰机场继续扩建,西环高铁通车,2017年,凤凰机场旅客吞吐量为1 939万人次,比上年增长11.6%,铁路客运量为1 139.33万人,增长7.93%;三亚新机场、三亚国际邮轮港加快推进,着力打造国际门户枢纽机场和亚洲最大的邮轮母港;加快城乡公交一体化进程,实施智慧城市发展计划,三亚大数据中心正式启用,力求更好地满足市民和游客需求。

(二) 琼海旅游地概况

1. 地理位置

琼海市位于海南省东部,万泉河中下游,是红色娘子军的故乡,是举世瞩目的"博鳌亚洲论坛"所在地,是年轻而富有魅力的海南区域性中心城市,距海南省省会海口市78千米,距南端的国际旅游城市三亚市163千米。全市总面积为1 710平方千米,常住人口为50万人,琼海是海南主要侨乡之一,在海外的琼海人近60万。市辖12个镇和彬村山华侨经济区,辖区内还有3个国有农场和

1个华侨农场。

2. 自然地理条件

琼海市属于热带季风及海洋湿润气候区,年平均气温为 24 ℃,终年无霜雪。琼海交通十分方便,是海南东线高速公路和动车铁路所经地,又是 6 条公路的交汇点,此外,博鳌机场的落成,更是给琼海交通增添了又一新的优势。

3. 社会经济条件

(1) 历史沿革。汉朝,琼海属珠崖郡之玳瑁县,以后各朝代分属不同行政区,如琼东(古名永丰、会同)和乐会(古名温泉)等。1958 年,琼东、乐会、万宁三县合并为琼海县,建治嘉积镇。1959 年,万宁县分出。1992 年,琼海撤销县建市。

(2) 当前经济发展状况。2017 年,琼海生产总值为 242.51 亿元,按可比价格计算,比 2016 年增长 7.5%。其中,第一产业增加值为 81.44 亿元,增长 4.7%;第二产业增加值为 32.61 亿元,增长 5.3%;第三产业增加值为 128.46 亿元,增长 10.2%。2016 年,琼海市被列为第二批国家新型城镇化综合试点地区。2017 年,琼海市入选第五届全国文明城市。

4. 旅游市场现状

琼海是中国优秀旅游城市和全国精神文明建设示范市,资源丰富,发展旅游业条件优越。在田园城市、幸福家园建设的大背景下,琼海的乡村旅游成为新的亮点。博鳌、潭门、中原等风情小镇的硬件建设大力推进,一批乡村旅游点建成。获得"2014 美丽中国十佳旅游县"和"全国休闲农业与乡村旅游示范点"等国家级荣誉;龙寿洋农业公园、北仍村获评"海南乡村旅游示范点"。在 2015 年亚洲论坛期间,彭丽媛同多国元首夫人到琼海获评首批"中国乡村旅游创客示范基地"的北仍村考察。

2017 年琼海共接待游客 650.18 万人次,旅游收入达 38.54 亿元,其中过夜人数 332.05 万人。2018 年 1 月 1 日,琼海元旦假日共接待游客 11.85 万人次,实现旅游收入 0.55 亿元,游客出行呈现增长趋势。其中,接待过夜旅游人数 4.27 万人次,旅游收入达 3 142.46 万元;一日游游客接待人数为 7.58 万人次,旅游收入为 2 210.91 万元;主要旅游景区共接待 48 769 人次,旅游收入为 116.17 万元;主要乡村旅游点共接待人数 46 412 人次,旅游收入达 73.8 万元。

二、三亚和琼海的品牌地位剖析

(一)强势目的地品牌——三亚

"品牌资产"是衡量品牌强弱的标准。而品牌资产体现在两个维度上:"基于消费者的品牌资产"和"基于财务报表的品牌资产"。前者主要由知名度、美誉度和实际游客到访量、消费量来反映。旅游目的地品牌知名度是目的地品牌资产形成的基础。旅游者在做出旅游决策前会对目的地进行信息、资料的收集和整理,只有那些拥有较高知名度的目的地品牌才有可能进入游客的选择域。三亚是中国著名的滨海旅游胜地,每年都会举办一系列具有国际影响力的大型活动和会展的目的地,例如在2003—2005年期间连续3年承办了世界小姐大赛,是中国第一个世界小姐总决赛举办城市。在美誉度方面,三亚被称为"东方夏威夷",先后获得了各种殊荣:中国第一批国家级生态示范城市、中国特色魅力城市、中国十佳宜居城市等。另外,根据三亚旅游政务官方网站的统计,三亚近5年来接待游客人数持续增长,旅游总收入更是明显增加,如表5.3所示。

表5.3　2013—2017年三亚游客数量和旅游总收入变化

年份(年)	接待过夜游客人数(人次)	旅游总收入(亿元)
2013	12 283 977	233.33
2014	13 527 615	269.73
2015	14 957 271	302.31
2016	16 515 782	322.4
2017	18 309 674	406.17

而"基于财务报表的品牌资产"在一定程度上可由旅游基础设施及上层设施的数量和档次来体现。在交通方面,海南东、中、西线高速公路或干线公路均以三亚为起终点;凤凰机场不断扩建,2017年凤凰机场旅客吞吐量达1 939万人次,比上年增长11.6%。在景区方面,全市有A级及以上景区16家,含南山、大小洞天、呀诺达3个5A级景区以及其他6个4A级景区,是中国热带滨

海旅游资源最丰富、最集中的地区。在饭店方面,据有关数据统计,截至2017年年底,全市共有旅游饭店250家,其中五星级标准酒店14家,四星级酒店17家,喜达屋、希尔顿、万豪、洲际等17个国际知名酒店管理集团旗下55个品牌落户三亚。

(二)强势目的地品牌——琼海

强势品牌和弱势品牌的相似之处在于它们都有很高的市场渗透率,即有一定的市场需求,但在市场地位和好感度方面却有很大的不同。近年来琼海在旅游业发展上成绩不小:游客人数逐年上涨,乡村游、自驾游逐渐成热点;2017年琼海共接待游客650.18万人次,旅游收入达38.54亿元,但这些还远远不如三亚。在针对游客的旅游产品方面,类型单一、缺乏创新,品牌营销观念落后,大部分乡村旅游的品牌营销都是基于海南乡村旅游,开发粗放,难以满足游客高水平的品位需求。只有少数乡村旅游企业拥有自己的品牌,较为知名的如元首夫人们到过的北仍村、博鳌风情小镇、潭门的渔家文化、阳江镇的红色旅游。"基于顾客的品牌资产"还应从感知质量反映。感知质量是影响旅游者行为的关键要素,而旅游基础配套设施是感知质量的重要体现。事实上,目前造访海南的游客极少为了到琼海而到海南,它只是人们在三亚、海口等知名目的地游玩之余可选择的诸多替代目的地之一。游客对琼海作为辅助目的地的感知质量评价一般,并非他们的必游之地。

从"基于财务报表的品牌资产"角度看,琼海旅游景点中除了博鳌亚洲论坛成立会址、北仍村、红色娘子军纪念园、万泉河之外社会认知度都较低,景点也未注重高水平的开发和管理;旅游基础设施和上层设施不健全,难以提供标准化的服务,更别提满足游客日益多元化、差异化的需求了;星级酒店数量少和档次不高,基本没有国际连锁品牌酒店入驻,住宿企业多为森林客栈、田园梦想等特色住宿和餐饮业态。

由此可见,三亚是海南当之无愧的目的地强势品牌。它拥有较高的品牌知名度、美誉度,并因强大的品牌资产获得持续和稳定的旅游发展利益。而无论是在市场的份额、认知度、好评度方面,还是在品牌的实体资产方面,琼海较三亚都相差太大,相比于三亚,琼海是弱势品牌。

第二节 "三亚-琼海"强、弱品牌联合营销：
内在动因、必要性、挑战与策略

一、"三亚-琼海"联合营销的内在动因

从整体上看，品牌联合营销的内在动因，主要涉及开拓市场、降低成本、提升自身资产3个方面。

1. 开拓市场方面

品牌联合营销决定的达成，其实与企业的运营决策有很大关系，无论是进入新市场，还是准备开展新的业务，首要面临的难题都是如何扩大市场份额，进而才能快速、有效地达到市场销售的目标。

2. 降低成本方面

大多数情况下，企业自己从事某项活动的成本都要高于同合作品牌共同承担的成本，因此出于降低成本的考虑，企业会促进两个品牌的联合。

3. 提升自身资产方面

这主要源于弱势品牌的诉求，一些弱势品牌为了在短期内快速增加自身资产，提高品牌的知名度和美誉度，也会采取与强势品牌联合的方式。

这3个方面彼此之间往往是相互关联的。时代和技术的变革，容易导致消费者需求发生变化，本品牌无法快速满足市场需求，自然就需要借助合作品牌的力量。借助合作品牌的强势资产，可影响消费者对自身产品的态度，进而增强购买意愿，或者有效增强品牌的良好形象，赋予品牌更多的个性特征。品牌联合不仅可以借助合作方构建所需品牌因子、拓展目标市场，抵御竞争品牌带来的威胁，而且还可以共同分享资源，有效降低成本。这3个方面的内在动因与"三亚-琼海"联合营销的情境高度契合，三亚通过琼海的品牌形象特点提高自身对冒险类国内游客的吸引力（即市场开拓动机），而琼海需要借助三亚的知

名度和美誉度提高自身品牌的档次和认知水平(即美化品牌形象、提升品牌资产的动机)。

二、联合营销是三亚和琼海共赢的必然选择

(一) 联合营销对三亚的意义

三亚目前客源市场稳定,旅游产品丰富,景区开发也趋向于完善,旅游业更是重要的经济组成部分。但是,目的地都有一定的生命周期。近年诸多迹象显示,就国内市场而言,三亚旅游地吸引力有下降趋势,三亚已步入其生命周期的成熟期。由图5.1可知,三亚的国内游客年增长率在2011年有大幅下降,之后虽然有的年份略有提升,但与往昔水平相差甚远。而且从2013年起游客增长率持续小幅下降,趋于平稳和饱和。这成为海南全省国内游客增长率在"2015—2016中国区域旅游发展报告"中"落居"第22位的主要原因。增长率领先者却是旅游设施欠发达、但"冒险型游客"热衷于造访的西藏、甘肃和新疆。陈钢华对三亚旅游渗透度的研究显示三亚在"游客接待强度""旅游收入渗透度"和"接待设施密度"3个指标上的得分和表现已使其符合了Plog基于游客心理类型对目的地生命周期划分中的"成熟期"目的地特征。因此,三亚迫切需要通过联合营销寻找新的游客吸引点,创新旅游产品,制造诱惑,使品牌焕发新的活力,以防止目的地生命周期步入停滞和衰退阶段。

目前,国内目的地旅游产品类型百花齐放,营销各出奇招,游客的选择机会增多。对于三亚来说,两地品牌联合营销,可以借助琼海的乡村资源,对以海为主要资源的三亚形成补充,从而达到吸引游客、延长游客在海南逗留时间的目的。同时,还可以拓展和更新目的地品牌内涵,提升目的地品牌可持续性发展空间,有助于在激烈的市场竞争中继续保持领先地位。

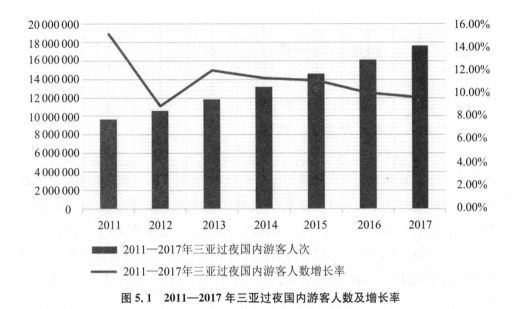

图 5.1　2011—2017 年三亚过夜国内游客人数及增长率

（二）联合营销对琼海的意义

联合营销具有投入少、收益大，能获得单独营销无法达到的效果。琼海虽具有较为独特、富有吸引力的乡村旅游资源和发展潜力，但难以在目的地品牌竞争中独挑大梁，所以长久以来靠单独营销在市场流行度上一直不温不火，而三亚在这方面恰恰能为琼海提供最强助力。当今区域旅游发展的特点是游客首先选择一个宏观地域（海南岛），然后再对地域内的具体目的地进行选择。从这个意义上来说，琼海与三亚从来就不存在直接竞争的关系，而可以形成优势互补和客源共享的效应。三亚的强势品牌资产是绝大多数游客关注和选择海南的首要原因，琼海因此可以从中受益。而且，联合营销可以共享营销渠道，降低营销成本。另外，从"品牌学"的角度讲，海南相当于一个"品牌大伞"（umbrella brand），三亚就是这个"大伞"下的排头兵。营销中若将"琼海"和"三亚"的名字连接在一起，可直接提升琼海在海南目的地旅游中地位和质量的形象感知，起到"品牌攀附"的积极效应。同时，也能使琼海在海南区域整体旅游发展的大局视野下，进一步明确自身的角色定位和品牌建设方向，凸显自身优势，与海南旅游整体旅游同进同荣。

三、"三亚-琼海"联合营销面临的挑战

(一)统一的联合营销主题建设

树立统一的营销主题是三亚和琼海进行联合营销的首要任务。因为这将成为两地形象的综合浓缩以及游客选择目的地的简单标准。而且,理想的主题建设在打造强势品牌和弱势品牌协调发展方面具有积极的意义,是后续品牌营销工作策划和开展的依据。对于两地联合营销的主题确定,既要保留准确传达两个目的地品牌核心内容的能力,又要区别于和高于两者的传统主题,形成令游客市场熟悉而又有新意的主题创意。两者缺一不可,熟悉感不足的话,比如对于三亚来说,长期以来都是主打"热带海滨"和"高端度假",早已有着"美丽三亚,浪漫天涯"的定位主题口号,在游客心目中根深蒂固。倘若骤然融入"乡村旅游"新的元素,存在会对其造成"形象模糊""定位混乱"等负面效应的隐患。新意不足的话,比如说对琼海而言,联合品牌可能带来的不是品牌资产的提升,而是受到强势品牌三亚的品牌遮蔽,被定格为三亚的附属品,难以实现更深远的发展。

(二)资源间共性和个性的协调

协调好资源间的共性和个性是三亚和琼海联合营销的前提保障。旅游资源只有在一定的统筹整合下才能把各自的优势发挥出来。三亚主要是滨海型旅游资源和热带观光旅游资源,还拥有佛教文化旅游资源和少数民族黎苗特色风情。琼海乡村旅游资源丰富,会议旅游资源、红色旅游资源也颇具特色,如成功举办多次亚洲论坛的博鳌会址、红色娘子军的故乡。总体来说,三亚和琼海的旅游资源存在的个性大于共性,这很容易使联合营销的工作呈现出牵强之感。若协调不好,极易发展为仅仅只是表面上的联合,而不是深层次的互帮互助,难以实现真正的联合营销效果。两地之间小的资源共性是存在的,如琼海同样具有山海资源和三亚的黎族传统村落。如何在营销设计中巧妙运用这些

共性的"元素",使其成为协调三亚与琼海之间个性资源的纽带,实现既"自然和谐"又"个性鲜明"的效果,这对两地营销管理者的知识功底和创新能力是一个挑战。

(三)旅游基础设施和上层设施差距的弥合

不同资源禀赋和条件决定了不同地域的经济社会发展状况。三亚作为早期发展的旅游城市,在交通、景点、购物、饭店等旅游基础和接待设施等方面都已经趋于成熟。特别是进行国际旅游岛建设以来,资源设施水平更是突飞猛进。而近几年才成为旅游发展重点城市的琼海,旅游发展进程明显落后,不仅整体设施发展水平不高,而且市内景区之间设施水平极不均衡。琼海旅游业倾斜于东部博鳌地区,基础设施和上层设施相对完备。中西部乡村旅游基础薄弱,乡村景点内部除了博鳌、潭门、嘉积镇、北仍村等较为发达的小镇外普遍存在内部基础配套设施不健全,难以满足游客日益增长的旅游需求的问题。因此,两地旅游基础设施和上层设施的明显差距会给游客带来不适应之感,游客会产生强烈的对比,甚至放大琼海的落后,从而降低对整体联合品牌的满意度,以至于不但实现不了品牌上的"攀龙附凤",反而"引火烧身"。

(四)联合营销专门管理人才的匮乏

在全域旅游的新发展形势和命题下需要专门的管理人才。海南从事旅游行业的人有许多,但从事联合营销的人才还很匮乏,尤其是能驾驭强、弱势品牌之间联合营销的人才,更是极为短缺。因为这种全新的营销战略模式目前仅在学术研究中较为热门,营销实践中还极少涉及。海南当前的旅游从业人员的学历水平较低、专业素养较差,负责业务执行管理的中层管理者也大多因业务数量提升得到晋升,真正的科班出身者很少。目前,海南虽然在轰轰烈烈地实施"百万人才引进计划",给予机会,旨在吸引人才、留住人才,但据相关统计,这其中吸引来的旅游从业人才数量不多,而且主要处于中层岗位。他们在很大程度上仍不具备对强、弱势品牌之间"联合营销"机理、操作要点和营销实务的有效规划和监控能力。海南以"旅游"立省,且因此得到了国家的诸多政策扶持,应在旅游人才吸引和培养上进行倾斜。

（五）强、弱势品牌的联合营销是把"双刃剑"

旅游目的地的品牌联合营销是把利器。用得好的话，不仅能实现两地资源间的优势互补，更可以通过联合品牌发掘自身品牌的更多可能性，实现旅游目的地品牌延伸，获得利益最大化。反之，若运用得不好，可能会出现不那么对称的结果。强、弱势品牌联合营销，弱势品牌在其中常被认为扮演着"搭便车"和"贡献小而获利多"的角色，忽略了联合营销对其的负面影响。但事实上会有这样的情况出现：联合营销对琼海品牌营销无利，反而有可能造成对弱势品牌积极的态度或评价的下降，甚至损害品牌利益，导致目的地"品牌稀释"。所谓"品牌稀释"是指对品牌认知发生了弱化，即品牌的力量被削弱了，具体表现为弱化品牌的联想，如品牌的种类、属性等。强势品牌也一样，品牌联合营销并非只是作为一种防御性的营销策略，它实际上可能会增加品牌之间的混淆，对强势品牌造成损害，削弱强势品牌的资产，并在品牌不匹配时对弱势品牌有利，以至于"羊肉没吃到，惹得一身骚"。

四、"三亚-琼海"联合营销的应对策略

（一）"熟悉"和"新意"的兼顾与并存

对于两地联合品牌确定方面存在的如何实现传统主题与新主题平稳过渡、"熟悉"和"新意"兼顾并存的挑战，在应对方面要把握以下几个原则和方向：

（1）在新主题中要给予两个品牌相同的诠释空间，使两者处于相等的地位，不要出现品牌投射的偏斜。

（2）要在新主题中尽量保留两个品牌传统主题中的显著因素，如三亚的浪漫、琼海的田园，以保持"熟悉感"，维系受众对传统品牌业已形成的品牌亲和性，防止受众出现对新主题茫然、迷惑、怀疑，从而需重新花费大量营销费用来打造形象的情况。

（3）主题设计的切入点要识别和主打两地品牌的内在契合因素，如三亚的

"浪漫"与琼海的"幸福"本就是紧密相连、相伴而生的感觉;三亚海滨景观和琼海乡村特色都可产生"回归自然之感"等。

(4)在主题构思上,可运用这些内在契合点使其巧妙搭配组合,给人以出其不意、耳目一新的感觉。

基于以上原则,作者提出以下两个可供参照的联合营销主题建议:

(1)携手天涯的"幸福"、回归田园的"浪漫"。

(2)天涯真爱、田园乡愁,至情至性!

第一个主题利用"幸福"和"浪漫"的类同感受,将其在三亚和琼海之间错位传递,使熟悉感和新意并存。第二个主题同样利用两个传统主题之间的内在契合性,即主打"情感",将两地的差异性资源巧妙而不偏不倚地嫁接在一起。

(二)基于"共性"过渡的资源协调展示

如前所述,三亚与琼海之间的旅游资源虽然总体上个性大于共性,但小的共性依然存在,主要体现在琼海同样具有滨海资源和三亚的黎族传统村落。这些共性或相似元素可以成为两者联合营销载体(如宣传册、广告、视频)中的"过渡"资源,来衔接并实现对共性和个性资源的共同展示。这样在对两地资源进行营销展示时才不会显得转换生硬,便于受众从"共同主题"的角度来理解这联合营销的思路创意。琼海的玉带滩是三河与大海的交汇之处,沙滩形状优美,犹如细细长长的玉带静静地横卧其间。它同样具有海滩风情,却又较大东海、亚龙湾的沙滩多了几分秀美。万泉河更是因其提供的漂流活动很好地补充、衔接了三亚的"玩水""亲水"项目,使其更具生动力。基于三亚黎族传统村落开发的乡村旅游活动,可突显民宿文化和习俗,更具参与的"本真性",超越了市郊乡村旅游"吃农家饭,住农家院,水果采摘"的传统套路。因此,在营销描绘中既要通过以上的共性因素将两地资源巧妙衔接,又要精细挖掘这些共性中的"独特卖点",以便呈现出变化性,达到妙趣横生的效果。

(三)完善和巧妙规避琼海的设施弱项

只有完善琼海的旅游基础设施和上层设施,实现联合营销的预期效果才有保障。先前琼海把改善交通条件作为重点专项工作,主要是通过政府投资来促进道路建设，游客进入琼海各地的交通条件已经得到了极大改善。目前，应重视琼海市内的基本旅游要素的供给，只有满足游客的基本需求，才能去追求更深远的品牌内涵拓展，为游客提供难忘的旅游体验。其次是琼海12个风情小镇中部分乡镇的停车场、旅游标志、厕所等旅游配套设施的补充，需制定统一的安全、卫生、环境等方面的基本标准，保障游客的基本权益。最后是旅游饭店等接待设施的建设，可以另辟蹊径，结合乡镇主题，发展特色民俗业，借鉴其他知名名宿经验，政府也应大力倡导，提供政策支持。另外，虽然有政府支持，但设施的完善短时间内无法一蹴而就，两地通过联合营销来吸引更多客源的脚步不能因此搁置，需要以巧妙的营销构思来规避琼海在设施方面的弱项。可在营销中刻意强调琼海在接待设施上的"野趣"和"原生态"，以使游客能够安心接受并愿意"以苦为乐"。

（四）重视联合营销人才的培养和引进

对于"三亚-琼海"联合营销所需的联合营销人才，不仅需要具有旅游联合营销知识，还要能在宏观上把握两地旅游发展状态。要依托地区优势，大力扶持本土高校，注重当地旅游人才的培养，改变本土人才"基层化"的现状。另外，要对两地联合营销的规划、重要性、作用机理等多加传播，争取官方的认可和支持，使其在引进人才时能考虑到强弱势品牌"联合营销"的特殊人才需求，在相应人才招募、引进方面给予特别优惠。

（五）防止联合营销"双刃剑"的出现

如果能够解决上述这些挑战，品牌联合营销中出现"双刃剑"的概率就会小很多。但为了防止出现此问题，要做充分的防备，即在开展联合品牌营销之前，要对可能出现的不协调现象进行市场调研，以识别强弱势品牌之间是否出现了"品牌稀缺"（对弱势品牌而言）、"品牌资产溢出"（对强势品牌而言）等对个别品牌的负面影响。其目的在于尽量将可能出现的问题扼杀在摇篮之中。这需要针对目标市场群体代表的实验研究来识别两地的目的地形象各自较先前形象的差距并开展比较研究，便于识别联合营销是否对特定品牌产生了过于正面或负面"倾斜"，以实现协调发展。

参 考 文 献

[1] 陈钢华.海岛型目的地的旅游渗透度:海南案例及其国际比较[J].旅游学刊,2012,27(11):72-80.

[2] 郭锐,严良,苏晨汀,等.不对称品牌联盟对弱势品牌稀释研究:"攀龙附凤"还是"引火烧身"?[J].中国软科学,2010(2):132-141.

[3] 吕本勋.旅游联合营销探析[J].商业研究,2006(2):186-188.

[4] 孙在国.品牌联合营销探讨[J].中国商贸,2010(14):33-34.

[5] 王厚功.浅析旅游品牌联合营销[J].时代经贸(中旬刊),2007,5(11Z):10-11.

[6] 苑炳慧,辜应康.基于顾客的旅游目的地品牌资产结构维度:扎根理论的探索性研究[J].旅游学刊,2015,30(11):87-98.

[7] KONECNIK M, GARTNER W C. Customer-based brand equity for a destination[J]. Annals of Tourism Research,2007,34(2):400-421.

[8] DAHLÉN M, ROSENGREN S. Brands affect slogans affect brands? competitive interference, brand equity and the brand-slogan link[J]. Journal of Brand Management,2005,12(3):151-64.

[9] PLOG S C. Why destination areas rise and fall in popularity:an update of a cornell quarterly classic[J]. Cornell Hotel and Restaurant Administration Quarterly,2001,42(3),13-24.

[10] KELLER K L, HECKLER S E, HOUSTON M J. The effects of brand name suggestiveness on advertising recall[J]. Journal of Marketing,1998,62(1):48-57.

第六章 海南国际旅游岛建设品牌化对策建议及展望

海南国际旅游岛建设虽然已取得了很多成果(尤其在实体性资源方面),但与国家推出这一战略时所诉求的核心目标和深远意义还存在不小差距。这是海南国际旅游岛进一步纵深发展的核心着眼点,也是主要困难和挑战所在。前文已述,当品牌发展与预期效果不符或出现事先未料想到的重要变化时(即目的地生命周期的迁移),必须回溯到品牌发展的"战略初端"来识别关键的规划性缺陷。通过对比目的地品牌化理论与海南国际旅游岛品牌建设规划及实况,识别出海南的关键规划性缺陷:① 未通过周密的市场调研分析和选择就拟定了"品牌本体"内容,品牌化工作的位次顺序颠倒;② 忽略"品牌设计"环节的内容,直接关注品牌传播的实施方案。故本书的品牌化创新模式主要围绕澄清和夯实目的地品牌化科学流程的两个核心步骤展开:"目标市场选择和培育"和"供给侧品牌设计"。"全域旅游"作为从主、侧两翼奠定海南品牌化基础的有力助推器也被融入这一创新发展模式之中。本书的所有实证研究(定性+定量)即围绕这3个方面内容展开。

本章第一节回顾、归纳了本书涉及的全部实证研究的缘起、主要内容和结论。第二节精炼地指出这些实证研究对海南国际旅游岛纵深建设的实际管理意义。第三节以习近平总书记关于海南发展建设的部署和指导为基础,剖析相关国家政策及文件对海南国际旅游岛建设的影响。

第一节 实证研究情况总结

一、目标市场选择与培育篇

这一部分开展的实证研究旨在解决海南国际和国内市场上面临的困境,以及如何巧妙地实现两者兼顾。尽管该部分的核心品牌化思路已在第一章给出(即国际市场上寻找和吸引"杠杆性"文化旅游者;国内市场上吸引和培育"大众亲环境游客"),但对于其背后的实践支撑数据和具体措施未进行深入阐释。第二章后4节的内容通过实证研究提供这些关键数据,其中前2节关注吸引"国际文化旅游者"的内在根由和营销改进措施,后2节关注培育"国内大众亲环境游客"的现实可行性和主要着眼点。具体地,对于该篇所包含的实证性研究总结如下:

(一)研究 1

基于普洛格心理类型理论,试图识别美国近冒险型消遣游客市场中对访问增长最具杠杆作用的核心人群。细分设计在整体多阶段框架下涵盖了对"前验法"和"后验法"的次序运用。4个属于不同活动组群的近冒险型子细分市场被识别:户外刺激体验者、休闲娱乐追求者、文化探寻者和兴趣广泛者。"经济价值组合矩阵"指向"文化探寻者"为未来营销瞄准的最适宜对象。

（二）研究2

以三亚需借助文化旅游来延长其生命周期为背景，对三亚与其竞争者厦门的文化旅游投射个性进行了对比分析。数据来自两地的文化旅游网络投射文本。具体从投射数量、投射管理"合理性"、各类型资源投射贡献率和"语义网络图"等多角度透视三亚相对于厦门的个性投射能力。

（三）研究3

立足于大众游客的环境心理特点，通过概念模型构建与检验大众游客亲环境行为欲望产生过程中外加驱力（地方依恋维度）和内在障碍（大众旅游价值导向维度）的互动效果。以三亚的国内大众游客为样本，经因子分析和阶层多元回归分析，发现：

（1）大众旅游价值导向两维度中，"维护旅游功能"的亲环境阻碍力度更大。

（2）地方依赖和地方情感都显著预测大众游客的亲环境行为欲望，但后者的驱动力和抵御调节能力都明显更强。

（3）地方认同发挥亲环境驱动负效应，且这一效应在大众游客情境下易受到积极调节。

（四）研究4

以海南岛为案例地，选取重游型及同质偏好型旅游者的网络游记为文本分析资料，基于扎根理论构建旅游者地方依恋心理归因及其形成机理的整合模型。结果表明：

（1）地方心理认知、地方情感象征、地方依恋倾向是旅游者地方依恋的心理归因，构成地方依恋的"认知—情感—行为倾向"概念模型。

（2）由心理归因的内部响应路径与个体影响因素的外部调节路径构成的"响应-调节"系统机制是旅游者地方依恋的形成机理。

二、"供给侧"品牌设计篇

与上一篇面临的情况类似,本书虽然在第一章中就提及了对海南重新进行品牌本体开发及设计的必要性,也指出口号作为其中核心元素的重要性,却未作进一步的实际分析与指导。故第三章中提供了 4 项围绕有效目的地口号识别与选择问题而开展的实证研究,聚焦于当前目的地口号设计基本范式、不足、特点库的建立及其适应海滨目的地特点的科学遴选方式。第三章第二节通过梳理我国优秀旅游目的地口号的核心设计模式和地域尺度差异反映国内目的地口号设计的最新进展情况,以弥补目前主要贡献文献均年代较久的不足。第三章第三节对当前目的地口号设计可资运用的"特点"进行了归纳、归类和梳理。第三章第四节、第五节具体指导在这一庞大的"口号特点池"中选择特点时应注意的两项重要问题:① 提高口号被注意性;② 口号记忆和说服效应并重。具体信息如下:

(一)研究 1

基于旅游口号的多特征和多学科原理互动的视角构建我国旅游口号设计的整合分析框架。以此框架为工具,采用内容分析法,从 1 133 条旅游口号中提炼其核心设计模式和地域尺度差异性,并从"说什么"和"怎么说"的综合角度提出我国旅游口号系统化提升要求。

(二)研究 2

构建和发展出一个全新的旅游口号设计模式的理论构架,简称"内源性-外源性模型"。字词选用、句法表达、韵律节奏、目的地识别、独特销售主张和语义诉求是其主要维度。其中,字词选用、句法表达、韵律节奏是内源性语言因素,直接决定旅游口号的语言模式;目的地识别、独特销售主张和语义诉求作为外源性刺激驱动因素,调节着旅游者的意识和行为之间的联结关系。

（三）研究 3

立足于"衰减器"作用机理，构建旅游口号设计规则框架。同时，根据旅游口号评价指标与设计规则的分歧倾向比例来定义偏离级次，实证分析不同地域尺度的旅游口号的偏离程度和偏离分布差异。

（四）研究 4

以国内海滨旅游目的地口号为素材，关注 8 条重要口号特点，探究这些特点（在整体上和品牌熟悉调节下）在"记忆"效应（口号识别）和"说服"效应（目的地访问意愿）上的表现情况。研究发现，整体上，"使用修饰性词语"和"包含目的地名称"兼具记忆和说服的双驱动功效；但"品牌熟悉"显著调节了诸多口号特点的作用效度以及这两个变量的双驱动功效。

三、作为助推器的全域旅游篇

同样地，国际旅游岛建设应与全域旅游融合发展，巧妙借势于后者实现自身的升级，这在第一章中也只是一个美好倡议。具体如何整合所有可利用资源（知名度较高目的地、知名度偏低目的地、乡村旅游地），确保它们保障标准化的设施和服务水准，推进强、弱势品牌联合营销在第四章、第五章中通过 3 个实证研究予以补充阐释。具体地，第四章第二节提供了一个基于加权 TOPSIS 法的海南主要市县旅游资源状况对比分析。第四章第三节提供了一个基于民宿游客网上点评的信誉维度开发研究。第五章第二节以案例分析形式提供了一个三亚与琼海（强、弱势品牌）联合营销内在动因、必要性、挑战和应对策略的实证研究。具体信息如下：

（一）研究 1

从自然、人文、综合 3 个旅游资源大类中选取 12 种旅游资源，对海南省 19 个城市的旅游资源竞争力进行了综合比较研究。旅游资源竞争力最强的是三亚和海口,较强的为儋州、文昌、定安和琼海,一般的为万宁、琼中、昌江、乐东、保亭、东方、三沙、五指山、陵水、澄迈、白沙、临高、屯昌为旅游资源竞争力较弱区。

(二)研究 2

网络文本评论中隐含着更丰富的民宿消费者感受信息。通过对在线文本评论实施词语聚类,获取隐藏其中的消费者最为关注的民宿信誉评价指标:设施设备、服务、娱乐文化因素、卫生舒适、位置、价格、餐饮。据此开发的新信誉评价系统能够优化消费者的购买决策及帮助民宿管理者赢得竞争优势。

(三)研究 3

以三亚和琼海为例,在辨析两地品牌地位和阐述联合营销必要性的基础上,着重探讨了此举将面临的五大挑战和相应的应对措施。挑战涉及联合营销主题的建设、资源间共性和个性的协调、旅游基础设施和上层设施差距的弥合、联合营销管理人才的匮乏等。应对举措分别为:打造"熟悉感"和"新意"共存的目的地联合主题;基于"共性"过渡的资源协调展示;完善和巧妙规避琼海的设施弱项;重视人才的引进与培养;对于联合营销"双刃剑"做到防患于未然。

第二节　基于实证研究结果的品牌化对策建议

一、目标市场选择与培育篇

(一)研究 1 的实践启示

该研究证实了海南国际旅游岛纵深建设在国际市场方面的最佳吸引对象

为"文化探寻者",且因该细分市场具有参与活动与实际动机发生错位的特性,需采取独特和定制化的吸引方案。这些文化游客主要动机为放松/舒适和身体康健,同时自尊心/社会地位提升也发挥了较大作用,这与以丰富知识为典型动机的传统文化游客不同。维护文化遗产的"原真性"、在常规文化项目设计中通过活动编排注入一些新亮点是吸引这类文化群体的重要手段。

(二) 研究 2 的实践启示

目前三亚的文化旅游品牌投射在多方面都逊于其国内的直接竞争者厦门,应对其当前投射格局中处于不同状况、发挥不同作用的个性维度(及条目)分别采取相适应的投射管理策略:

(1)"胜任"和"神圣"是当前三亚投射效果最佳的个性维度,三亚需依循网络投射机理进一步完善对两者的信息投射管理。

(2) 对因投射力度不足而形成的竞争短板维度或条目类别,三亚可采取丰富相关信息投射的直接优化策略。

(3)"温婉"和"刺激"是当前三亚存在一定的投射数量和"合理性"劣势的维度,三亚应对其进行进一步个性延伸和深化投射。

(三) 研究 3 的实践启示

(1) 从总体上看,在依靠地方依恋的"亲环境"管理培育中,环保阻力源于"缺乏责任感",比源于"维持旅游功能"的大众游客更具可塑性,而后者是进行"大众亲环境培育"的关键。

(2) 针对地方依恋各维度的不同"亲环境"驱动实效,采取相应的利用或防范举措。其中,通过在营销沟通中唤醒或强化地方亲和性情感的方式吸引已对三亚形成一定地方情感的"重游客"是短期成效最大的环境管理举措。

(四) 研究 4 的实践启示

塑造大众旅游者地方依恋的关键是寻找"地方世界"与"个人世界"的重合:
(1) 从地方塑造来看,以自然、文化、活动为表现形式,加强听觉、视觉、触觉、味觉、嗅觉等感官体验来激发旅游者的利益获得感,从而激发依恋感,需为此提供丰富的功能性利益和享乐性体验以及情感性利益和象征性利益。

(2)从个人迎合来看,从各方渠道积极获取目标群体的共性的个体背景特征、旅行偏好特征、依恋关涉特征,为地方依恋预测提供直接指导。同时,考虑到不同心理特征的旅游者对应的地方依恋作用机理,培育地方依恋还需从个体的心理特征入手。

二、"供给侧"品牌设计篇

(一)研究1的实践启示

我国优秀旅游目的地口号的核心设计模式是"短型口号＋全中文＋不含晦涩字词＋实词居多……"。其中,省域、城市和5A级景区的口号核心设计模式主要在修辞手法、音步结构、目的地名称位置、价值命题属性和数量、情感倾向和语言风格倾向等设计特点上存在差异。海南品牌口号载体需要从"说什么"和"怎么说"两个角度确立系统化的设计要求。"说什么"应选择能最大化影响口号品牌资产塑造力的内容要素,"怎么说"应强化口号的可记忆性、创新性和双向沟通效果。

(二)研究2的实践启示

我国旅游口号的核心设计模式应在"内源性-外源性模型"框架下加以分类、组织、整合和选择。这一框架构成海南口号设计的"特点来源池",具体包括字词选用、句法表达、韵律节奏、目的地识别、独特销售主张和语义诉求6个主要维度。其中,字词选用、句法表达、韵律节奏是内源性语言因素,目的地识别、独特销售主张和语义诉求是外源性刺激驱动因素。

(三)研究3的实践启示

衰减器理论对口号设计提供了3点重要启示:第一,个人倾向作用不可忽视。第二,受众注意力有限。第三,注意力受物理属性、语言属性和意义属性的影响。基于衰减器对旅游口号的阶段性衰减过程,本书提出了旅游口号应遵循字词简单性、声调协调性、音节对称性、修辞多样性、地名涵盖性、价值聚焦性、字数简短性、利益独特性、韵脚整齐性和信息互动性等10条设计规则。这是海南品牌口号要赢得受众注意的首要特点筛选依据。

（四）研究4的实践启示

熟悉品牌存在发挥"双驱动功效"的口号特点,代表其口号设计具有"灵活性强"这一重要优势。其设计在满足基本诉求后便有较大的自由裁量权。不熟悉品牌若要在设计上实现口号的"双驱动功效",将给口号设计增添禁锢,使其缺乏灵活性,甚至可能出现"鱼与熊掌不可兼得"的矛盾。可考虑在口号特点的选用上二者选一,而对另一效应的实现再辟蹊径。这是海南强、弱势目的地品牌口号设计时应主要遵循的差异点。

三、作为助推器的全域旅游篇

（一）研究1的实践启示

(1) 以海南地区19座城市(海口、三亚、定安、琼海、万宁、琼中、儋州、文昌、昌江、乐东、保亭、东方、三沙、五指山、陵水、澄迈、白沙、临高、屯昌)为研究对象,运用TOPSIS法,构建了具有逻辑和层次性的城市旅游竞争力评价指标体系。

(2) 把19座城市所具有的旅游竞争力按照优、劣势水平划分成四个层级。这从客观上评价了海南19座城市的旅游资源开发利用态势,为海南旅游资源开发利用提供了战略指导。

（二）研究2的实践启示

利用文本聚类技术对民宿评论文本进行知识提取,最终得到内涵更具体、范围更全面、消费者关注的民宿在线信誉评价指标体系。据此,消费者可以消除过高搜寻成本,快速了解其对民宿某个更具体指标的态度倾向,以便搜索和过滤交易对象;民宿营销者可以通过更精细的评价指标提升自身信誉,向买家展示自身竞争力和信用。

(三)研究3的实践启示

要应对"三亚-琼海"强、弱势品牌联合营销面临的诸多挑战,三亚和琼海可采取以下联合品牌的建设和传播策略:
(1)"熟悉"和"新意"的兼顾与并存。
(2)基于"共性"过渡的资源协调展示。
(3)完善和巧妙规避琼海的设施弱项。
(4)重视联合营销人才的培养和引进。
(5)防止联合营销"双刃剑"的出现。

本书内容、实证研究及其管理启示内在关联性如图6.1所示。

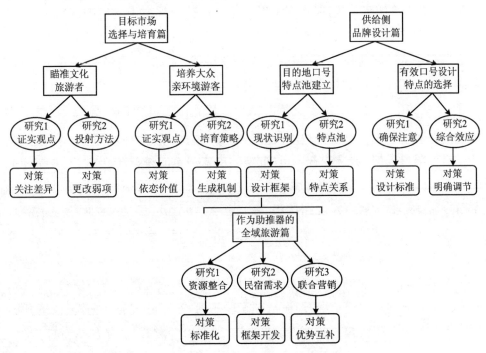

图6.1 本书内容、实证研究及其管理启示内在关联性

第三节 海南国际旅游岛建设展望

本书第一章中就已通过分析国家政策(即《国务院关于推进海南国际旅游岛建设发展的若干意见》)指出国际旅游岛建设的终极目标是"惠及海南经济、社会、民生的各个方面,并充当全国调整优化经济结构和转变发展方式的一个鲜活样板"。可见,这一终极目标绝不仅仅是就海南旅游业的发展"就事论事",而是为海南经济社会长远发展的战略及要求埋下了伏笔。所以国际旅游岛建设不再仅仅是一个"十年"的规划目标,而是一个没有明确时间界限的长期奋斗愿景,它与海南作为中国最大经济特区的发展重任和使命水乳交融,在促进并得益于后者的战略发展过程中实现自身的升级和涅槃。

据此,海南国际旅游岛建设的展望事实上就是要基于、得益于并贡献于国家对海南发展的最新战略部署。习近平总书记在庆祝海南建省办经济特区30周年大会上的重要讲话着眼于国内国际大局、着眼于新时代、着眼于未来,充分肯定海南经济特区建设的历史功绩,深刻总结了其中的宝贵经验,并赋予海南全面深化改革开放新的重大责任和使命,即支持海南建设中国特色自由贸易试验区。《中共中央国务院关于支持海南全面深化改革开放的指导意见》对支持海南全面深化改革开放做出重大部署,为海南发展注入了强大动力。这是习近平总书记亲自谋划、亲自部署、亲自推动的重大国家战略,是海南历史上具有里程碑意义的大事和千载难逢的机遇,充分彰显了我国坚定不移走改革开放这条正确之路、强国之路、富民之路的决心。

这两个重要文件既有深邃高远的理论指引,又有务实具体的路径安排,是指导海南开启全面深化改革开放新征程、争创新时代中国特色社会主义生动范例的根本遵循和行动纲领。海南把握好新时代经济特区新的历史使命,就是要成为改革开放的重要窗口、改革开放的试验平台、改革开放的开拓者、改革开放的实干家。深刻领会自身的独特优势、特殊地位和重要作用,把握好战略定位,就是建设全岛自由贸易试验区和中国特色自由贸易港,打造全面深化改革开放试验区、国家生态文明试验区、国际旅游消费中心、国家重大战略服务保障区。

深刻领会党中央的战略意图,就是要坚持开放为先,实行更加积极主动的开放战略,加快建立开放型经济新体制,推动形成全面开放新格局。要站在更高起点谋划和推进改革,下大气力破除体制机制弊端,不断解放和发展社会生产力。要坚决贯彻新发展理念,建设现代化经济体系,推动经济高质量发展走在全国前列。要牢固树立和全面践行绿水青山就是金山银山的理念,在生态文明体制改革上先行一步,为全国生态文明建设做出表率;要坚持以人民为中心的发展思想,不断满足人民日益增长的美好生活需要,让改革发展成果更多更公平地惠及人民。要坚持和加强党的全面领导,确保全面深化改革开放正确方向。

目前海南已将中国特色自由贸易试验区与国际旅游岛建设的关系理解为前者是后者的升级版,并有促进作用,并且已着手在以下方面进行积极建设、改进和创新:

(1) 高标准、高质量建设自由贸易试验区;

(2) 探索建设中国特色自由贸易港;

(3) 构建法治化、国际化、便利化的营商环境;

(4) 加强风险防控体系建设;

(5) 深度谋划利用好博鳌亚洲论坛;

(6) 加强同"一带一路"沿线国家和地区的务实合作;

(7) 加强区域合作交流;

(8) 深化省域"多规合一"改革;

(9) 加快推进财税金融体制改革;

(10) 深化农垦改革;

(11) 深化国有企业改革;

(12) 加快推进城乡融合发展体制机制改革;

(13) 加快推进行政区划调整和党政机构改革;

(14) 深化供给侧结构性改革;

(15) 大力实施创新驱动发展战略;

(16) 大力实施乡村振兴战略;

(17) 加快构建现代化"五网"基础设施体系;

(18) 进一步开放旅游消费领域;

(19) 培育壮大旅游消费新业态;

(20) 推动旅游消费提质升级;

(21) 提升旅游消费国际化水平；

(22) 加强南海维权和开发服务保障能力建设；

(23) 高起点发展海洋经济；

(24) 加快发展海洋科技；

(25) 建立健全军民融合发展体制机制；

(26) 深入实施军民融合工程；

(27) 实行最严格的生态环境保护制度；

(28) 筑牢生态安全屏障；

(29) 推进生态环境治理体系和治理能力现代化；

(30) 推动形成绿色生产生活方式；

(31) 坚决打赢精准脱贫攻坚战；

(32) 提升社会事业发展水平；

(33) 织密扎牢民生保障网；

(34) 打造共建共治共享的社会治理格局；

(35) 加大人才培养力度；

(36) 推动"百万人才进海南"；

(37) 优化人才服务环境；

(38) 坚定维护党中央权威和集中统一领导；

(39) 坚持用习近平新时代中国特色社会主义思想武装头脑；

(40) 持之以恒正风肃纪反腐；

(41) 建设高素质专业化干部队伍；

(42) 切实发挥法治引领和保障改革的作用；

(43) 完善狠抓落实的工作机制。

只要以上的发展举措都能得以有效地贯彻执行并成效显著，海南国际旅游岛建设还会获得更大的发展空间、资源和助力，其终极目标必将完满实现。

附　　录

附录A　省域目的地旅游口号汇总表

序号(S)	口号	序号(S)	口号
S1	回味奥运,圆梦首都	S2	不到长城非好汉
S3	北京欢迎你	S4	新北京,新奥运
S5	东方古都,长城故乡	S6	近代中国看天津
S7	渤海明珠,魅力天津	S8	敞开天津门,笑迎八方客
S9	天天乐道,津津有味	S10	乐游上海
S11	上海旅游,感受现代	S12	精彩每一天
S13	新上海,新感受	S14	发现更多,体验更多
S15	大山大水不夜城,重情重义重庆人	S16	世界的重庆,永远的三峡
S17	壮丽三峡,激情重庆	S18	非去不可
S19	山水之都,美丽重庆	S20	大好河北
S21	新世纪,新河北,新感受	S22	彩环京津,休闲河北
S23	诚义燕赵,胜境河北	S24	这么近,这么美,就在河北
S25	京畿福地,乐享河北	S26	晋善晋美
S27	山西——中国古代艺术博物馆	S28	华夏古文明,山西好风光
S29	美丽大草原,激情蒙古风	S30	自由自在内蒙古
S31	自然、纯洁、浪漫,圆您梦中情结	S32	绿色海洋,内蒙古草原之旅

续表

序号(S)	口号	序号(S)	口号
S33	美丽青城,天堂草原	S34	祖国正北方,亮丽内蒙古
S35	壮美内蒙古,亮丽风景线	S36	游辽宁奇特景观,览关东民俗风情
S37	乐游辽宁,不虚此行	S38	满韵清风,多彩辽宁
S39	雾凇冰雪,真情吉林	S40	梦幻冰雪,精彩吉林
S41	情景之旅,自然感受	S42	白山松水,豪爽吉林
S43	缤纷四季,精彩吉林	S44	北国风光,自然龙江
S45	21世纪中国滑雪胜地	S46	畅游江苏,感受美好
S47	梦江苏——情与水的中国文化之乡	S48	古之天堂景,今在江苏境
S49	来江苏,访名城,游古镇,品吴韵,寻汉风	S50	水秀山灵,古韵今辉,美好江苏
S51	锦绣天堂,优雅江苏	S52	水韵江苏
S53	诗画江南,山水浙江	S54	旅游难忘安徽
S55	美好安徽,迎客天下	S56	海峡旅游,幸福福建
S57	福天福地福建游	S58	山海画廊,人间福地
S59	八闽仙境,海峡神韵	S60	人间福地有福气,清新福建任呼吸
S61	人间福地好福气,清新福建欢迎你	S62	福往福来,自由自在,清新福建欢迎你
S63	风景这边独好	S64	世界瓷都,仙鹤乐园
S65	好客山东	S66	走进孔子,扬帆青岛
S67	一山、一水、一圣人	S68	文化河南,壮美中原
S69	中华之源,锦绣河南	S70	心灵的故乡:天地之中,老家河南
S71	灵秀湖北	S72	极目楚天舒,浪漫湖北游
S73	荆楚大地,灵秀湖北——欢迎你	S74	锦绣潇湘,快乐湖南
S75	人文湘楚,山水湖南	S76	锦绣潇湘,伟人故里——湖南如此多娇
S77	活力广东	S78	和谐广东,首善之都
S79	活力广东,精彩纷呈	S80	千年商都,南国明珠
S81	天下风景,美在广西	S82	遍行天下,心仪广西
S83	阳光海南,度假天堂	S84	安全的旅游岛,美妙的度假地

续表

序号(S)	口号	序号(S)	口号
S85	欢乐海岛,四季花园	S86	热带海岛,清新自然,度假胜地,欢乐天堂
S87	请到海南深呼吸,欢乐海岛,四季花园	S88	四川,不仅仅有大熊猫
S89	天下四川,熊猫故乡	S90	雄秀奇幽看四川
S91	天下四川有爱,熊猫故乡更美	S92	四川依然美丽!
S93	天府之国	S94	四川好玩
S95	多彩贵州,醉美之旅	S96	中国旅游宝库,世界天然公园
S97	山地公园省,多彩贵州风	S98	走遍大地神州,醉美多彩贵州
S99	七彩云南,旅游天堂	S100	中国云南,神奇多彩
S101	彩云之南,万绿之宗	S102	世界屋脊,神奇西藏;千山之宗,万水之源
S103	寻梦者的乐园——西藏	S104	人间圣地,天上西藏
S105	人文陕西,山水秦岭	S106	古老与现代,淳朴与自然
S107	山水人文,大美陕西	S108	传奇丝路,醉美甘肃
S109	丝路画廊,多彩甘肃	S110	精品丝路,炫丽甘肃
S111	丝绸古道三千里,黄河文明八千年	S112	触摸历史,品味文化,游历山水,感受风情
S113	大美青海,至大至美的山河	S114	中华脉源
S115	塞上江南,神奇宁夏欢迎您!	S116	雄浑西部风光,秀美塞上江南
S117	辽阔疆域,无限风光,新疆是个好地方	S118	世界旅游的选择
S119	中国新疆,掀起你的盖头来	S120	动感之都,购物天堂
S121	感受澳门,无限式	S122	台湾触动你的心
S123	亚洲之心		

附录B 中国优秀旅游城市旅游口号汇总表

序号(C)	口号	序号(C)	口号
C1	中国唯一以皇帝名字命名的城市	C2	长城滨海画廊,四季休闲天堂
C3	游承德,皇帝的选择	C4	避暑山庄,和合承德
C5	皇家休闲,畅享承德	C6	红色西柏坡,多彩石家庄
C7	燕赵古韵,魅力之城	C8	文化涿州,古今流芳
C9	天下第一州	C10	京津走廊,温馨之都
C11	京津乐道,绿色廊坊	C12	红色旅游,文化古城,山水保定
C13	京畿胜景,醉美保定	C14	游各城邯郸,品古赵文化
C15	冀南明珠,生态武安	C16	多彩武安,长寿乐园
C17	皇家山水福地,京东休闲名城	C18	新唐山,心体验
C19	煤乡明珠,古城太原	C20	华夏文明看山西,晋商风采数太原
C21	唐风晋韵,锦绣太原	C22	让大同走向世界,让世界拥抱大同
C23	塞上古都,云中圣境,天下大同	C24	中国古都,天下大同
C25	这里是黄河之曲,这里是舜都之城,这里有王之焕的千古绝唱,这里有大唐帝国的辉煌	C26	诗情画意,美丽永济
C27	晋城山水,棋源古堡	C28	晋善晋美,尽在晋城
C29	太行山水,晋善晋美	C30	太行情,上党行——宜游长治欢迎您
C31	包容大气,勇立潮头——这就是包头	C32	草原明珠
C33	欢迎您到天堂草原	C34	天堂草原,魅力青城,欢迎您
C35	呼伦贝尔,北方原生态旅游胜地	C36	天骄故里,五彩森林,体验自然冰雪,感受民俗风情
C37	投身呼伦贝尔草原,追寻成吉思汗故里	C38	呼伦贝尔,华冠天堂
C39	呼伦贝尔,天人合一	C40	俄蒙风情,魅力满城

续表

序号(C)	口号	序号(C)	口号
C41	中俄蒙三国风情兼得的北疆跨国旅游胜地	C42	魅力满洲里,三国不夜城
C43	塞外苏杭	C44	灵山秀水——扎兰屯
C45	契丹草原,龙的故乡	C46	梦里草原,神奇赤峰
C47	全家去赤峰,愉快与轻松	C48	中国避暑之都,神泉雪城——阿尔山
C49	巍巍大兴安,梦幻阿尔山	C50	到霍林郭勒看最美草原
C51	最美的草原,中国霍林郭勒	C52	东北看草原,自驾游通辽
C53	孝庄故里,魅力通辽	C54	天朗气清,自在养生
C55	浪漫之都,时尚大连	C56	活力之都,沈阳旅游
C57	一朝发祥地,两代帝王宫	C58	中国边境第一城,和平之都,绿色丹东
C59	太阳升起的地方	C60	中国最美的边境城市
C61	热情鞍山	C62	金玉之都,魅力鞍山
C63	清代王朝发祥地,北方山水魅力城	C64	满韵清风,好客抚顺
C65	枫叶之乡本溪县,都市休闲后花园	C66	神奇山水,枫叶之都
C67	自古通关之口,塞外锦绣之州	C68	英雄城市,锦绣之州
C69	北京后花园	C70	关外第一市,筝城葫芦岛
C71	关东名城古韵,华夏巨佛奇观	C72	东北最古老的城市
C73	明清古城、温泉之城、海滨之城、宜居之城、辽宁兴城	C74	中国铁岭,快乐老家
C75	北方水城,快乐铁岭	C76	中国盘锦,湿地之都,魅力无限
C77	鹤乡油城,湿地之都	C78	东北佛教源流圣地
C79	走进神秘朝阳	C80	地球上第一只鸟起飞的地方,地球上第一朵花绽开的地方
C81	三燕古都,神秘朝阳	C82	渤海明珠,多彩营口
C83	玉龙故乡,玛瑙之都	C84	海纳百川,大美庄河
C85	山水凤城,养生福地	C86	北国春城,绿色都市
C87	美丽碧树看长春,无尽冰雪北国情	C88	永远是春天
C89	休闲消夏,清爽长春	C90	寒来暑往,吉林市欢迎您!
C91	吉祥行,四季行,吉林市行	C92	山水吉林,魅力江城

续表

序号(C)	口号	序号(C)	口号
C93	吉祥天佑,林碧水秀	C94	满族发祥地,吉祥四季行!
C95	红叶之城,山水蛟河	C96	吉林小江南,国家生态园
C97	多彩高句丽,秀美新集安	C98	山水文化旅游城,修养养生宜居地
C99	圣洁山水,大美风光,延吉欢迎您	C100	如来敦化,大德吉祥
C101	山水桦甸,五彩金城	C102	哈尔滨——"酷爽"之城
C103	天鹅项下的珍珠	C104	松花江、太阳岛,避暑天堂哈尔滨
C105	东方小巴黎	C106	冰城夏都,风情哈尔滨
C107	哈尔滨——不只是冰雪热土	C108	游白山黑水,找牡丹江山水
C109	北国好风光,美在牡丹江	C110	慢生活,心无瑕,悠然伊春
C111	伊春,森林里的故事	C112	绿色油化之都,天然百湖之城,中国温泉之乡,美丽大庆
C113	欢乐金秋,畅游百湖	C114	金都山水魅力阿城,女真故里华夏金都
C115	绥芬河——旅游者的温馨家园	C116	百年口岸,国境商都,灵秀山城
C117	五彩金秋,魅力鹤城	C118	绿色食品之都,中国魅力城市——欢迎来到中国鹤城,齐齐哈尔
C119	世界大湿地,中国鹤家乡	C120	到铁力漂流,向快乐出发
C121	小城大世界,山水自然国	C122	虎林欢迎您!
C123	中俄风情之都,北国养生福地	C124	林海雪原,最美海林
C125	博爱之都,绿色古都,文化之城	C126	江南佳丽地,金陵帝王洲
C127	旅读新南京,乐享好时光	C128	天下文枢,美丽南京
C129	博爱之都——世界第一城垣	C130	寻梦霞客故里,纵情山水无锡
C131	无锡是个充满温情和水的地方	C132	太湖佳绝处,毕竟在无锡
C133	太湖明珠,中国无锡	C134	诗画瘦西湖,人文古扬州
C135	烟花水都,诗画扬州	C136	到北京看长城,到扬州看运河
C137	总有未发现的美	C138	天堂苏州,东方水城
C139	游东方水城,品苏式生活	C140	一座美得让你吃醋的城市
C141	三山演绎古今爱情传奇——东方浪漫爱情旅游之都	C142	山色水韵,魅力镇江
C143	楚汉雄风,豪情徐州	C144	楚风汉韵古彭城,名山碧水新徐州

续表

序号(C)	口号	序号(C)	口号
C145	看西汉到徐州	C146	到徐州领略楚韵汉风
C147	现代昆山,如你所愿	C148	江南片玉,灵秀昆山
C149	一个有戏的地方	C150	霞客故里,旅游胜地
C151	游圣霞客故里,滨江花园城市	C152	千年水乡,万秀吴江
C153	千年水天堂,人间新吴江	C154	游吴江美景,品江南神韵
C155	中国陶都,陶醉中国	C156	领略宜兴碧水青山,品味陶都风土人情
C157	现代化的陶都,江南生态旅游胜地	C158	世上湖山,天下常熟
C159	江南福地,常来常熟	C160	佛道古圣地,山水新句容
C161	中华龙城,江南常州	C162	追江赶海到南通
C163	江海新南通,上海北大门	C164	近代历史名城,江海休闲港湾
C165	神奇浪漫之都	C166	山海连云,西游胜地
C167	山水溧阳,生态家园	C168	阅山阅水阅江南,品竹品茶品溧阳市,品质溧阳欢乐行
C169	访名人故里,看淮安新貌	C170	寻漕运古迹,品淮阳美食,探水下泗州,享生态家园
C171	淮扬名菜扬天下,美丽青春洪泽湖	C172	湿地之都,水绿盐城欢迎您
C173	仙鹤世界,神鹿故里,湿地之地,水绿盐城欢迎您	C174	广博风月水,天下大纵湖
C175	浪漫之都	C176	文明之城,欢乐之港
C177	长江第一港	C178	江海之畔,休闲之都
C179	如皋如歌,常来长寿	C180	世界长寿乡,水绘金如皋
C181	山水名城,宜居金坛	C182	天上琼台,人间东台
C183	东方良城,徐国圣都	C184	文昌水秀,祥泰之州
C185	水城慢生活,尘世幸福多	C186	宿迁有三宝,英雄美酒生态好
C187	心宿宿,情迁迁	C188	心归自然,情动大丰
C189	上有天堂,下有苏杭	C190	东方休闲之都,品质生活之城
C191	爱情之都,天堂城市	C192	最忆是杭州
C193	东方商埠,时尚水都	C194	书藏古今,港通天下
C195	梦幻水乡,人文绍兴	C196	游鲁迅故里,看越地风情

序号(C)	口号	序号(C)	口号
C197	古越胜地,诗韵水城	C198	休闲江南,古城绍兴
C199	江南十分美,绍兴九分九	C200	风水金华,购物天堂
C201	大仙故里,历史名城	C202	生态临安,休闲胜地
C203	一座会呼吸的城市	C204	游西施故里,观五泄飞瀑布
C205	西施故里,美丽诸暨	C206	清凉世界新安江
C207	山水画廊,休闲天堂	C208	感受17度建德新安江
C209	最好的旅行就是在17,最丰富的建德旅游产品就是176	C210	诗画江南,山水温州
C211	动感温州,畅意江南	C212	流金海岸,忘情山水
C213	时尚之都,山水温州	C214	游影视名城,逛木雕之都,品明清古宅,赏歌山画水
C215	人杰地灵菊香,人间天堂桐乡	C216	山水清远,生态湖州
C217	水都绿城,休闲嘉兴	C218	千年府城,山水临海
C219	来了就想留下	C220	永远的第一缕曙光
C221	阳光温岭,别有硐天	C222	曙光首照地,东海好望角
C223	富春山水,孙权故里	C224	游潮乡胜景,揽天下奇观
C225	神奇山水,名城衢州	C226	海天佛国,渔都港城
C227	天瑞地安,景秀书香	C228	感先祖文明,揽山水柔情
C229	兰香神州,溪碧钱塘	C230	千年商埠,风雅故里
C231	蒋氏故里,弥勒道场,人文荟萃,人居福地	C232	有梦就去奉化
C233	神奇台州,生态之旅	C234	神奇山海,活力台州
C235	游天半江郎,寻古道沧桑	C236	千年古道,锦绣江山
C237	东南最名邑,渊源河姆渡	C238	小商品的海洋,购物者的天堂
C239	海上雁荡,流金乐清	C240	秀山丽水,养生福地
C241	秀山丽水,浙江绿谷	C242	六江之源,艺术之乡
C243	浪漫之都,休闲胜地	C244	天地之美,美在黄山,人生有梦,梦圆徽州

续表

序号(C)	口号	序号(C)	口号
C245	中国黄山,人间仙境	C246	大美黄山圆梦地,太平胜境任君游
C247	梦幻黄山,礼仪徽州	C248	创新之都,滨湖新城
C249	包公桑梓地,黄山北大门	C250	日出黄山,绿染合肥
C251	览百里巢湖,游千年合肥	C252	两个胖胖欢迎你
C253	华佗故里,药材之州	C254	天下道源,曹操故里,中华药都,养生亳州
C255	山水诗都	C256	游安庆,唱黄梅——每天都是一出戏
C257	戏曲圣地,文化名城	C258	半城山,半城水
C259	欢乐芜湖	C260	生态池州,佛国九华
C261	中国生态山水铜都	C262	生态铜陵,幸福铜陵
C263	山水诗乡,多彩宣城	C264	豆腐故里,五彩淮南
C265	海上花园,温馨厦门	C266	有魅力,更有活力
C267	享出门,到厦门	C268	东方伊甸园,纯真武夷山
C269	世界双遗产,纯真武夷山	C270	自由自在,快乐武夷
C271	自在武夷	C272	福山福水福州游
C273	八闽古都,有福之州	C274	温泉古都,有福之州
C275	海峡西岸名城,多元文化宝库	C276	海上丝绸之路起点,海丝泉州
C277	桃花陶令桃源洞,开天辟地新感受	C278	心灵永安
C279	走进多情山水,拥抱绿色三明	C280	天下幽奇,中国绿都,生态旅游胜地
C281	清新福建,悠然三明	C282	花果之乡,锦绣漳州
C283	花样漳州	C284	常来长乐
C285	中国革命的摇篮——井冈山	C286	走红色之旅,游绿色井冈
C287	生态井冈,红色摇篮	C288	樟魂水韵,灵秀南昌
C289	鄱湖明珠,中国水都	C290	历史名城,滨江飞虹,现代新城,山水都城
C291	花园英雄城市,军旗升起的地方	C292	天下英雄城,南昌
C293	灵山秀水,诗画九江	C294	梦里水乡,魅力九江
C295	欲识庐山真面目,请到江西九江来	C296	大山大水大美九江

续表

序号(C)	口号	序号(C)	口号
C297	千里赣江看赣州	C298	江南宋城,客家摇篮,东江源头,红色摇篮
C299	新赣州、新旅游、新感觉	C300	美丽老家,幸福赣州
C301	山水道都,世界铜都	C302	道都铜都,魅力鹰潭
C303	景象万千,德广无垠,镇动世界	C304	博大景德,镇动世界
C305	认识CHINA从景德镇开始	C306	高铁枢纽,大美上饶
C307	上舞九天,饶有余韵	C308	中国经典山水,世界遗产名城
C309	古风古色古城,宜居宜游宜春	C310	一年四季在宜春
C311	宜春,一座叫春的城市	C312	锦绣宜春
C313	登井冈之巅,看天下吉安	C314	文化庐陵,红色摇篮,山水吉安,欢迎您
C315	行旅吉安,吉祥平安	C316	美丽吉安
C317	海上都市,欧亚风情,心随帆动,驶向成功	C318	红瓦绿树,碧海蓝天
C319	扬帆奥运,相约青岛	C320	奥帆之都,多彩青岛
C321	黄海明珠,辉煌青岛	C322	趵突神韵甲天下,济南潇洒胜江南
C323	四面荷花三面柳,一城山色半城湖——泉水之都,济南旅游	C324	泉城济南
C325	泉甲天下,锦绣济南	C326	拥抱碧海蓝天,体验渔家风情
C327	走遍四海,还是威海	C328	人间仙境,梦幻烟台
C329	山海仙境,葡萄酒城	C330	登泰山,保平安
C331	中华泰山,天下泰安	C332	登泰山而小天下
C333	孔子故里,东方圣城	C334	旅游到曲阜,胜读十年书
C335	人间仙境	C336	到蓬莱,过神"闲"日子
C337	道教名山,金色海岸	C338	温泉之都,李龙故里
C339	进士之乡,山东文登	C340	自由呼吸,自在荣成
C341	山海情怀,温馨之旅	C342	齐国故都,聊斋故里,足球故乡,陶瓷名城——中国淄博
C343	灵秀之都,古韵淄博	C344	齐风陶韵,生态淄博
C345	泱泱齐风,多彩淄博	C346	佛国寿山,古州福地

续表

序号(C)	口号	序号(C)	口号
C347	东方花都,文化青州	C348	逍遥潍坊
C349	风筝故乡,幸福潍坊	C350	这里是享誉世界的国际风筝之都,这里是闻名遐迩的蔬菜之乡,这里是中外驰名的宝石城,欢迎您到潍坊来!
C351	放飞梦想,逍遥潍坊	C352	天上风筝飞,天下潍坊美
C353	中国聊城,江北水城	C354	江北水城,运河古都,生态聊城
C355	游山登五岳,赏海去日照	C356	黄金海岸,激情日照
C357	阳光海岸,活力日照	C358	水上运动之都,休闲度假天堂
C359	母爱圣地,幸福乳山	C360	仁爱乳山
C361	美丽乳山,浪漫之旅	C362	冬到三亚,夏至乳山
C363	沂蒙好风光	C364	山水沂蒙,多彩临沂
C365	杏坛盛梦,春秋之路,运河之都,宝塔佛光	C366	文化济宁
C367	孔孟之乡,运河之都	C368	人文孟子,山水邹城
C369	孟子故里,儒风邹城	C370	中国菜乡,品质寿光
C371	碧海金滩,度假天堂	C372	一山一水一寺庙
C373	大河上下,长城内外——中国龙口	C374	福禄南山,养心天堂
C375	清照故里,泉醉章丘	C376	航空运动之城
C377	矿冶之城,绿色莱芜	C378	休闲度假胜地,山水生态乐园
C379	中国太阳城,魅力新德州	C380	鲁北田园,厚德载物,有德之州
C381	齐鲁燕赵文化融合之都,田园牧歌休闲圣地,北方会议会展名城	C382	天上瑶台人间新泰,好客新泰欢迎您
C383	舜帝之都,恐龙之乡	C384	浪漫温泉海岸,休闲购物乐园
C385	美丽的苹果之都	C386	江北水乡,运河古城
C387	山海岛林泉滩港——交织的风情	C388	中国牡丹之都,山东菏泽欢迎您
C389	孙子故里,生态滨州	C390	渤海明珠,孙子故里
C391	四环五海,生态滨州	C392	渤海之滨,黄河尾闾,孙武故里
C393	齐鲁神韵,豪情山水	C394	黄河水城,生态东营
C395	黄河入海,龙腾东营	C396	黄河与大海相约的地方
C397	开放的莱州欢迎您	C398	中国金都

续表

序号(C)	口号	序号(C)	口号
C399	天地之中,功夫之都	C400	大河之南,文明古都
C401	有功夫,来郑州	C402	七朝古都水映菊,寻梦北宋到开封
C403	清明上河汴梁梦,包公断案开封城	C404	东京梦华,北方水城
C405	七朝都会,北方水城	C406	千年梦华,七朝古都
C407	大宋皇城,菊香水韵	C408	中华龙乡,花园城市
C409	帝都龙乡,水韵濮阳	C410	济水之源,愚公故里
C411	山水经典,河南济源	C412	愚公故里,道教圣地,山水神韵,灵秀济源
C413	中国少林武术之乡——登封	C414	天地之中,中国登封
C415	中国千年梦华七朝古都	C416	国花牡丹城
C417	千年帝都,牡丹花城	C418	世界遗产,九朝古都
C419	东方锦绣神都,华夏文明原点	C420	华夏之源,丝路起点
C421	文化圣地,天鹅之城,黄河岸边一颗璀璨的明珠	C422	文化圣地,天鹅之城
C423	力挺中华,三门峡	C424	走进古都品文化,休闲度假游安阳
C425	文化之都,秀美安阳	C426	鼎城安阳,安逸安居,阳春阳光
C427	古都安阳,令人向往	C428	焦作山水,人间仙境
C429	太极故里,山水焦作	C430	山水经典,魅力焦作
C431	峡谷极品,太极之乡	C432	诗意淇河,生态鹤壁
C433	山水人文精品,古韵生态鹤壁	C434	人杰地灵,物华天宝
C435	黄老圣地,度假天堂	C436	心灵之旅,黄帝故里
C437	曹魏故都,宜居花城,神垕古镇	C438	魏都、钧都、花都
C439	相聚许昌,畅游中原	C440	壮美太行,风采新乡
C441	壮哉南太行,最美在新乡	C442	三商之源,华商祖地
C443	火源商祖,魅力商丘	C444	卧龙之地,灵秀南阳
C445	五圣智,汇南阳	C446	四圣故里——南阳
C447	南阳南都,爱情之都,智慧之都	C448	游三都故里,览人间极品
C449	天下壮行,禹州启程——醉美禹州	C450	乐舞之源,知音长葛
C451	山水舞钢,秀甲中原	C452	南有苏杭,北有舞钢

续表

序号(C)	口号	序号(C)	口号
C453	休闲胜地,度假天堂	C454	千年鹰城,中原独秀,精彩平顶山
C455	中原灵秀地,魅力平顶山	C456	豫风楚韵,红色信阳
C457	许慎故里,食品名城	C458	诗意山水,传奇天中
C459	传奇之都,生态家园	C460	羲皇故都,老子故里
C461	中国沁阳,圆梦之乡	C462	河洛圣地,神采巩义
C463	印象汝州	C464	高山流水,白云黄鹤
C465	大江大湖大武汉	C466	白云黄鹤,知音之城
C467	武汉,每天不一样	C468	金色三峡,银色大坝,绿色宜昌
C469	爱上宜昌	C470	昔日刘备借荆州,今朝荆州倚天下
C471	楚国古都,三国名城	C472	武当走向世界,十堰拥抱未来
C473	十堰,一个人人称道的地方	C474	神秘钟祥,帝王之乡
C475	养生山水,长寿钟祥	C476	千古帝乡智慧襄阳
C477	飞享龙谷,花样荆门	C478	去鄂州,走江湖
C479	赤壁——三国历史圣地与湖北对外开放的南大门	C480	万里寻茶道,赤壁借东风
C481	孝感天下,情润山水	C482	大美恩施,奇观恩施,多情恩施
C483	重庆42度,利川24度	C484	我靠重庆,凉城利川
C485	热!到利川凉快去!	C486	多情山水,璀璨星城
C487	多情长沙,快乐之都	C488	多情山水,天下洲城
C489	快乐长沙,宜游胜地	C490	洞庭天下水,岳阳天下楼
C491	谷歌洞庭万顷水,百度岳阳千古楼	C492	韶山——一代伟人毛泽东的故乡
C493	毛泽东故里	C494	桃花源里的城市——常德
C495	亲亲常德,浪漫之城	C496	心若有界,止于神奇,境界张家界
C497	潘多拉太远,张家界很近	C498	生态—森林—山水,人间仙境
C499	阿凡达的故乡,神仙居住的乐园	C500	福地郴州,山水含福
C501	寿佛故里,生态资兴	C502	程水丹霞,寿佛故里
C503	浏阳旅游,给你与众不同的精彩	C504	美丽浏阳,清凉一夏
C505	始祖圣地,锦绣株洲	C506	伟人故里,山水湘潭
C507	红太阳升起的地方	C508	大美洞庭,休闲益阳

续表

序号(C)	口号	序号(C)	口号
C509	世界黑茶之源,中国淡水鱼都	C510	湘中明珠,快乐娄底
C511	每天给你带来新的希望	C512	世界新城,中华之窗
C513	精彩深圳,欢乐之都	C514	一日读懂两千年
C515	南国风情,动感花城	C516	千年羊城,南国明珠
C517	浪漫之都,中国珠海	C518	山水美如画,堪称东方日内瓦
C519	山水名城,岭南故里,休闲胜地	C520	醇正岭南,大美肇庆
C521	伟人故里,和美中山	C522	狮舞岭南,传奇佛山
C523	四化融合,智慧佛山,旅游胜地	C524	侨乡山水风情
C525	江通四海,门迎天下	C526	畅游蓝天下,海风潮韵,世纪商都
C527	海风潮韵,休闲汕头	C528	名山秀水惠州游
C529	一切精彩惠发生	C530	岭南山水,休闲驿站
C531	五星魅力南海,千年人文山水	C532	神奇丹霞,魅力韶关,祈福胜地
C533	开心清远,旅游首逸	C534	北江明珠,清香溢远
C535	海天动情阳江游	C536	碧海银滩,船说阳江
C537	每天绽放新精彩	C538	智造精彩,莞香天下
C539	缤纷精彩在东莞	C540	海滨邹鲁,岭海名邦
C541	相约在中国大陆最南端,碧海银沙期待您	C542	客家古邑,万绿河源,温泉之都,恐龙故乡
C543	中国开平,碉楼世界	C544	千色客都,中国梅州
C545	世界客都,叶帅故里	C546	休闲到梅州,体验慢生活
C547	慢城梅州,长寿客都——叶剑英元帅的故乡欢迎您	C548	新滨海,新茂名
C549	百里画廊,水墨阳春	C550	山水甲天下,魅力新桂林
C551	桂林山水甲天下	C552	奇山秀水绿南宁,绿城寻歌壮乡情
C553	中国绿城,南宁欢迎您	C554	滨海人居,生态北海
C555	南海珍珠之乡,滨海度假胜地	C556	海湾明珠,休闲之都——中国北海
C557	山水桂林,风情柳州	C558	桂林山水甲天下,柳州风情醉五洲
C559	绚烂民族风情,水墨画意之都	C560	岭南美玉,胜景如林
C561	岭南都会,扬帆玉林	C562	璀璨宝石,神韵骑楼,山水梧州

续表

序号(C)	口号	序号(C)	口号
C563	游梧州骑楼,品岭南文化	C564	岭南之源,西江明珠
C565	宗教圣地朝拜,天国风云考察,欢迎您到神秘的桂平来!	C566	太平天国,福地桂平
C567	红荔枝,白海豚,绿钦州	C568	英雄故里,海豚之乡——广西钦州
C569	壮乡红城,千姿百色	C570	畅游天地,生态之旅
C571	千年雄关,红木凭祥	C572	唱着山歌等你来
C573	椰风海韵,南海明珠	C574	阳光海口,娱乐之都
C575	阳光海口拥抱您	C576	天涯芳草,海角明珠
C577	美丽三亚,浪漫天涯	C578	不是夏威夷,胜似夏威夷
C579	琼台福地	C580	人山海岸,人文儋州
C581	不到儋州不知海水蓝,不到儋州不知香蕉红,不到儋州不知泥土热,不到儋州不知人情浓	C582	千年古郡,魅力儋州
C583	田园城市,幸福琼海	C584	休闲琼海,天堂博鳌
C585	成功之都,多彩之都,美食之都	C586	成都,一座来了就不想离开的城市
C587	云上金顶,天下峨眉	C588	青山净水,天人合一
C589	拜水都江堰,问道青城山	C590	乐山乐水乐在其中
C591	佛心乐山,大愿峨眉	C592	一山天下秀,一佛古今雄
C593	一蜀定天下	C594	生态园林城市——崇州
C595	谁人不曾觅天府,自古崇州蜀中蜀	C596	探源李白文化,体验原始山水,休闲神奇绵阳
C597	李白出生地,中国科技城	C598	小平故里行,广安欢乐游
C599	四川好玩,乐游广安	C600	神奇盐都,魅力自贡
C601	半城青山半城楼,悠悠河水绕城留	C602	龙之乡,灯之城,盐之都,食之府
C603	四川最大的风水古城	C604	春节之源,风水之都
C605	长江第一城,中国酒之都	C606	休闲之都,养生福地
C607	宜山宜水更宜宾	C608	醉游泸州
C609	风过泸州带酒香	C610	阳光花城,康养胜地
C611	熊猫首都,生态天堂	C612	九寨门户、蜀道咽喉、华夏诗城、李白故里

续表

序号(C)	口号	序号(C)	口号
C613	李白故里	C614	源远流长嘉陵江,千年绸都南充城
C615	中国绸都,盛妆天下	C616	南充,嘉陵江边最美的记忆
C617	嘉陵江——中国的莱茵河,中国的美女河	C618	冬季有绚烂的暖阳,夏季有沁脾的清凉,四季都有别样的旅游风光
C619	一座春天栖息的城市,这里四季如春——西昌欢迎你	C620	小平故里行,华蓥山上游
C621	红色华蓥,天下雄山	C622	红岩故里,魅力华蓥
C623	文君故里,休闲天堂	C624	茶马古道第一镇
C625	古蜀之源,重装之都	C626	剑门蜀道,女皇故里
C627	让你心灵度假的城市,为了你这座城市等待了1666年	C628	静静的遂宁,让心灵度假
C629	观山观水观自在,遂心遂愿遂宁城	C630	森林之城,避暑之都
C631	城中有山,山中有城	C632	爽爽的贵阳,中国避暑之都
C633	高原桥城,绿色都匀	C634	世界的苗侗明珠,中国的山水凯里
C635	转运之城,传奇遵义	C636	红色圣地,醉美遵义
C637	壮美大瀑布,神秘屯堡情	C638	夜郎故里,中国瀑乡
C639	世界自然遗产,赤水养生天堂——您一生不能不去的地方	C640	激情山水,贵州兴义
C641	一城三景,大美兴义欢迎您	C642	天天是春天
C643	筑梦春城,拥抱世界	C644	柔情傣乡,雨林景洪
C645	风花雪月,自在大理	C646	风花雪月,文献名邦
C647	大理,一生不能不到的地方	C648	精彩瑞丽,美丽德宏
C649	神奇美丽的勐巴娜西——潞西欢迎您!	C650	花果之城,咖啡之都
C651	七彩云南,梦幻丽江	C652	天雨流芳,梦幻丽江
C653	健康之旅,云南保山	C654	温润保山,美玉神汤
C655	雪域圣地,高原明珠	C656	美丽家园,幸福拉萨
C657	龙在中国,根在西安	C658	品味西安,感知中国
C659	走进历史,感受人文,体验生活	C660	华夏文明故都,丝绸之路起点——西安
C661	中国金字塔之都	C662	中国第一帝都
C663	大秦古都	C664	炎帝故里

续表

序号(C)	口号	序号(C)	口号
C665	浪漫休闲之旅,尽在神奇宝鸡	C666	民族圣地,红色延安
C667	神圣、神秘、神奇——生态延安之旅	C668	追寻红色记忆,感受黄土风情
C669	有故事的韩城,有味道的旅程	C670	汉文化的发祥地——汉中
C671	两汉三国,真美汉中	C672	让敦煌走向世界,让世界了解敦煌
C673	世界的敦煌	C674	长城博物馆,沧桑嘉峪关
C675	华夏文明之源,陇右林冠之首	C676	黄河明珠,山水城市,丝路重镇,水车之都
C677	中国西北游,出发在兰州	C678	金城兰州,黄河之都
C679	七彩丹霞,裕固家园	C680	塞上江南,丝路明珠
C681	水墨丹霞地,巍巍张掖人	C682	天马故乡,葡萄酒城
C683	中国航天的摇篮,敦煌艺术的故乡	C684	飞天之旅,神奇酒泉
C685	神奇崆峒,养生平凉	C686	中国羚城,魅力合作
C687	世界盐湖城,青海格尔木	C688	天路之约,神奇之旅——中国·西宁
C689	大美青海,夏都西宁	C690	西行西部西宁,清凉清静清心
C691	塞上明珠,中国银川	C692	雄浑贺兰,多彩银川
C693	世界四大文化体系的交汇点,华夏灿烂文明进程的活化石,人与自然和谐生存的欢乐园,西域丝路博物馆	C694	丝路明珠吐鲁番
C695	相约魅力巴州,探秘楼兰神韵	C696	古楼兰,新梨城
C697	古丝路神秘故城,今西域民族风情	C698	一城游新疆,相约乌鲁木齐
C699	丝路风情,醉美喀什,不到喀什不算到新疆	C700	雅丹、戈壁、绿洲、油田尽在克拉玛依
C701	魅力克拉玛依,油城处处赛江南	C702	哈密,比传说更甜蜜
C703	西域古镇,人文新市	C704	文化哈密,能源之都
C705	龟兹故里,西域精粹,阿克苏神奇之旅	C706	塞外江南,水韵之都
C707	天之骄子,新疆伊宁	C708	人类滑雪起源地的激情体验
C709	千年游牧,千里牧游,魅力文化尽在阿勒泰草原	C710	幸福昌吉,精彩至极
C711	天空之城	C712	天山之都,物阜民康
C713	戈壁明珠,军垦名城		

附录 C 中国 5A 级旅游景区旅游口号汇总表

序号(J)	口号	序号(J)	口号
J1	超越时空的紫禁城	J2	天坛欢迎您
J3	世界上最大的皇家祭坛——天坛	J4	中国古典园林之首
J5	不到长城非好汉	J6	世界上保存完整埋葬皇帝最多的墓葬群
J7	恭王府,北京最大的四合院	J8	一座恭王府,半部清朝史
J9	故里寻踪	J10	早知有盘山,何必下江南
J11	皇帝的选择	J12	游白洋淀,赏古莲花
J13	京南水乡,华北明珠白洋淀	J14	奇山秀水甲太行
J15	野三坡,我来野	J16	新中国从这里走来
J17	圣地西柏坡,魅力新平山	J18	世界文化遗产,皇家山水福地
J19	华夏祖庙娲皇宫,天下奇绝壁经群	J20	古城,水城,太极城
J21	北方有奇山,白石山	J22	中西文化融汇的丰碑,世界文化遗产——大同云冈石窟
J23	塞外名城璀璨的明珠	J24	五台山,世界文化景观遗产地欢迎您
J25	佛音清凉胜境,人心世界遗产	J26	康熙帝师故里,太行神奇古堡
J27	东方第一双城古堡,国家 5A 级景区,中国北方第一文化巨宅,著名影视基地,中国十佳小康村	J28	无峰不奇,无水不秀,无寺不古,无道不险,无景不典,中国绵山
J29	领略晋商精神,感受晋商文化	J30	晋商故里,不得不说的秘密——乔家、渠家
J31	何日平常心,千年逍遥游	J32	中华第一关——雁门关,三边冲要无双地,九塞尊崇第一关
J33	中国沙漠休闲度假地	J34	这里的沙子会唱歌
J35	成吉思汗长眠地,鄂尔多斯蒙古风	J36	世界草原帝王陵
J37	俄蒙风情,魅力满城	J38	五彩兴安岭,童话阿尔山

续表

序号(J)	口号	序号(J)	口号
J39	植物王国	J40	走进老虎滩,感受欢乐海洋世界
J41	身在海洋,心在飞翔	J42	凝固的动物世界、天然地质博物馆、神力雕塑公园
J43	国家级风景名胜区	J44	原始山林,纯净呼吸
J45	千年积雪为年松,直上人间第一峰	J46	游溥仪帝宫,观宫闱秘史,伪满皇宫博物院欢迎您
J47	亚洲第一大人工林海	J48	如来结佛缘,吉祥六鼎山
J49	寻梦大自然,情归太阳岛	J50	让大地生动起来
J51	高山平湖淡泊如镜,北国风光,尽在镜泊湖	J52	国色林香兴安岭,神奇自然北极村
J53	中国最北的地方,漠河北极村,带你去看北极光	J54	了解上海,从东方明珠开始
J55	东方明珠,魔都时尚文化地标	J56	乐业专业敬业,致力创造未来
J57	人间天堂,园林之城	J58	中国园林之城,世界文化遗产
J59	世博水乡,心泊周庄	J60	中国第一水乡——周庄
J61	中华城中第一山	J62	中国的影视基地从这里诞生
J63	福满灵山,如来如愿	J64	魅力灵山在水一方
J65	同里自然有故事	J66	千年古镇,世界同里
J67	十里秦淮,千年流淌	J68	探秘侏罗纪,从这里开始
J69	精彩每一天,环球恐龙城	J70	人文古扬州,诗画瘦西湖
J71	濠河欢迎您	J72	万顷碧波水连天,青州绿岛喜鹊飞。欲知休闲何处去,溱湖深处景物鲜
J73	人间新天堂	J74	情定金鸡湖,国际商务旅游目的地
J75	水漫金山,情系镇江	J76	太湖佳绝处,毕竟在鼋头
J77	苏州吴中,美丽太湖	J78	天目湖——一站式玩水度假
J79	养生仙境,福地茅山	J80	请到麋鹿故乡来,大丰好玩呢
J81	云龙湖景区欢迎您的到来!	J82	大圣故里,神话仙境——连云港花果山风景区欢迎您!

续表

序号(J)	口号	序号(J)	口号
J83	中国春秋淹城旅游区:文化,生态,休闲,娱乐	J84	十二种邂逅西湖的方式,给不同性格的你
J85	天下湖,看西湖	J86	雁荡山,荡起想象
J87	寰中绝胜,梦回雁荡	J88	想到了就去普陀山,自在旅行,心之所属
J89	海天佛国	J90	千岛湖,心灵的绿洲
J91	秀水千岛湖,休闲好去处	J92	来了,便不再离开
J93	蒋氏故里,弥勒圣地	J94	每天都有新发现
J95	灿烂新天地,梦幻大秀场,快乐心乐园	J96	来嘉兴看南湖送一个"古镇"
J97	留下西溪只为你	J98	都市湿地看西溪
J99	千年爱情,不老沈园	J100	南浔古镇,天下难寻
J101	天台山,佛教天台宗发祥地,五百罗汉总道场,唐诗之路目的地	J102	山水神秀,佛宗道源
J103	摘星揽月,天上人间	J104	生活着的千年古镇
J105	雄奇冠天下,秀丽甲东南	J106	四季黄山
J107	感受黄山,天下无山	J108	神奇灵秀地,大愿九华山
J109	神奇地带,雄秀天柱——天柱山风景区	J110	天柱一峰擎日月,洞门千仞锁云雷
J111	世界遗产,世外桃源	J112	华东最后一片原始森林,英雄山寨,度假天堂
J113	木雕艺术博物馆	J114	中国历史文化名镇,国家5A级旅游景区——三河古镇
J115	江淮明珠,度假胜地,湖光山色,百里画廊	J116	万国建筑博览
J117	奇秀甲东南	J118	世界双遗产,纯真武夷山
J119	水墨丹霞,灵秀泰宁	J120	东方古城堡
J121	天下绝景,宇宙之谜	J122	清源山,道教圣地
J123	庐山天下悠	J124	品味名山,唯有庐山
J125	"欣"无止境,山外有山	J126	道教祖庭天师府,丹霞仙境龙虎山
J127	千年瓷都,神奇古窑	J128	人类因瓷而文明,世界因瓷而精彩

续表

序号(J)	口号	序号(J)	口号
J129	人民共和国从这里走来	J130	亲亲明月山,泡泡硒温泉
J131	爱我,就带我去明月山	J132	神山圣水,觉者天堂
J133	世界自然遗产,悠然雅致龟峰	J134	登泰山,保平安
J135	文化圣地,度假天堂	J136	人间仙境,休闲蓬莱
J137	孔子故里——东方圣城	J138	天上人间,海上崂山
J139	海上名山第一	J140	刘公岛,不仅仅是一个岛
J141	中国甲午战争博物馆	J142	福寿南山,养心天堂
J143	天下第一庄,江北水乡,运河古城	J144	旅游更精彩
J145	一份厚重,一种沧桑,青州古城,打开寻梦之门	J146	万山之祖,中岳嵩山
J147	禅宗祖廷,天下第一名刹	J148	人类文化的瑰宝,石窟艺术的明珠
J149	云台山,峡谷奇观	J150	中华绝岭
J151	世界文化遗产——殷墟	J152	第二个古埃及
J153	千年帝王避暑地,生态疗养第一山	J154	人间仙境白云山,中国夏都,养生天堂
J155	一朝步入画卷,一日梦回千年	J156	给我一天,还你千年
J157	大美尧山,中原大佛	J158	避暑聚福地,大美在尧山
J159	魅力鸡冠洞,精彩老君山	J160	一处来自大地深处的神奇——鸡冠洞
J161	峰林仙境——老君山	J162	八百伏牛凌绝顶
J163	体验"天然空调"中的木屋	J164	中华盆景,江北石林
J165	我从汉朝来	J166	大汉之源,人间福地——芒砀山
J167	天下江山第一楼	J168	望鹤,四海游客千年的共同期盼;旺鹤,九州华夏万年的美好祝愿
J169	游三峡,看大坝	J170	屈原故里,三峡大坝
J171	长江三峡最美丽的地方	J172	三峡人家,您的梦里老家
J173	问道武当山,养生太极湖	J174	亘古无双胜境,天下第一仙山
J175	世界纤夫在哪里?长江三峡神农溪	J176	神奇神农架,中华生态园
J177	让心灵度假的地方	J178	楚韵山水,大美东湖
J179	相约美丽黄陂,追寻木兰足迹	J180	世界地质奇观,东方科罗拉多

续表

序号(J)	口号	序号(J)	口号
J181	世界地质奇观·喀斯特地形地貌天然博物馆	J182	一步登天界,张家界旅游首选目的地
J183	画家无从下笔,美景撑爆相机	J184	南岳福地,心愿之旅
J185	心愿之旅,南岳衡山	J186	领袖故里,和美韶山
J187	为人生加油,向主席致敬	J188	谷歌洞庭万顷水,百度岳阳千古楼
J189	洞庭天下水,岳阳天下楼,君山天下岛	J190	在这里读懂湖南
J191	湖湘文化圣地,山水洲城奇观	J192	柳色青青伴花明,少奇故里仰忠魂
J193	醉美东江湖	J194	一湖碧水金不换,但留仙境在人间
J195	世界遗产,浪漫莨山	J196	中国崀,非常崀
J197	长隆欢乐世界,欢乐与世界同步	J198	幸福广东,欢乐长隆
J199	优质生活的创想家	J200	度假感动中国,让都市人回归自然
J201	千年南粤,无尽云山	J202	国家5A级景区,梅县雁南飞茶田景区欢迎您
J203	雁南飞,茶中情	J204	综合休闲养生胜地——观澜湖
J205	神秘瑰丽的地下银河	J206	我把四季用来等你
J207	世界自然遗产,世界地质公园	J208	徒步丹霞,享受自然
J209	文翰樵山·最岭南	J210	全世界最美的江——漓江
J211	梦幻漓江	J212	中国欢乐之都
J213	一个遗世独立的度假天堂	J214	桂林山水甲天下,千古名句的发源地
J215	绿城翡翠青秀山	J216	东方不老岛,海山仙子国
J217	桂林名片——两江四湖,夜游更美	J218	碧海连天远,琼崖尽是春
J219	琼崖八百年第一山水名胜	J220	雨林呀诺达,热带香巴拉
J221	国家5A级景区,海南绿色生态旅游品牌,海南国际旅游岛的精品象征——呀诺达雨林文化旅游区	J222	分得一生闲,界敞白云巅,洲钱弄明月,岛阔树相连
J223	槟榔谷——讲述海南黎村的故事	J224	神奇的东方艺术明珠
J225	走千年朝圣路,结一世石刻缘	J226	中国第一漂
J227	一座洞穴科学博物馆	J228	世界上有两个桃花源,一个在您心中,一个在重庆酉阳
J229	天上美瑶池,人间桃花源	J230	中国西部百慕大,恐怖的死亡之谷

续表

序号(J)	口号	序号(J)	口号
J231	山即是佛,佛即是山,南川金佛山	J232	避暑胜地,天然氧吧,幽雅的四面山与你共享蓝天碧水
J233	天下第一水缸,非看不可	J234	拜水都江堰,问道青城山
J235	避暑天堂,峨眉山清凉一夏	J236	世界自然与文化双遗产,国家5A级景区,峨眉山欢迎您
J237	美丽中国之旅,神奇九寨之游	J238	累了,给自己一个心灵的栖息地
J239	圣地仙境,人间瑶池	J240	春节之源,风水之都
J241	风在此止步,心不曾离开	J242	中华第一瀑
J243	自然,自在黄果树	J244	梦幻龙冠,自在田园
J245	地球彩带,杜鹃王国,养身福地,清凉世界	J246	不到长城非好汉,不到青岩未入黔
J247	国家5A级景区,六百余年历史文化古镇,山地传奇,黔中古镇——青岩古镇欢迎您!	J248	阿诗玛的故乡
J249	世界喀斯特的精华	J250	世界自然遗产,中国云南石林
J251	离赤道最近的雪山	J252	天人合一,和谐丽江
J253	三塔千古不朽,佛都盛世重辉	J254	妙香乐土,和谐世界,崇圣礼佛,和美人生,崇圣寺三塔文化旅游区欢迎您的到来
J255	热海,中国温泉朝圣地	J256	世界第八大奇迹
J257	遥远的帝国	J258	复活千年古军团,再现历史的沧桑
J259	不尽温柔汤泉水,千古风流华清宫	J260	民族圣地,祭祀之乡
J261	中华文明的精神标识	J262	不到大雁塔,不算到西安
J263	带您进入盛唐之旅	J264	奇险天下第一山
J265	如果不游华山,五岳三山只不过是枉然	J266	法门祈福,佛佑吉祥
J267	中国最美丽的大峡谷	J268	天下第一雄关
J269	天下道教第一名山	J270	道源圣地,西镇奇观
J271	西来第一山	J272	中国雕塑陈列馆

续表

序号(J)	口号	序号(J)	口号
J273	天赋神韵,人文荟萃——国家5A级景区:麦积山景区	J274	东方艺术雕塑馆
J275	沙漠奇观	J276	中国最美的湖,自然之美,人文之美
J277	高原蓝宝石,梦幻青海湖	J278	中国土族,彩虹故乡
J279	沙湖之旅,期待您的邂逅	J280	人与自然的神奇物语
J281	一沙一世界,一水一盛景	J282	中国电影从这里走向世界
J283	中国史前考古的发祥地	J284	蟠桃熟了,我在天池等你
J285	天山,天上之山;天池,人间仙境	J286	天池风光,新疆画廊
J287	葡萄沟——世界上最甜的地方	J288	火洲清凉世界
J289	人间有净土,新疆喀纳斯	J290	天堂很远,喀纳斯很近
J291	天山深处的绿岛	J292	空中草原——那拉提
J293	原始的魅力,自然的语言,世界的可可托海欢迎您!	J294	神秘奇境,地质画卷——可可托海景区
J295	百里黄金旅游走廊,四季休闲度假天堂,乌鲁木齐天山大峡谷景区欢迎您	J296	天山天门天上景,神山神水神仙游
J297	边境风景线,传奇"185"		

后　　记

这本著作是我主持的国家社会科学基金一般项目"海南国际旅游岛建设纵深推进的品牌化模式研究(16BGL119)"的主要结项成果。在收笔之际,回想历时半年的撰写历程,忘不了曾经奋笔疾书洒下的辛勤汗水、曾经探索理论的孜孜不倦、曾经遣词造句的"切、磋、琢、磨",终于顺利地完稿。它是我从该项目立项以来用近3年心血浇灌而成的一朵小花,虽然它并不十分完美,甚至还有瑕疵,但我自己还是比较满意的。它见证了我从2015年7月调入海南大学旅游学院以来在个人科研和地区服务上的不懈努力。

调入海南大学旅游学院任教是我在个人科研进步和成长方面的一大幸事,为我提供了发展良机。我的主要研究方向是旅游目的地营销和旅游消费者行为,其中尤以较为宏观的"目的地品牌化"为主。我的硕士和博士论文分别围绕目的地品牌化中的品牌定位和设计展开,我对此领域有超过5年的潜心研究,博士毕业之前已在国内旅游学重要刊物上发表了8篇相关文章。故博士毕业之后顺理成章地以该领域选题申报各种科研项目,包括文科领域中最高水平的国家社会科学基金项目。从"旅游目的地定位战略开发模式研究:提高市场潜力的视角"到"国家旅游目的地品牌化的运营模式研究",我不停地尝试切换选题的深度和广度,但在工作后3年的申报中都与该项目擦肩而过,皆未获立项,对此我深感苦恼。

记得在海南大学的面试中,当时旅游学院的王琳院长殷切地嘱咐:"一定要来海大啊,学旅游的在海南这块土地上会大有作为,我们这里就是一块天然的大试验田,能源源不断地提供旅游研究的数据。"当时我还未能深刻体会到这段话的内涵,直到我2016年申报该国家社会科学基金选题时才恍然大悟。海南大学旅游学院很重视每年的国家课题申报,会组织专家和老师进行反复的探讨。在借鉴其他老师以往成功申报选题的经验时,我发现无论是社会科学基金还是自然科学基金,"地区科学基金项目"都占了绝对比例。在和他们的交流中,我提出了自己的疑惑,以往申报国家课题时学校总是提醒切忌申报地方性明显的选题,可为什么海南大学以往列选的课题都是紧密围绕海南问题立题的呢?结果大家给出的答案一致是:海南问题就是国家关注的大问题,在这里如果你不从地区发展战略出发,才是真正与国家的关注重心相偏离。我似乎对以往申报中的屡屡受挫有所顿悟,就像一位专家所作的比喻,申报国家社会科学基金项目犹如"用高射炮打鸡蛋",一定要立题意义重大又落脚具体深入。我以往的选题要么不具有全国性的重要意义,要么拓宽视角后(即改写国家目的地品牌化问题)缺乏对中国这一整体案例地进行研究的能力,使选题不够"落地"。基于这些思考我形成了如何申报此次国家社会科学基金项目的新思路,就是选题上一定要瞄准海南的显著性问题,这样既能彰显国家层面的重要意义,又身在案例地,具有开展课题调研和项目实施的实际把控能力,即"落地性",从而突破我以往申报项目中的各种局限。

2016年刚好是海南国际旅游岛建设已过一半日程的中间时点,同时海南的发展也面临"五年一考"。这5年中,在国家相关政策的扶持下,海南在旅游基础设施和上层设施的开发、建设上有了大的"跃步",取得的成就为世人瞩目。即便我这个当时刚入海南就业的新人,也能从各种新闻报道和学术文献中了解到海南省委、省政府为海南国际旅游岛建设所做的努力。然而,当时的海南旅游业的发展状况却不乐观:国际游客市场经历了连续几年的下降才略微有所回升,但总数仍不到全部游客群体的3%;国内游客市场虽然持续增长,但主体客群已从高收入、高消费的"黄金人群"转变成了大众消费客群。一流的设备设施却未能带来同等程度的市场响应,这一问题困扰着海南社会各界。社会各界虽然对国际旅游岛建设的热情丝毫未减,但对其发展目标究竟能否实现、能实现到什么程度心中不免有所忧虑。在科学研究方面,学术文献中也出现了一些不同的声音,不再仅仅是对海南国际旅游岛建设的讴歌和赞许。一些学者敏锐地指出,国际旅游岛建设的前5年国家优惠政策支持的实效不明显,海南旅游的国际化水平未有提升,旅游的关联带动效应不强,等等。然而遗憾的是,当时学界只提出了"问题",却鲜有"破题"的尝试。我认识到这可能是一个很好的切入点,即海南国际旅游岛在今后的建设历程中如何通过科学的创新路径及模式突破困境,最终实现战略目标。而且翻阅《海南国际旅游岛建设发展纲要》(以下简称《纲要》),我发现在发展规划中"营销"是个薄弱环节,即《纲要》虽规划了大量近期要开展的各类营销活动,但缺乏对这些活动进行支撑的品牌基础奠定工作(即市场调研、品牌本体开发和设计)。再查看海南历年来和目的地营销相关的学术文献,发现以往学者们主要从对海南现有游客群体的精细化分类、描述的角度来剖析其客流变化原因,缺乏真正系统的目的地品牌化研究。至此,海南因"营销(品牌化)"这一软实力欠缺使得国际和国内市场的发展与预期不符的事实已经很明显了。而这恰恰与我个人的研究兴趣和专长相吻合,所以重要性、可行性和前期积累三者并具促成了本国家社会科学基金项目的成功申报和列选。其中我的研究方向在海南这个旅游重镇寻找到使之"具化"的应用土壤是成功的关键。通过这个过程,我积累了一些申报课题的有益经验,改掉了以往申报时选题过于"学术化"、不够"接地气"的毛病。之后,我以品牌化研究领域下的各具体问题为切入点,以贴合与服务于海南的旅游发展实务为目标,又申请了一些纵向课题,都取得了成功,包括国家旅游局规划基金重点项目、海南省自然科学基金面上项目、海南省教育厅重点项目等。

本书内容从选题确定、文献研读、实践调研到最终成文的所有环节,既包含了笔者的辛勤耕耘,也得到了很多重要人士的启发、指导和帮助,在此对他们致以深深的谢意!

如前所述,首先要感谢作为中国旅游风向标的海南省为我的研究提供了一个好的切入点,为我的研究设计和数据获取提供了极大的便利;感谢海南大学为我提供了良好的科研平台,使我能够在安静、舒适的环境中撰写书稿;感谢海南大学旅游学院诸位专家在我选题确立、申报书撰写方面提供的宝贵意见;感谢旅游学院的王红、陈海鹰和宋蒙蒙老师,作为课题组成员,他们在研究设计、数据搜集、数据质性和量化处理等方面为我提供了莫大的助益;感谢我指导的3位在读硕士研究生:房孟春、曹李梅和李珂,他们实际参与和辅助完成了本书多个章节内容的撰写。

此外,如果本书算是我获得些许学术成就的佐证的话,必须感谢那些一直以来在我的科研和学术道路上给予我指导、启发和关怀的人们。

要感谢我的导师李天元教授。李老师在国内旅游学界享有极高的声誉,堪称"泰斗级"的学科奠定者。李老师精准的知识传递使我感觉在阅读、理解国外高水平文献时几乎不存在任何学术观念和范式的偏差,这对培养我正确选择、理解和借鉴优秀研究成果,树立严谨的治学作风提供了极大的帮助。同时李老师为人平易近人、谦逊和蔼,处处给予我们长辈般的关怀。在当今博士生日益把导师称作"老板"的社会环境下,包括我在内的他的所有博士生、硕士生没有一个人这样称呼他和以此理解同他之间的关系。因为他从不给我们增加额外负担,总是给我们营造一种最为自由、宽松的环境,让我们能够自由地培养学术兴趣。总之,在他身上我学到了一生受用不尽的治学精神和生活态度。

要感谢我在美国联合培养一年期间的美方导师 Qu Hailin(屈海林)教授。感谢他在我留美期间帮助我选择适合的旁听课程,并为我推荐其他教授的相关课程,使我深刻感受到了美国研究生教育的氛围;感谢他为我提供的便利的学术资源获取途径和参与各种相关学术交流的机会。所有这些对我英语运用技能的提高、了解所研究领域的先进研究方法、开拓学术视野、拓展职业交往范围都产生了莫大的帮助。在美的一年有力地促进了我的科研和学术水平进步。屈教授也成为我一生都值得铭记和感恩的人。

要感谢南开大学。南开大学的胸怀是博大的,在南开大学求学的9年中,一路走来带给我的都是坦途和幸运:保硕、保博和公派联合培养。南开大学给我提供了许多的机会,才使得我能取得今天的成绩,使我的学术生涯站在一个较高的起点上。虽然我已离开母校多年,但这份恩情永记于心!

最后,感谢我的父母。在精神上你们是我上进的激励者,在经济上你们是我坚强的后盾,使我在任何时候都能坚持学习、快乐无忧。

曲 颖